ДОБРО И ЗЛО

СириуС

УДК 141.339
ББК 87.7+86.4
М59

М59 Микушина, Т.Н., Иванова, О.А.
Добро и Зло / Т.Н. Микушина, О.А. Иванова. – 2018. – 472 с.

Книга открывает новые грани Истины извечной философской темы о Добре и Зле.

В первой части разъяснены знания, переданные Учителями человечества через Е.П. Блаватскую в XIX веке, и сделана попытка восстановить Истину, касающуюся падения Люцифера, падения ангелов и падения человечества.

Во второй части содержатся избранные Послания из «Книги Мудрости», которые дополняют и углубляют содержание первой части. Послания принадлежат разным Владыкам Мудрости и построены в той хронологической последовательности, как они давались через Т.Н. Микушину.

В основе третьей части – лекции О.А. Ивановой, в которых дополнительно рассматриваются вопросы символизма древних понятий Древа и Змия, наделения человечества разумом, грехопадения человечества, происхождения и необходимости Зла на Земле и другие.

Четвёртая часть представляет собой сборник цитат из Послений Владык Мудрости по некоторым важным аспектам темы.

Книга рассчитана на аудиторию, уже знакомую с трудами Е.П. Блаватской и Посланиями Владык Мудрости.

Авторский сайт Т.Н. Микушиной: **sirius-ru.net**

Copyright © T.N. Mickushina, 2018
All rights reserved.
ISBN: 172223220X
ISBN-13: 978-1722232207

Оглавление

Вступление 11

Часть 1. Микушина Т.Н. **Добро и Зло.**
Частное прочтение «Тайной Доктрины» Е.П. Блаватской 19

    Предисловие 20
    Мятеж Люцифера 21
    Падение человечества 24
    Необходимые пояснения 26
    Немного о Блаватской 28
    Круг тем, намеченных к освещению 35
    Соответствие между принципами человека и Земли ... 36
    О каком периоде времени идёт речь 41
    Первая человеческая Коренная Раса 44
    Вторая Коренная Раса 48
    Начало Третьей Расы 51
    Падение ангелов 55
    Падение человечества 69
    Происхождение Зла 76
    Люцифер 82
    Небольшое отступление 92
    Открытие седьмой печати: II Диспенсация дарована ... 93
    Давайте вернёмся к Третьей Коренной Расе 102
    Лемурия 112
    Четвёртая Коренная Раса. Атлантида 120
    Пятая Коренная Раса 134
    Пророчество о Шестой Расе 140
    Ещё одно отступление от темы 145
    Комментарий к Апокрифу Иоанна 145
    Многие значения «битвы на небесах» 157
    Сравнительный анализ некоторых положений «Тайной Доктрины» Блаватской и Учения Вознесённых Владык, данного через Профетов 169
    Прометей – Люцифер? 179
    Заключение 189

**Часть 2. Микушина Т.Н. Добро и Зло.
Послания Владык Мудрости** 191

Предисловие 192

Ваша планета вступает в цикл,
ведущий к сворачиванию иллюзии.
Возлюбленный Серапис Бей, 29 марта 2005 года 193

Плотский ум должен уступить место
Божественному разуму.
Возлюбленный Заратустра, 30 марта 2005 года 199

Наступило время нового Исхода,
который вы должны совершить в своём сознании.
Моисей, 1 апреля 2005 года 206

Два цикла изложены мной в Апокалипсисе.
Цикл схождения в материю
и цикл восхождения из материи.
Иоанн Возлюбленный, 4 апреля 2005 года 213

Основная задача, которую вы выполняете на Земле,
это поднятие сознания землян.
Будда Рубинового Луча, 20 апреля 2005 года 218

Учение о Будде и приумножении сознания Будды.
Возлюбленный Кутхуми, 14 июня 2005 года 225

Учение о змее-искусителе и о змее мудрости.
Господь Майтрейя, 17 июня 2005 года 231

Наработки вашего Духа – это то, что останется с вами.
Я ЕСМЬ ТО ЧТО Я ЕСМЬ, 18 июня 2005 года 238

Заповеди.
Я ЕСМЬ ТО ЧТО Я ЕСМЬ, 8 января 2008 года 244

Тот вывод, к которому вы придёте в ходе этой беседы, возможно, будет для вас самым главным шагом за всё воплощение.
Я ЕСМЬ ТО ЧТО Я ЕСМЬ, 29 июня 2008 года 247

Наступило время проведения грандиозных изменений в вашем сознании.
Господь Шива, 27 декабря 2008 года 251

Мой Божественный огонь всегда с вами!
Заратустра, 8 декабря 2009 года 256

Учение о Божественной Свободе.
Богиня Свободы, 21 декабря 2009 года 261

Я зову вас в путешествие в реальный мир.
Гаутама Будда, 22 июня 2011 года 263

Мистический момент.
Я ЕСМЬ ТО ЧТО Я ЕСМЬ, 31 декабря 2011 года 268

У вас внутри сокрыт гигантский потенциал самонастройки на Высшие миры.
Будда Вайрочана, 26 декабря 2012 года 273

Вы обязаны проникнуться благоговением перед великой жертвой, которую Санат Кумара принёс для ваших жизнепотоков.
Заратустра, 27 декабря 2012 года 279

Часть 3. Иванова О.А.
О Добре и Зле по книгам Т.Н. Микушиной 285

**Книги Т.Н. Микушиной «Добро и Зло» –
ключ к Учению Владык Мудрости** 286

    Символизм изображений на обложках книг «Добро и Зло» 288

    История написания книги «Добро и Зло.
    Частное прочтение "Тайной Доктрины" Е.П. Блаватской» 291

    Отказаться от любого проявления борьбы 295

    Миссия Света 299

    О «Тайной Доктрине» и «Книге Дзиан».
    Преемственность в передаче Учения 303

    Наступил момент, когда вы в своём сознании должны
    отказаться от любого проявления борьбы.
    Возлюбленный Эль Мория, 20 марта 2005 года 305

    Две миссии Света.
    Госпожа Теософия, 19 января 2010 года 311

«Падение Ангелов». Наделение человечества разумом 316

    Краткая история развития первых человеческих
    Коренных Рас 316

    Семеричность человека 318

    Наделение человечества Разумом 321

    «Падение Ангелов» – древняя аллегория 336

Падение человечества 340

    Древо и Змий –
    древнейшие Божественные представления 340

    Христианская догма «падения человечества» –
    древняя аллегория 343

    Божественный Дар Разума и Дар свободной воли 346

    Истинный смысл падения человечества 349

    О начале кармического мира 351

Происхождение Зла 355

    Божественная Мысль о создании Вселенной
    является началом противоположения 356

    «Нет ни Дьявола, ни Зла вне человеческого создания» 359

    Почему Бог допускает существование Зла в нашем мире? 360

**«Доброе имя Светоносца, Люцифера,
должно быть восстановлено»** 367

    Двойственный характер древних богов 369

    Двойственная природа человека: и Бог, и Дьявол
    находятся внутри нас 372

    «Сон Разума рождает чудовищ» 374

    Планета Венера – небесный Люцифер 376

Прометей – Люцифер? 378

Заключение. Вернуть Искру Разума 387

**Часть 4.
Мы должны вернуться в Реальный Мир Бога.**
Из Посланий Владык Мудрости 393

    Планета Земля вступает в цикл,
    ведущий к сворачиванию иллюзии 396

    Зов Божественного Мира 399

    Граница Божественной возможности 408

    Стать Богочеловеком 415

Приложения 423

1. Апокриф Иоанна 424

2. *Елена Ильина.*
Как утренняя звезда стала падшим ангелом.
О Люцифере 451

3. *Эрик МакГоу,*
президент Теософского Общества в Англии.
Отзыв на книгу Т.Н. Микушиной
«Добро и Зло. Частное прочтение "Тайной Доктрины"
Е.П. Блаватской» 460

4. *Бьорн Зайдель-Дреффке,*
профессор, доктор филологических наук.
Предисловие к изданию книги Т.Н. Микушиной
«Добро и Зло. Частное прочтение "Тайной Доктрины"
Е.П. Блаватской» на немецком языке 464

Вступление

Тема добра и зла будоражит человечество с момента появления у него разума, заставляет искать ответы на извечные смысловые вопросы.

Проблема добра и зла является центральной во всех религиозных доктринах (в индуизме, буддизме, даосизме, христианстве, исламе и других), а также рассматривается в философии, этике, психологии и в других науках. Множество литературных произведений посвящено этой теме. Она отражена в трудах древнегреческих мыслителей Сократа, Платона, Аристотеля, в философско-этических учениях И. Канта, А. Шопенгауэра, Н. Бердяева, В. Соловьёва, в литературных трудах Л. Толстого, Ф. Достоевского.

Добро и зло являются центральными понятиями, определяющими моральное сознание человека. Они связаны с оценкой его поступков и всей его деятельности.

Добро объединяет в себе все положительные нормы и требования и является главным критерием для морали. К нему относятся понятия милосердия, благодарения, доброжелательности и другие. Кроме того, добро само выступает мотивом, определяющим деятельность человека.

Зло выражает совокупность всех негативных явлений, которые подлежат осуждению и преодолению. Зло отражает все нравственно негативные понятия: обман, подлость, жестокость и другие.

Тема добра и зла затрагивает каждого человека, поскольку ежеминутно человек совершает в жизни выборы, согласующиеся или идущие вразрез с нравственными ценностями, принятыми в обществе. То есть поступает морально или аморально.

Эти выборы всегда предполагают действие свободной воли человека. Моральные поступки человек совершает тогда, когда понимает, что есть добро и зло, и имеет собственную оценку действий в соответствии с этими понятиями, а не только ориентируется на существующие в обществе моральные правила и запреты.

Добро и зло делают нашу жизнь противоречивой. С одной стороны, человек является индивидуалистом с присущими ему эгоистическими стремлениями, с другой стороны, его отличают чувство долга и личной ответственности за происходящее.

В истории существовало много теорий соотношения добра и зла. Одни теории видели в самом человеке источник добрых и злых устремлений. Другие утверждали, что добро – это то, что составляет пользу для человека, а зло – это то, что ему вредно. Религиозная теория признаёт источником добра высшую вселенскую силу – Бога, а зло рассматривается как грех.

Как же разобраться в море разных воззрений? Как выработать собственный взгляд на проблему добра и зла? Что является тем ключом, который позволяет развивать в себе добро и понять причину возникновения зла?

Помощью в ответах на эти вопросы станет книга, которую вы держите в руках.

Книга состоит из четырёх частей, центральной из которых является первая часть. Остальные части развивают и дополняют поднятую тему.

Первая часть представляет собой книгу Т.Н. Микушиной «Добро и Зло. Частное прочтение «Тайной Доктрины» Е.П. Блаватской», вышедшую в свет впервые в 2005 году.

В книге разъяснены знания, переданные Великими Учителями через Е.П. Блаватскую в XIX веке, и сделана попытка восстановить Истину, касающуюся падения Люцифера, падения ангелов и падения человечества.

К настоящему времени эта книга издана на шести языках, в том числе английском и немецком.

Книга получила одобрение в теософских кругах. В частности, в 2011 году Президент Теософского Общества в Англии Эрик МакГоу дал отзыв[1] на книгу. Отзыв был опубликован в первом выпуске журнала «Эзотерика» за 2011 год. Журнал «Эзотерика» в настоящее время издаётся Лондонским Теософским Обществом на английском языке для распространения основ теософских знаний.

Профессор, доктор филологических наук Бьорн Зайдель-Дреффке, осуществивший перевод книги на немецкий язык, также отметил[2], что в книге придан новый акцент теме добра и зла, показан путь преодоления границ в сознании между добром и злом, который выравнивает эту пару противоположностей.

Книга «Добро и Зло. Частное прочтение «Тайной Доктрины» Е.П. Блаватской» на 70 процентов состоит из цитат, взятых из «Тайной Доктрины» Е.П. Блаватской. Цитаты выстроены определённым образом и раскрывают темы: происхождение челове-

---

[1] См. Приложение 3.
[2] См. Приложение 4.

ка, происхождение зла, «падение» Люцифера, «падение» ангелов, легенда об Адаме и Еве, легенда о Прометее.

Это была первая книга, написанная Татьяной Николаевной с применением особой методики медитации, в которой она воспринимала вышеназванные темы от духовных Учителей, находящихся в вознесённом состоянии, и затем записывала.

В последующие годы во время медитаций Т.Н. Микушина получала Послания в форме бесед. За период с 2005 по 2017 гг. было принято более 480 Посланий, посвящённых многим духовным темам и вопросам, актуальным для человечества в текущий момент его развития.

Все Послания опубликованы в «Книге Мудрости», также с ними можно ознакомиться на сайте «Сириус»: **sirius-ru.net**.

Вторая часть, названная «Добро и Зло. Послания Владык Мудрости», представляет собой сборник Посланий, раскрывающих и дополняющих темы первой книги. Послания принадлежат разным Владыкам и построены в той хронологической последовательности, как они давались. Затрагиваемые вопросы достаточно сложны и рассчитаны на аудиторию, уже знакомую с трудами Е.П. Блаватской и Посланиями Владык, данными через Т.Н. Микушину.

Третья часть создана на основе лекций О.А. Ивановой по двум книгам Т.Н. Микушиной «Добро и Зло». Лекции были прочитаны в 2017 году слушателям Классов на основе Учения Владык Мудрости.

В этой части рассмотрены некоторые основные вопросы по данной теме: наделение человечества разумом («падение Ангелов»), грехопадение человечества, происхождение и необходимость Зла на Земле, двойственная природа человеческого существа. Также рассматривается роль Люцифера, как светоносца и благодетеля человечества.

Основная цель лекций – соединить знания, данные в Учении «Тайной Доктрины» и изложенные в первой книге «Добро и Зло. Частное прочтение «Тайной Доктрины» Е.П. Блаватской», с теми знаниями, которые даны Владыками Мудрости в Посланиях, подобранных Т.Н. Микушиной во второй книге «Добро и Зло. Послания Владык Мудрости».

В четвёртой части раскрывается тема «Мы должны вернуться в Реальный Мир Бога». Здесь Учение «Тайной Доктрины» дополнено цитатами из Посланий Владык Мудрости.

Учителя Мудрости, дающие Послания, видят главную причину бед человечества в потере единства Бога и человека.

Многие миллионы лет назад, сообщается в Посланиях, Высокие Духи передали человечеству искру Божественности – огонь разума, который делает людей подобными Богам. Человечество стало разумным и получило право действовать в соответствии со своей свободной волей. И эта воля выразилась в получении всевозможных удовольствий и наслаждений в физическом мире. Стремление людей к успеху и благополучию оторвало их как от нравственных обязанностей по отношению друг к другу, так и от мира духовного, что, в свою очередь, привело к болезням, проблемам и страданиям.

Как пишет Татьяна Николаевна, **«отношение человека к вопросу «падения» ангелов, «падения» человечества, «падения» Люцифера на самом деле определяет весь дальнейший**

ход его эволюции. Человек или ищет «крайнего», на которого можно «свалить» все проблемы, несчастья и беды этого мира. Или человек берёт всю ответственность за происходящее в этом мире на себя и начинает осознавать, что ничего в этом мире с ним не происходит из того, что не было бы ранее им самим создано, как предпосылки, причины происходящего.

И Бог, и дьявол находятся внутри нас. И осознание этой простой истины способно изменить ситуацию на Земле».

Каждому из нас нужно перестать искать виноватых, не потакать своим эгоистическим страстям, поднять взор выше и выйти из плоскости непомерных физических потребностей в полётную высоту самопожертвования и служения ближнему.

Владыки Мудрости дают свои наставления человечеству, для того чтобы его «искра разума» возгорелась с новой силой. Чтобы человек, осознав по-новому Божественный, или Нравственный Закон, наконец-то принял бы его к исполнению и взошёл на новую ступеньку, приближающую его к Вершине Божественного Сознания.

От редакции

1.

Микушина Т.Н.

Добро и Зло

Частное прочтение «Тайной Доктрины»
Е.П. Блаватской

Предисловие

В конце 90-х годов прошлого века я нашла Учение Вознесённых Владык. Это Учение было дано через некоммерческую американскую организацию Саммит Лайтхауз и её Посланников супругов Марка и Элизабет Профет. Я прочитала практически всю литературу, изданную на русском языке по линии Саммит Лайтхауза. Я была окрылена.

Мне думалось, что если дать те знания, которые я нашла в этом Учении, миру, дать понимание Добра и Зла, то мир изменится. Он не может не измениться. Просто люди ничего не знают. Нужно рассказать им.

Я даже начала писать книгу, в которой своим языком пересказывала полученные мною знания. Ниже я привожу две главки из этой книги.

Мятеж Люцифера

Коренное изменение на планете произошло во времена древней Лемурии. Люцифер – сын Зари, занимавший высокое положение в Божественной иерархии, – допустил бунт против Бога. Он был великим ангелом, выдающейся личностью с огромной силой убеждения. Он усомнился в Космическом Законе, в Иерархии Света, учинил мятеж против Вселенского Плана.

Суть этого мятежа в том, что он выбрал служение своему эго, своей личности, а не Богу. Он привлёк своим обаянием и логикой убеждения многих, последовавших за ним, «третью часть звезд» (Откр. 12:4) и заставил их поклоняться и служить себе. Вот как об этом мятеже написано в «Апокалипсисе»:

«И произошла на небе война: Михаил и ангелы его воевали против дракона, и дракон и ангелы его воевали против них, но не устояли, и не нашлось уже для них места на небе. И низвержен был великий дракон, древний змий, называемый диаволом и сатаною, обольщающий всю вселенную, низвержен на землю, и ангелы его низвержены с ним» (Откр. 12:7–9).

Ангелам архангела Михаила и архангела Гавриила удалось освободить от мятежников высшие сферы. Люцифер и его ангелы утеряли свой Свет и нашли себе прибежище на планете Земля. Теперь Люцифера стали называть дьяволом, его помощника и правую руку – сатаною, а ангелов, последовавших за ним, – падшими ангелами.

Источником энергии, Света во Вселенной является Бог. Те, кто отрекается от Бога, лишаются энергии. Но чтобы существовать, необходима энергия. Как быть? Свет можно забрать у тех, кто им обладает. Для падших ангелов получить энергию является вопросом жизни и смерти.

Если человек находится в сонастрое с Богом, он получает Божественную энергию для осуществления целей Бога. Населявшее в те далёкие времена Землю человечество в основном располагалось на континенте Лемурия, находящемся на месте, где сейчас простираются Индийский и Тихий океаны. Человечество обладало тайнами Космоса, которые в последующие времена были либо утеряны, либо ими обладал только узкий круг посвящённых.

Возглавлял страну царь, который одновременно имел высший духовный сан. Лемурийцы почитали своего правителя, верили, что он представляет божество, но поклонялись они Единому, невидимому.

На континенте и в колониях, располагавшихся на территориях современных Америки, Индии, Китая, почитали Бога как Отца-Мать. Верования древней Индии частично сохранили священный культ Матери, распространённый в Лемурии и постепенно забытый с падением человечества. Не было противоречия между наукой и религией, наука являлась практическим приложением религиозных истин и занималась описанием этих истин с помощью символов и знаков.

Когда падшие ангелы были сброшены на Землю, невинное, не знающее своеволия человечество столкнулось с неизвестными им утверждениями: зачем почитать того, кого мы не видим и не слышим? Реально только то, что нас окружает, не лучше ли сосредоточиться на получении удовольствий от жизни?

Падение человечества

Итак, в соответствии с космическим законом, придя на Землю, падшие ангелы должны были воплощаться в человеческих телах. Ведь видимые нами тела представляют собой только оболочку, одежды кожаные для души. Чтобы существовать, необходима энергия. Если нет возможности получить энергию напрямую у Бога, приходится изловчаться и брать её у окружающих людей. Для этого необходимо подвести окружающих людей к состоянию дисгармонии и замешательства. Это достигается с помощью насаждения несонастроенных с Богом мыслей и чувств.

Зачем нам почитать того, кого мы не видим и не слышим? Почему бы нам не использовать жизнь для получения удовольствий для себя?

Люди стали отвлекаться от Божественных Истин и поступать так, как их учили коварные нашёптыватели. При этом они теряли свой Свет, и на горизонтальном уровне его подбирали падшие.

Далее автоматически вступал в силу Закон воздаяния, или Закон кармы. Если мы допускаем в своё сознание небожественные мысли и чувства, если мы совершаем небогоугодные действия, мы неизбежно сталкиваемся в жизни с обстоятельствами, когда вынуждены делать выбор, демонстрируя то же самое качество, которое исказили. Например, мы допустили в свой ум сомнение в том, что Бог есть. Мы должны будем продемонстрировать свою веру в гораздо худших условиях.

Как мы уже знаем из описания Золотого Века, люди умели ходить по воде. По мере того как они теряли веру, это качество было утеряно, как и способность осаждать пищу, предметы. Эти способности уходили постепенно, и теперь нужно было поверить в Бога вновь, в справедливость Его Закона, а это сделать стало гораздо сложнее.

Сознание людей постепенно сузилось, стало смертным. Появилась завеса, отделяющая высшие, Божественные октавы от мира формы. Была утеряна связь между бессмертной, Божественной частью человека и его низшим сознанием, которое постепенно ограничилось только видимым человеческим глазам миром.

А в уши постоянно проникала ложь падших о том, что люди – сами себе боги и они силой заставят покоряться себе природу да и самого Бога. И в этой борьбе победит сильнейший, а цель оправдывает средства.

Постепенно чувство любви ко всему творению от Бога до окружающих людей и даже букашек было подменено крайней враждой, завистью, злобой, вожделением.

Падение было быстрым. Через несколько сот лет на планете не осталось ни одного человека, кто бы придерживался прежнего кодекса поведения.

Необходимые пояснения

Вроде бы всё правильно написано. Однако что-то остановило меня от дальнейшей работы над книгой. Это трудно объяснить. Это на уровне интуиции. Мне показалось, что что-то тут не так или я что-то недопонимаю.

Во всяком случае, я прервала работу.

Был 2002 год. Надо сказать, что с 2000 года я занимаюсь медитативной практикой. Так вот, в ходе медитаций я стала получать понимание и знания, отличные от того, что написано в Учении Вознесённых Владык. Это был другой взгляд на падших ангелов и Люцифера.

Я подумала, что «въехала» куда-то не туда. Моё сознание в ходе медитаций воспринимало новую информацию, после медитаций я регулярно записывала всё, что приходило, но внешнее сознание отказывалось принять новую информацию.

Меня оставили в покое, но ненадолго. Через год информация стала приходить опять.

Тогда я стала искать другие, внешние источники информации, в которых подтверждались бы знания, полученные мной на тонком плане.

Когда-то давно я читала «Тайную Доктрину» Е.П. Блаватской. И я ощутила потребность вновь обратиться к этой книге.

Те, кто когда-либо читал эту книгу, могут представить, как трудно понять смысл того, что в ней написано. Изложение намеренно запутано и затуманено, чтобы сбить с толку профана.

Я приступала к чтению несколько раз. Я понимала, что «Тайная Доктрина» согласуется со знаниями, полученными мною на тонком плане, но смысл написанного ускользал от меня. И только в 2004 году, когда я была на Алтае, я вдруг почувствовала, что стала понимать, пусть не всё, но частично.

Одновременно я почувствовала необходимость изложить своими словами то, что мне довелось понять. По какой-то причине это важно сделать сейчас.

Немного о Е.П. Блаватской

Можно сказать, что Блаватская писала свои произведения под диктовку Владыки Эль Мории[3] и Владыки Кутхуми[4]. Можно также сказать, что эти произведения были написаны с помощью даров Святого Духа. Это была попытка Махатм Востока дать часть тайных знаний, передававшихся Посвящёнными из поколения в поколение на протяжении миллионов лет.

Вот как Эль Мория и Кутхуми сами через Блаватскую излагают суть произведённой работы:

«Не будет излишним частое напоминание читателю, что эти учения, как это доказывается обилием приведенных выдержек из различных древних Писаний, стары как сам мир; и что настоящий труд есть просто попытка передать архаический генезис и историю, как она преподается в некоторых азиатских Центрах Эзотерического Знания, на современный язык и в той терминологии и в тех выражениях, с которыми ученый и образованный читатель знаком. Они должны быть

---

[3] Эль Мория Хан – раджпутский князь. В 1875 году вместе с Кутхуми, Джвал Кхулом, Сераписом Беем, Сен-Жерменом и другими работал над основанием Теософского общества.

[4] Кутхуми. Известен также как К.Х., Кут Хуми Лал Сингх, кашмирский Брахман (брамин) в Шигацзе, Тибет.

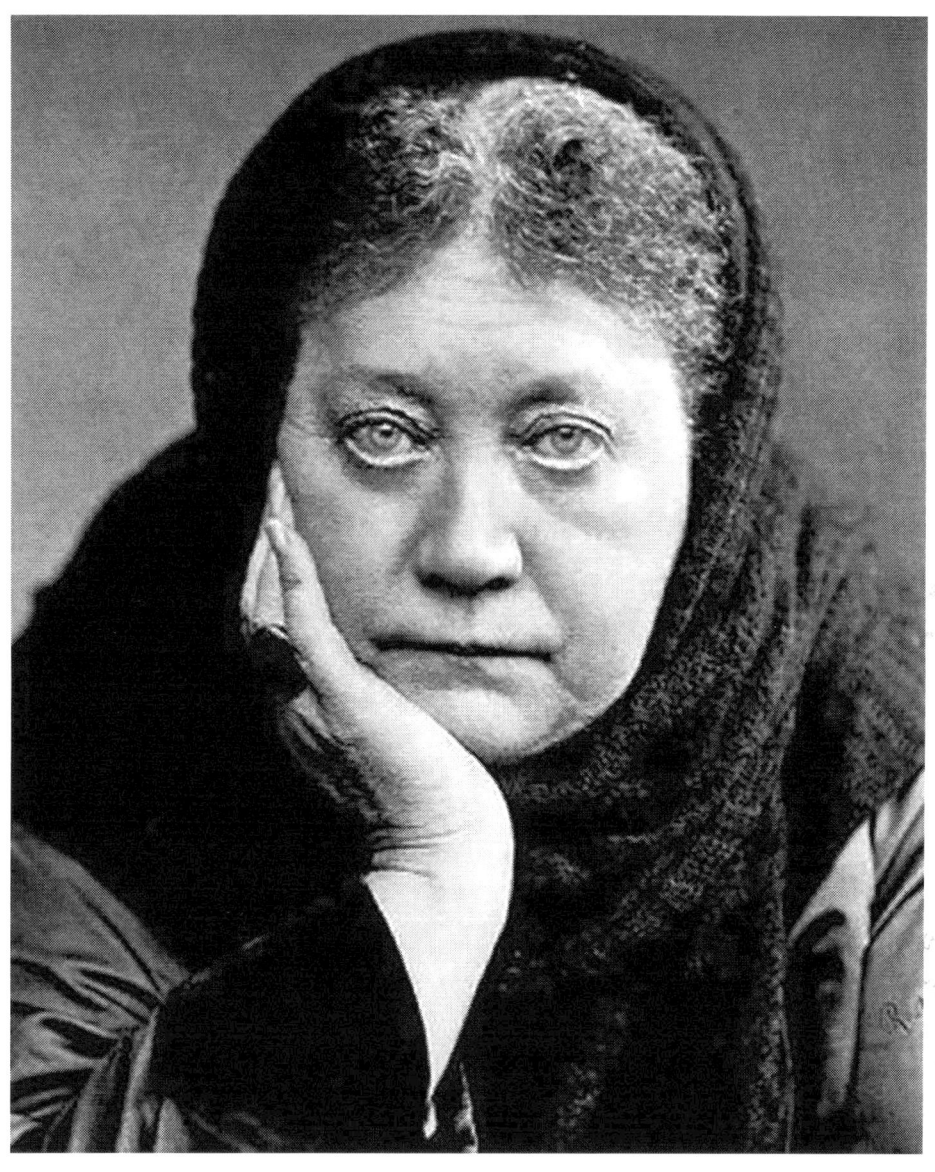

приняты или отброшены частично или же целиком на основании их собственной ценности; но не раньше тщательного сравнения их с соответствующими догмами и современными теориями и умозаключениями.

Приходится серьезно усомниться, суждено ли нашей эпохе, при всей ее интеллектуальной утонченности, найти *в каждой западной национальности хотя бы даже по одному непосвященному ученому или философу, способному вполне понять дух Архаической Философии?»*[5]

Е.Ф. Писарева поясняет[6], почему выбор пал на Блаватскую:

«Она была непосредственным вестником с Востока, пришедшим просветлить сознание людей мира. В четырнадцатом веке великий мудрец, просветитель, реформатор буддизма Цзон-Ка-Па напомнил мудрецам Тибета и Гималаев предписание очень древнего закона. Этот закон устанавливал необходимость соизмерения двух одинаково верных принципов: ИСТИНА ДОЛЖНА БЫТЬ СОХРАНЕНА В ТАЙНЕ, ИСТИНА ДОЛЖНА БЫТЬ ВОЗВЕЩЕНА. Ибо для невежественного человека преждевременное знание столь же фатально, сколь губителен свет для того, кто находился в темноте. Цзон-Ка-Па напомнил, что в конце каждого столетия должна быть сделана попытка просветить людей Запада, заботящихся исключительно о власти и материальном благополучии. И тогда была сделана попытка распространить свет и послать вестника.

Этот вопрос обсуждался в буддистском монастыре Галаринг Шо близ Шигацзе, находящемся на границе Китая и Тибета. Стоял вопрос, с кем можно направить послание недоверчивым и горделивым людям Запада. Было почти единогласно решено отказаться от этой попытки, ибо Запад утратил способность воспринимать и понимать истинное древнее Учение.

Однако двое согласились выполнить предписание Цзон-Ка-Па. Это был Мория, потомок властителей Пенджаба, и Кут Хуми

---

[5] Здесь и далее цитаты из «Тайной Доктрины» выделены полужирным курсивом, даются по изданию: Блаватская Е.П. Тайная Доктрина. – Т. 2. – М.; Харьков, 2001. – С. 519. Приводится в авторской пунктуации.

[6] Цитата приведена из предисловия к книге «Письма Махатм». См.: Письма Махатм. – Самара, 1993.

из Кашмира. Они взяли на себя ответственность избрать вестника и отправить его на Запад, чтобы распространить там философию Востока и открыть часть тайн относительно природы человека.

Кутхуми   Мория

Выбор пал на Е.П. Блаватскую, которая была кармически связана с Учителем Мория.

Она была избрана благодаря своему медиумическому дару, благодаря своим сверхнормальным способностям, которые она проявляла с детства. Эти способности давали возможность Махатмам Мория и Кут Хуми мысленно сообщаться с ней на расстоянии. Она была избрана также за свою бескорыстную веру, за безграничную любовь к знанию, за тот пыл, который побуждает некоторые существа поднимать все выше живой светоч их разума и даже с риском погибнуть среди того мрака, которым мы окружены».

Я приведу ещё несколько цитат, подтверждающих то, что Блаватская не писала свои произведения сама, она была только послушным инструментом, которым пользовались Владыки. Вот цитата из воспоминаний родной сестры Блаватской Веры Желиховской, которая относится к моменту начала работы Блаватской над «Разоблачённой Изидой» во время её пребывания в Америке:

«В письмах же ее начали все чаще и решительнее появляться намеки, что не ей принадлежит то, что она пишет; что сама она не понимает, что с ней творится. Но для нее вполне очевидно, что говорит она и пишет об ученых и отвлеченных предметах не сама от себя – потому, что она в них «ни бельмеса не понимает», – но внушает ей и «диктует некто, знающий всё».

Эти странные проявления неведомо откуда в сорок лет осенивших её научных знаний в соединении с такими необычайными указаниями на какое-то «вселение» очень тревожили близких Е.П. Блаватской... Они одно время положительно опасались за её рассудок.

«Скажи мне, милый человек, – писала она тетке своей[7], – интересуешься ли ты физиолого-психологическими тайнами? А ведь все это для любого физиолога удивительная задача. У нас в обществе есть очень ученые члены (например, профессор Уайльдер, археолог-ориенталист), и все они являются ко мне с вопросами и уверяют, что я лучше их знаю и восточные языки, и науки, положительные и отвлеченные. Ведь это факт, а против факта не пойдешь, как против рожна!.. Так вот, скажи ты мне, как могло случиться, что я до зрелых лет, как тебе известно, круглый неуч, вдруг стала феноменом учености в глазах людей действительно ученых?.. Ведь это непроницаемая мисте-

---

[7] Надежде Андреевне Фадеевой, сестре своей матери.

рия!.. Я – психологическая задача, ребус и энигма для грядущих поколений, сфинкс... Подумай только, что я, которая ровно ничего не изучала в жизни, я, которая ни о химии, ни о физике, ни о зоологии – как есть понятия не имела – теперь пишу обо всем этом диссертации. Вхожу с учеными в диспуты и выхожу победительницей... Я не шучу, а говорю серьезно: мне страшно, потому что я не понимаю, как это делается!.. Все, что я ни читаю, мне кажется теперь знакомым... Я нахожу ошибки в статьях ученых, в лекциях Тиндаля, Герберта Спенсера, Хаксли и других...

У меня толкутся с утра до вечера профессора, доктора наук, теологи. Входят в споры, и я оказываюсь права... Откуда же все это? Подменили меня, что ли?»

В то же время она присылала вырезки из разных газет, которые подтверждали её словесные и печатные победы над различными авторитетами и, кроме того, возвещали свету массу таких невероятных фактов об оккультических, феноменальных свойствах и способностях основательницы Теософического Общества, что людям здравомыслящим было невозможно им верить»[8].

И ещё одна цитата, приоткрывающая тайну о том, как была написана «Тайная Доктрина»:

«В октябре она писала Синнетту: «Я очень занята «Тайной Доктриной». То, что было в Нью-Йорке (она разумела картины психографического ясновидения – «внушения», – как она их называла), повторяется еще несравненно яснее и лучше!.. Такие предо мной картины, панорамы, сцены, допотопные драмы!.. Еще никогда я лучше не слышала и не видела»[9].

---

[8] Желиховская В.П. Радда Бай (правда о Блаватской). – URL: http://www.theosophy.ru/lib/raddabai.htm.

[9] Там же.

И последняя цитата, призванная проиллюстрировать цель предпринимаемой мной попытки восстановить Истину. Известным историческим фактом является то, что, будучи в Лондоне, в конце жизни Блаватская издавала журнал под названием «Люцифер», что само по себе навлекало на неё дополнительные нападки и обвинения. Е.П. Блаватская писала в своё оправдание следующее:

«Что вы на меня напали за то, что я свой журнал Люцифером назвала?.. Это прекрасное название! Lux, Lucis – свет; ferre – носить: «Носитель света» – чего лучше?.. Это только благодаря мильтоновскому «Потерянному раю»[10] Lucifer стал синонимом падшего духа. Первым честным делом моего журнала будет снять поклёп недоразумения с этого имени, которым древние христиане называли Христа. Эасфорос – греков, Люцифер – римлян, ведь это название звезды утра, провозвестницы яркого света солнечного. Разве сам Христос не сказал о себе: «Я, Иисус, звезда утренняя» (Откров. Св. Иоанна XXII ст. 16)?.. Пусть и журнал наш будет, как бледная, чистая звезда зари, предвещать яркий рассвет правды – слияние всех толкований по букве, в единый, по духу, свет истины!»[11]

Истина должна быть возвещена.

---

[10] Мильтон (Milton) Джон (1608–1674) – английский поэт, политический деятель. В период английской буржуазной революции XVII века – сторонник индепендентов. В поэмах «Потерянный рай» (1667) и «Возвращённый рай» (1671) в библейских образах аллегорически выразил революционные идеи, поставил вопрос о праве человека преступать освящённую Богом мораль.

[11] Желиховская В.П. Радда Бай (правда о Блаватской).

Круг тем, намеченных к освещению

«Нет религии выше истины» – эта фраза является подзаголовком «Тайной Доктрины», и я попытаюсь следовать Истине, какой бы неправдоподобной она ни казалась. Итак, я намерена осветить тему возникновения на Земле Добра и Зла и неизбежно связанную с ней тему о падших ангелах и Люцифере.

Любые другие темы будут затрагиваться вскользь и только в тех пределах, которые необходимы для освещения главной темы.

Моё изложение будет очень схематично, и всё же я надеюсь, что Истина не пострадает. В любом случае, желающие всегда могут обратиться к первоисточнику.

Любое прочтение и любой пересказ осуществляются через призму личного восприятия, поэтому чтобы вы могли составить собственное, непредубеждённое впечатление, я опять же направляю вас к первоисточнику.

Соответствие между принципами человека и Земли

Во всём – и в макрокосме, и в микрокосме – действует Закон подобия. Из Учения Вознесённых Владык известно, что человек представляет собой сложную структуру. Кроме физического тела, он имеет ещё три тонких тела, окружающих физическое тело человека наподобие матрёшки: астральное тело, ментальное тело и эфирное тело. Кроме этих четырёх нижних тел, человек имеет три высших тела: Я Христа, Каузальное тело и Я ЕСМЬ Присутствие. Строение этих тел можно визуализировать в виде Схемы Я ЕСМЬ Присутствия так, как показано на рисунке.

«Тайная Доктрина» использует другие наименования для этих тел, но мы сейчас не будем вдаваться в суть отличий. Для наших целей достаточно осознать, что человек представляет собой сложную структуру, состоящую из 7 тел, или принципов. По Закону подобия наша планета должна также состоять из 7 тел, или принципов. Соответствие между человеческими принципами и планетными показано на диаграмме 1[12], взятой из «Тайной Доктрины».

---

[12] См. диаграмму 1 на с. 38.

Схема Божественного Я

Самая маленькая фигура в центре схемы – Я ЕСМЬ Присутствие, частица Бога в нас. Фигура побольше представляет собой четыре нижних тела: физическое, эмоциональное, ментальное, эфирное. Самая большая фигура – Святое Я Христа. Оно держит в руках наши руки. Цветные сферы, окружающие фигуры, представляют собой наше каузальное тело.

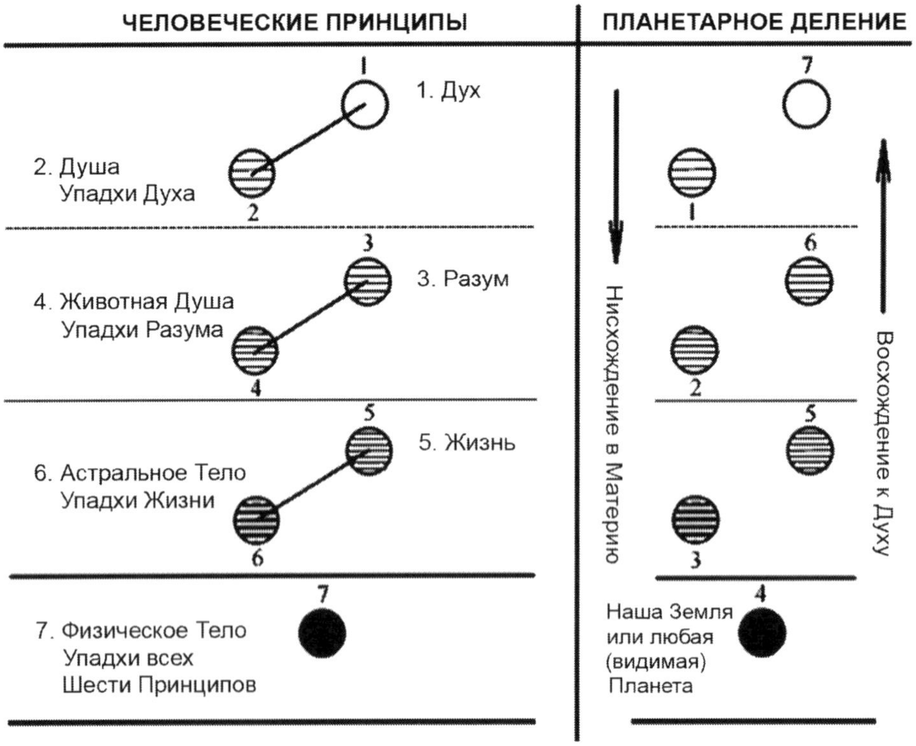

ЧЕЛОВЕЧЕСКИЕ ПРИНЦИПЫ	ПЛАНЕТАРНОЕ ДЕЛЕНИЕ
1. Дух	7
2. Душа Упадхи Духа	1
3. Разум	6
4. Животная Душа Упадхи Разума	2
5. Жизнь	5
6. Астральное Тело Упадхи Жизни	3
7. Физическое Тело Упадхи всех Шести Принципов	Наша Земля или любая (видимая) Планета

Нисхождение в Материю / Восхождение к Духу

Диаграмма 1. Соответствие между человеческими принципами и планетными

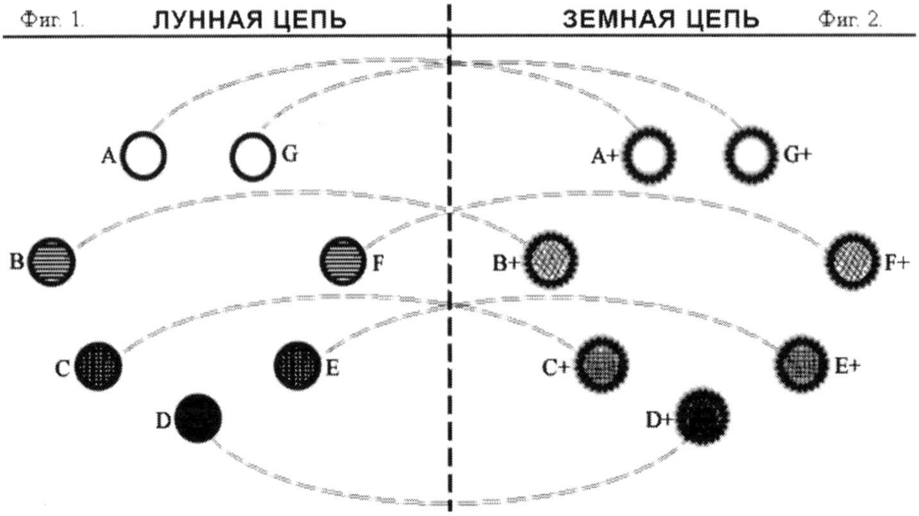

Фиг. 1. **ЛУННАЯ ЦЕПЬ** | **ЗЕМНАЯ ЦЕПЬ** Фиг. 2.

A, G | A+, G+
B, F | B+, F+
C, E | C+, E+
D | D+

Диаграмма 2. Перенесение жизни с Луны на Землю

Если мы ведём речь о планете, зарождение планеты на физическом плане происходит следующим образом: вокруг фокуса в пространстве начинает формироваться газообразное облако, которое постепенно уплотняется и становится твёрдым. Но точно так же, как мы не можем видеть тонкие тела человека с помощью нашего физического зрения, мы не можем видеть и тонкие тела Земли или любой другой планеты.

Однако начинается зарождение на более тонких невидимых планах, и только потом всё проявляется на физическом плане.

Согласно «Тайной Доктрине», жизнь существует на всех семи телах, или глобусах Земли или любой другой планеты... Причём монады, или Божественные фокусы, вокруг которых происходит формирование жизни (их можно условно сравнить с Я ЕСМЬ Присутствием, бессмертной частичкой в нас), первоначально были перенесены на нашу планету с Луны. Луна является нашей прародительницей.

Диаграмма 2 демонстрирует, каким образом была перенесена жизнь с Луны на Землю. Когда лунный глобус А заканчивал своё существование, жизненный импульс с него был перенесён на глобус А Земли. То же самое происходило с глобусами B, C, D...

Каждая монада, перенесённая с Луны, вновь проходила свою эволюцию как минерал, затем как растение, животное и, наконец, как человек.

Причём природа так приноровила циклы, что когда жизненный импульс высшего класса монад достигал глобуса А, жизненный импульс минеральной жизни перемещался на глобус B. Так постепенно жизневолны переходили с глобуса на глобус.

Жизнь, которая существует на глобусах, принадлежащих к тонким планам, соответственно, не может быть полностью ассоциирована с нашим физическим планом, но для наших целей важно представлять, что жизнь существует на многих планах и она достигает своей максимальной плотности на глобусе D, нашем физическом глобусе.

Кроме понятия глобусов «Тайная Доктрина» даёт ещё понятие кругов. Каждый глобус проходит в своём развитии семь кругов. Между всеми кругами существует период частичной пралайи, покоя, или обскурации, когда жизнь замирает, а затем вновь возрождается в следующем круге.

Сейчас мы находимся на глобусе D в четвёртом круге. В самой низшей точке материальности.

Вот, собственно, и всё, что нам нужно приблизительно знать для дальнейшего. Потому что в дальнейшем речь пойдёт только о нашем физическом глобусе.

Те, кто заинтересовался всеми этими кругами, глобусами, планетными цепями, могут подробнее ознакомиться с их описанием в первом томе «Тайной Доктрины», в «Эзотерическом Буддизме» Синнетта и в «Письмах Махатм». Скажу только, что изложение намеренно запутано и часть информации сокрыта. Однако те, кто получит ключи с тонкого плана, смогут понять и додумать остальное.

О каком периоде времени идёт речь

Давайте теперь посмотрим, о каком периоде времени может идти речь. За какое количество лет произошло население глобусов Земли Божественными монадами.

«С другой стороны, нужно знать, что ни одна тайна не сохранялась так хорошо и так священно древними, как тайна их циклов и вычислений. Начиная от египтян и до евреев, считалось величайшим грехом раскрыть нечто, принадлежащее к правильному измерению времени»[13].

Однако в «Тайной Доктрине» указываются точные цифры, и я склонна им верить. Вот они:

I. От начала Космической Эволюции[14] до индусского года Тарана, или 1887 года	1 955 884 687 лет
II. (Астральные) минеральное, растительное и животное царство до Человека потребовали на свое развитие	300 000 000 лет

---

[13] Блаватская Е.П. Тайная Доктрина. – Т. 2. – М.; Харьков, 2001. – С. 459. Далее: Тайная Доктрина.

[14] Эзотерическая Доктрина утверждает, что эта «Космическая эволюция» касается лишь нашей Солнечной Системы; тогда как экзотерический индуизм относит эти цифры, если мы не ошибаемся, ко всей Системе Вселенной (сноска скопирована из книги «Тайная Доктрина»).

III. Время от первого появления Человечества (на нашей Планетной Цепи)	1 664 500 987 лет
IV. Число лет, истекших от Манвантары Вайвасвата – или *Человеческого* Периода до 1887 года, исчисляется точно в	18 618 728 лет
V. Полный Период одной Манвантары	308 448 000 лет
VI. Четырнадцать Манвантар плюс период одной Сатья Юга составляет один день Брамы, или же полную Манвантару, или	4 320 000 000 лет
Потому Маха-Юга состоит из	4 320 000 лет[15]
Между годом 1887-м и началом Кали Юги протекло	4 989 лет

Вот ещё несколько цифр для большей ясности:

	Года смертных
360 дней смертных составляют	1 год
Крита Юга содержит	1 728 000
Трета Юга содержит	1 296 000
Двапара Юга содержит	864 000
Кали Юга содержит	432 000
Совокупность всех четырех указанных Юг составляет Маха-Югу	4 320 000
Семьдесят одна таких Маха-Юг составляет период царствования одного Ману	306 720 000

---

[15] Ибо Маха-Юга есть одна тысячная доля Дня Брамы.

Царствование четырнадцати Ману охватывает продолжительность 994 Маха-Юг, что равняется	4 294 080 000
Добавьте Сандхис, т. е. промежутки между царствованием каждого Ману, что будет отвечать шести Маха-Югам, равняющимся	25 920 000
Итог этих царствований и междуцарствий четырнадцати Ману равняется 1 000 Маха-Югам, что составляет Кальпу, т.е. один День Брамы	4 320 000 000
Так как Ночь Брамы и День Брамы одинаковой длительности, то Один День и Ночь Брамы будут содержать	8 640 000 000
360 подобных дней и ночей составляют один Год Брамы, равняющийся	3 110 400 000 000
100 подобных годов составляют полный период Века Брамы, т. е. Маха-Кальпу	311 040 000 000 000

«Таковы экзотерические цифры, принятые во всей Индии, и они довольно близко соответствуют цифрам Сокровенных Учений»[16].

Итак, 1 955 884 687 лет прошло с момента начала эволюции на глобусе A Земли в Первом Круге.

Однако из всех этих цифр нам понадобятся две. 18 618 728 лет прошло с момента образования физического человека. И 308 448 000 лет – период одной малой манвантары – занимает эволюция семи Рас нашего Четвёртого Круга на глобусе D.

Ну вот, теперь можно приступить собственно к описанию человеческих Рас, начиная с Первой.

---

[16] Тайная Доктрина. – С. 82.

Первая человеческая Коренная Раса

В соответствии с Законом подобия можно было бы предположить, что как любая планета этой материальной вселенной существует сначала на тонком плане, а затем проявляется на физическом плане, постепенно становясь всё плотнее и плотнее, точно эти же закономерности присущи и развитию человека. Сначала существует Божественная монада, которая постепенно одевается во всё более и более плотные тела.

«Наконец, во всех древних Писаниях и Космогониях указано, что изначала человек эволюционировал, как светящаяся, бесплотная форма, поверх которой, подобно расплавленной бронзе, вливаемой в модель ваятеля, была построена физическая форма его тела, посредством и из низших форм и типов животной земной жизни. Зохар утверждает:

«Душа и Форма, спускаясь на Землю, обличаются в земное одеяние»»[17].

Авторы «Тайной Доктрины» дают понимание о том, как развивалось человечество Первой и последующих Рас по Книге Дзиан и Комментариям к ней, с которыми они были знакомы.

---

[17] Тайная Доктрина. – С. 130.

В различных древних учениях, лишь бледным отражением которых является Библия, упоминается о Высших Духах, Сущностях, Дхиан-Коганах, Логосах (если придерживаться терминологии Учения Вознесённых Владык, можно говорить о Высших Ангелах), которые являются «перворождёнными» Брамою, рождёнными Разумом. Эти существа подразделяются на различные классы. Теперь будет понятен смысл станцы из Книги Дзиан, приведённой в «Тайной Доктрине»:

«12. Великие Коганы[18] призвали Владык Луны о Воздушных Телах: «Породите Людей[19], Людей вашего естества. Дайте им[20] их внутренние Формы. Они[21] же сложат внешние Оболочки[22]. Муже–Женами будут они. Владыки Пламени также...»

13. Пошли они[23], каждый в предназначенную ему Землю; Семь из них, каждый на свой Удел. Владыки Пламени остались позади. Они не захотели идти, они не пожелали творить.

14. Семь Воинств, Волею-Рожденные[24] Владыки, устремленные Духом Жизне-Дателем[25], выделили Людей из себя самих, каждый на своей Зоне»[26].

В соответствии с Законом Космических Циклов наступило время появиться человечеству этого, четвёртого, круга на планете Земля. Судя по всему, это событие могло произойти 200-300 млн. лет назад.

---

[18] Владыки.

[19] Было сказано им.

[20] То есть Дживы или Монады.

[21] Мать Земля или Природа.

[22] Внешние Тела.

[23] Лунные Боги.

[24] Или Разумом-рожденные.

[25] Фохат.

[26] Тайная Доктрина. – С. 25.

Были Сущности, принадлежащие к лунным Духам, или Питри, которые согласились творить, и были другие, названные Владыками Пламени, которые отказались. Это дало повод обвинить этих отказавшихся творить ангелов в «бунте» против Бога.

Однако эти Сущности *«лишенные более грубого «творческого огня» и потому неспособные создать физического человека, также не имея Двойника или Астрального Тела, чтобы выявить его, ибо они были без какой-либо «формы», показаны в экзотерических аллегориях как Йоги, Кумары [непорочные Юноши], которые стали «восставшими» Асурами, сражающимися и противодействующими Богам и т. д.»*[27].

Нам трудно судить, что же реально произошло. Но каким-то образом это событие создало карму, или условие для последующего схождения этих Высоких Сущностей в тела людей в Третьей Расе. Сейчас, чтобы не прерывать повествование, мы просто запомним, что были в ангельской эволюции существа слишком чистые и духовно независимые, которые рискнули отстаивать своё мнение и отказались «творить».

«Там, где нет борьбы, там нет и заслуги. Человечеству, «земному и от Земли», не было суждено быть созданными Ангелами от Первичного Божественного Дыхания. Потому и сказано, что они отказались создавать, и человек должен был быть оформлен более материальными создателями, которые, в свою очередь, могли дать лишь то, что было присуще их собственной природе и не более»[28].

Послушные ангелы выделили из своих астральных тел тени (Чхая), которые стали телами людей Первой Расы.

---

[27] Тайная Доктрина. – С. 92.
[28] Там же. – С. 111.

«Первая Раса людей, следовательно, была просто подобиями, Астральными Двойниками своих Отцов, которые были пионерами или наиболее продвинувшимися Сущностями с предыдущей, хотя и более низкой, Сферы, оболочкой которой сейчас является наша Луна»[29].

Это были гигантские бесполые существа воздушной формы высотой 173 фута, или 53 метра (для сравнения: статуя Свободы в Нью-Йорке имеет высоту 105 футов, или 34 метра). Эти формы не знали смерти и влачили бессознательное существование, подобное сну, на протяжении миллионов лет.

«Потому Первая Коренная Раса людей, бесполая и бессознательная, должна была быть сброшена и «сокрыта до известного времени»; то есть Первая Раса вместо того, чтобы умереть, исчезла во Второй Расе, как переходят некоторые низшие жизни и растения в свое потомство. Это было всеобщее преображение. Первая Раса стала Второй Коренной Расой без того, чтобы породить ее, или же создать ее, или умереть»[30].

---

[29] Тайная Доктрина. – С. 134.
[30] Там же. – С. 99.

Вторая Коренная Раса

Вторая Коренная Раса произошла через почкование или выделение из Первой Расы.

«Как иначе могли воспроизводить себя эти Чхая; то есть породить Вторую Расу, если они были эфирообразными, асексуальными и даже лишенными пока что носителя желаний или Кама Рупа, который развился лишь в Третьей Расе? Они развили Вторую Расу бессознательно, как делают это некоторые растения. Или, может быть, подобно амебе, только в более эфирообразном, значительном и большем масштабе»[31].

«Старая или Первичная Раса была поглощена Второй Расой и стала с ней единой.

Это есть таинственный процесс трансформации и эволюции человечества. Материя первичных Форм – облачная, эфирообразная и негативная – была притянута или поглощена и, таким образом, стала дополнением Форм Второй Расы. Комментарии объясняют это, говоря, что так как Пер-

---

[31] Тайная Доктрина. – С. 136.

вая Раса была составлена просто из Астральных Теней Прародителей-Творцов и, конечно, не имела ни своих собственных астральных, ни своих физических тел – то эта Раса не умирала. Её «Люди» постепенно растворялись и поглощались телами своего собственного «Потом-рождённого» Потомства, более плотными, нежели их собственные. Старая форма испарялась, она поглощалась и исчезала в Новой Форме, более человеческой и физической. Смерти не существовало в ту эпоху, более блаженную, нежели Золотой Век; но первичная или родительская материя была употреблена на создание нового существа, на построение Тела и даже внутренних или низших Принципов или Тел потомства»[32].

Вторая Раса была более плотной, однако она по-прежнему не имела физического тела. Рост этой Расы составлял 120 футов, или около 37 метров.

«Тайная Доктрина» говорит о месте обитания этой Расы как о втором материке Гиперборейском. Он был расположен в районе Северного Полюса. Каждая Раса имела свой материк, на котором она развивалась. О материке Первой Расы говорится только, что он будет существовать на протяжении всех Рас этой манвантары. Материки остальных Рас образуются, когда Раса начинает своё развитие, и исчезают с исчезновением Расы. Поэтому материк Второй Расы – Гиперборейский – погиб вместе с этой Расой. Недавние исследования в районе Новой Земли косвенно подтверждают утверждения «Тайной Доктрины». При бурении на глубину свыше 1000 метров было обнаружено, что 55 млн. лет назад (именно в это время должна была ещё существовать Вторая Раса) в районе Северного Полюса существовал средиземноморский климат.

---

[32] Тайная Доктрина. – С. 141.

«Первая Раса, «Тени» Прародителей, не могли быть повреждены или уничтожены смертью. Будучи настолько эфирообразными и настолько мало человечными по своему строению, они не могли быть повреждены никакой стихией – ни водою, ни огнем. Но их «Сыны», Вторая Коренная Раса, могла, и потому и была так уничтожена».

«Вечно цветущие страны (Гренландия среди других) Второго Материка были последовательно превращены из Эдемов, с их вечной весной, в гиперборейский Гадес. Превращение это произошло вследствие смещения великих вод Планеты, океанов, изменивших свои русла; большинство Второй Расы погибло при этой первой судороге эволюции и затвердевания Планеты во время человеческого периода»[33].

---

[33] Тайная Доктрина. – С. 161

Начало Третьей Расы

Как ни покажется странным такой способ размножения, но *«Ранняя Третья Раса образовалась из капель «Пота», которые после многочисленных превращений развиваются в человеческие тела»*[34].

Для Третьей Расы вообще характерны разнообразные способы размножения.

Третья Раса *«разделилась на три определенных подразделения, состоящих из людей, различно порожденных. Первые два подразделения размножались посредством яйцеобразного метода, по всей вероятности неизвестного современной естественной истории. Тогда как ранние субрасы Третьего Человечества размножались посредством своего рода выделения влажности или жизненного флюида, капли которого, собираясь, образовывали яйцеобразный шар – или, скажем, яйцо, служившее внешним вместилищем для зарождения в нем плода и ребенка; способ размножения следующих субрас изменился, во всяком случае, в своих результатах. Потомство ранних субрас было совершенно бесполо – даже бесформенно, насколь-*

---
[34] Тайная Доктрина. – С. 205.

ко мы можем знать это, но потомство последующих субрас рождалось андрогинным. Именно в Третьей Расе произошло разделение полов. Человечество из бесполого стало определенными гермафродитами, или двуполыми; и, наконец, Яйцо человека начало рождать, постепенно и почти незаметно в своем эволюционном развитии, сначала существа, в которых один пол преобладал над другим и, наконец, определенных мужчин и женщин»[35].

Эта Раса достигала высоты 60 футов, или 18 метров, и местом её обитания был континент Лемурия. Но я думаю, что у нас ещё будет возможность поговорить об этом континенте[36].

«Но вернемся еще раз к истории Третьей Расы, «Потом-рожденной», «Рожденной из Яйца» и «Андрогинам». Почти что бесполая при своем первом появлении, она стала двуполой или андрогинной, конечно, весьма постепенно. Переход от первого преображения к последнему потребовал бесчисленные поколения, в течение которых простая клетка, исшедшая от самого раннего предка породителя (двое в одном), сначала развилась в двуполое существо; затем эта клеточка, развившись в настоящее яйцо, выявила однополое существо. Третья Раса человечества является самой таинственной из всех, до сих пор развившихся, пяти Рас. Тайна, «как именно» произошло зарождение того или иного пола, не может быть полностью объяснена здесь, ибо это дело эмбриолога и специалиста; настоящий труд дает лишь слабые начертания этого процесса. Но ясно, что отдельные единицы Третьей Расы начали разъединяться в своих оболочках или яйцах еще до рождения и выходили из них младенцами определенного – мужского или

---

[35] Тайная Доктрина. – С. 154.
[36] См. главу «Лемурия». С. 112

женского пола века после появления своих первых прародителей. И по мере смен геологических периодов вновь нарожденные субрасы начали утрачивать свои врожденные способности. К концу четвертой субрасы Третьей Расы младенцы утратили способность ходить, как только они освобождались из своей оболочки, и к концу пятой человечество уже рождалось в тех же условиях и посредством тождественного процесса, как и наши исторические поколения. На это потребовались, конечно, миллионы лет. Читатель уже ознакомился с приблизительными цифрами, по крайней мере, что касается до экзотерических вычислений»[37].

Период существования Третьей Коренной Расы вообще изобилует различными событиями. Примерно 18 млн. лет назад человечество приобрело физическое тело. Это произошло во времена Третьей Коренной Расы. И ещё два события произошли во времена этой же Расы – так называемое «падение» человечества и так называемое «падение» ангелов. Ну вот, наконец-то мы приблизились к интересующей нас теме.

---

[37] Тайная Доктрина. – С. 228.

Падение ангелов

К любой древней аллегории или любому символу «Тайная Доктрина» имеет семь ключей, которые все находятся в руках у Высочайших Посвящённых. Поэтому я могу дать лишь то представление о тайне «падения», которое я получила сама, просто читая «Тайную Доктрину». Поскольку всё нижеизложенное может показаться чрезвычайно необычным, то я в основном буду приводить цитаты, дополняя их собственным пониманием лишь слегка.

Как следует из предыдущего повествования, человек оформлялся постепенно на протяжении миллионов лет. Примерно 18 млн. лет назад он обрёл своё физическое тело. Однако, как мы упоминали, строение человека семерично. И даже после обретения физического тела у человека Третьей Расы ещё отсутствовали два принципа. Я думаю, что не сильно погрешу против истины, если скажу, что эти два тела можно ассоциировать с ментальным телом и Я Христа в терминологии Учения Вознесённых Владык. Человек не обладал разумом, он был человеком только по форме, но по сути он ничем не отличался от животного. Кроме всего прочего, человек не имел посредника, который бы соединял его духовную часть и физическую.

Станца VII из «Книги Дзиан» описывает, каким образом человек обрёл Разум.

24. СЫНЫ МУДРОСТИ, СЫНЫ НОЧИ[38], ГОТОВЫЕ ВНОВЬ РОДИТЬСЯ, СПУСТИЛИСЬ. ОНИ УВИДЕЛИ НИЗКИЕ[39] ФОРМЫ ПЕРВОЙ ТРЕТИ[40] (a). «МЫ МОЖЕМ ИЗБРАТЬ, СКАЗАЛИ ВЛАДЫКИ (МУДРОСТИ), МЫ МУДРЫ». НЕКОТОРЫЕ ВОШЛИ В ЧХАЯ, ДРУГИЕ УСТРЕМИЛИ ИСКРУ, НЕКОТОРЫЕ ВОЗДЕРЖАЛИСЬ ДО ЧЕТВЁРТОЙ[41]. ИЗ СВОЕЙ СОБСТВЕННОЙ РУПА НАПОЛНИЛИ ОНИ[42] КАМА[43]. ТЕ, КТО ВОШЛИ, СДЕЛАЛИСЬ АРХАТАМИ. ТЕ, КТО ПОЛУЧИЛИ ЛИШЬ ИСКРУ, ОСТАЛИСЬ ЛИШЕННЫМИ ЗНАНИЯ[44]; ИСКРА ГОРЕЛА СЛАБО (b). ТРЕТЬИ ОСТАЛИСЬ РАЗУМА–ЛИШЕННЫМИ. ДЖИВЫ[45] ИХ НЕ БЫЛИ ГОТОВЫ. ЭТИ БЫЛИ ОТДЕЛЕНЫ СРЕДИ СЕМИ[46]. ОНИ СТАЛИ УЗКОГОЛОВЫМИ. ТРЕТЬИ БЫЛИ ГОТОВЫ. «В ЭТИХ ПРЕБУДЕМ МЫ», СКАЗАЛИ ВЛАДЫКИ ПЛАМЕНИ И ТЁМНОЙ (СКРЫТОЙ) МУДРОСТИ (c).

«Эта Станца содержит в себе полный ключ к тайнам зла, так называемому Падению Ангелов и ко многим проблемам, которые так смущали мозги философов со времен за-

---

[38] Исшедшие из Тела Брамы, когда наступила Ночь.

[39] Низкие разумом.

[40] Все еще Раса, лишенная Разума.

[41] Раса.

[42] Напрягли.

[43] Носитель Желания.

[44] Высшее знание.

[45] Монады.

[46] Первоначальные человеческие виды.

рождения памяти человека. Она разрешает тайну последующего неравенства в умственных способностях, в рождении или социальном положении и дает логическое объяснение непонятному кармическому течению на протяжении воспоследовавших эонов. Ввиду трудности этого вопроса мы попытаемся теперь дать возможно лучшее объяснение»[47].

Кто были эти Сыны Мудрости, одарившие человека Разумом? Вы помните тех ангелов, которые отказались «творить»? В разных религиозных системах они имеют разное наименование. *«Все это есть Манасы и Раджасы; Кумары, Асуры и другие Правители и Питри, которые воплотились в Третьей Расе и этим способом и различными другими одарили человека Разумом»*[48].

«Трансгималайские оккультисты рассматривают их как явно тождественных тем, кого в Индии называют Кумара'ми, Агнишватта'ми и Бархишада'ми»[49].

«В арийской аллегории восставшие Сыны Брамы все представлены как святые Аскеты и Йоги. Будучи вновь рожденными в каждой Кальпе, они обычно пытаются воспрепятствовать человеческому размножению»[50].

«Существует Вечный Закон Циклов перевоплощений, и во главе этих серий, при начале каждой новой Зари Манвантары, стоят те, которые отдыхали от воплощений в предыдущих Кальпах на протяжении неисчислимых Эонов – то есть высшие и самые ранние Нирвани. Именно это и была

---

[47] Тайная Доктрина. – С. 188.
[48] Там же. – С. 104.
[49] Там же. – С. 103.
[50] Там же. – С. 96.

очередь этих «Богов» воплотиться в настоящей Манвантаре; потому и присутствие их на Земле и происшедшие отсюда аллегории; отсюда также и искажения первоначального смысла. Боги, «павшие в зарождение», миссия которых была завершить Божественного Человека, позднее встречаются представленными в виде демонов, злых духов и врагов в борьбе и войне с Богами или безответственными исполнителями единого Вечного Закона. Но ни одна из тысячи и одной аллегории арийского мира не создала понятия таких сущностей, как дьяволы и Сатана христианской, еврейской и магометанской религий»[51].

«Итак, предполагаемые «Восставшие» были просто те, кто вынуждаемые Кармическим Законом испить чашу горечи до ее последней капли, должны были вновь родиться и, таким образом, создать мыслящих сущностей из астральных статуй, выявленных их низшими братьями. Некоторые из них, как сказано, отказались, ибо они не имели в себе требуемого материала, – то есть астрального тела – ибо они были Арупа[52]. *Отказ других был основан на том, что они были Адептами и Йогами в давно прошедших предыдущих Манвантарах; еще одна тайна. Но позднее, как Нирманакая*[53], *они пожертвовали собою на благо и спасение Монад, ожидавших своей очереди и которые иначе должны были бы томиться на протяжении бесчисленных веков в безответственных животноподобных, хотя на вид и человеческих, формах. Это может быть притча и аллегория, заключенная в другой аллегории. Ре-*

---

[51] Тайная Доктрина. – С. 268.

[52] Арупа – не имеющие формы.

[53] Нирманакая – форма того Адепта или Йога, который пожертвовал состоянием нирваны для помощи человечеству.

шение ее предоставляется интуиции изучающего, если только он даст себе труд прочесть последующее духовным оком»[54].

«Перворожденные» есть те, кто первые получают импульс движения при начале Манвантары, и потому они первыми падают в низшие сферы материальности. Они, которые в Богословии называются «Престолами» и являются «Твердынею Бога», должны стать первыми воплощенными людьми на Земле; и становится понятным, если мы помыслим о бесконечных сериях прошлых Манвантар, что последние должны были быть первыми и первые последними. Короче говоря, мы видим, что высшие Ангелы бесчисленные эоны назад пробились сквозь «Семь Кругов» и, таким образом, «завладели» их Священным Огнем; проще говоря, это значит, что они восприняли в течение своих прошлых воплощений в низших, так же как и высших Мирах, всю их Мудрость – отображение Махата в его различных степенях напряжения. Ни одна Сущность, будь она ангельской или человеческой, не может достичь состояния Нирваны или же абсолютной чистоты иначе, нежели через эоны страданий и познавания зла, так же как и добра, ибо, в противном случае, последнее остается непонятным.

Между человеком и животным, Монады или Дживы которых в основании своем тождественны, – существует непроходимая бездна Разумности и Самосознания. Что есть человеческий разум в его высшем аспекте, откуда он, если он не есть доля естества – и, в некоторых редких случаях воплощения, само естество – высшего Существа, Существа, принадлежащего к более высокому и божественному плану»[55].

---

[54] Тайная Доктрина. – С. 110.

[55] Там же. – С. 94.

Как видим, человечество получило не самые плохие Я Христа для своего дальнейшего развития. А поскольку *«человечество Первой Коренной Расы есть Человечество Второй, Третьей, Четвертой, Пятой и т.д., до последней происходит цикловое и постоянное перевоплощение Монад, принадлежащих Дхиан-Коганам нашей Планетной Цепи»*[56], то, по сути,

---

[56] Тайная Доктрина. – С. 171, примечание.

эти Я Христа, полученные во время Третьей Коренной Расы, и есть наши с вами Я Христа, наши ангелы-хранители, наши Логосы, которых так бодро христианская доктрина наименовала падшими ангелами.

«Аллегорически Падшие Ангелы во всех древних системах означают прообразы падших людей, а Эзотерически они являются этими самыми людьми»[57].

Теперь давайте попытаемся понять механизм, каким образом мы получили свой Разум.

Было три класса Владык Мудрости. Одни вошли в Чхая, другие устремили искру, третьи воздержались до Четвёртой Расы.

Итак, часть Высоких Существ вошли в тела людей.

«Мощь, посредством которой они вначале создавали, есть именно та, которая была причиной их низвержения с их высокого состояния до положения Злых Духов, Сатаны и его Воинства – созданных, в свою очередь, нечистой фантазией экзотерических верований. Мощь эта была Крияшакти, та таинственная и божественная мощь, латентная в воле каждого человека, которая, если она не будет вызвана к жизни, напряжена и развита через Йогические упражнения, остаётся спящей в 999 999 человек из миллиона и, таким образом, становится атрофированной. Эта мощь объяснена в «Двенадцати Знаках Зодиака»[58] *следующим образом:*

«*Крияшакти:* – Таинственная *сила мысли*, которая дает ей возможность воспроизводить внешние, осязаемые феноменальные результаты через присущую ей энергию. Древ-

---

[57] Тайная Доктрина. – С. 452.

[58] См.: Пять Лет Теософии. – С. 111 (сноска скопирована из книги «Тайная Доктрина»).

ние утверждали, что любая мысль проявится *внешне*, если внимание [и воля] человека глубоко сосредоточены на ней. Точно так же напряженное желание будет сопровождаться желанным результатом.

Йог обычно совершает свои чудеса посредством Иччхашакти (Сила Воли) и Крияшакти».

Третья Раса создала, таким образом, так называемых «Сынов Воли и Йоги» или же «Предков» – Духовных Праотцов – всех последующих и настоящих Архатов или Махатм истинно беспорочным путем. Они поистине были созданы, не порождены, как то были их братья Четвертой Расы, которые были зарождены через половое сочетание после разделения полов, «Падения Человека». Ибо Создание есть лишь результат Воли, действующей на феноменальную Материю, вызывание из нее Изначального Божественного Света и Вечной Жизни. Они были «Сокровенные Семена» будущих Спасителей Человечества»[59].

«Теперь мы подошли к важному пункту, что касается до двоякой эволюции человеческой расы. Сыны Мудрости, или же Духовные Дхиани, стали «разумными» через свое соприкасание с Материей, потому что они уже достигли в течение прежних циклов воплощения ту степень разумности, которая позволила им стать независимыми и самосознательными сущностями на этом плане Материи. Они вновь родились лишь в силу кармических следствий. Они вошли в тех, которые были «готовы», и сделались вышеупомянутыми Архатами, или Мудрецами, о которых было сказано выше. Это требует объяснения.

---

[59] Тайная Доктрина. – С. 201.

Это не значит, что Монады вошли в формы, в которых уже обитали другие Монады. Они были «Сущности», «Разумы» и Сознательные Духи; Существа, стремившиеся стать еще более сознательными путем сочетания с более развитой Материей. Естество Их было слишком чисто, чтобы быть отличным от Всемирного Естества; но их «Ego», или Манас (ибо их называют Манасапутра, рожденные от Махата или Брамы), должны были пройти через земные человеческие испытания, чтобы стать всезнающими и быть в состоянии начать возвратный восходящий цикл. Монады не являются разобщенными принципами, условными или ограниченными, но они лучи от единого абсолютного Принципа. Прохождение одного солнечного луча вслед за другим через одно и то же отверстие в темную комнату не будет являть двух лучей, но лишь единый, усиленный луч»[60].

Вот вам и объяснение, если человек «готов», каким образом в человеческом существе для выполнения определённой миссии может присутствовать ещё одна или несколько Высоких Сущностей.

«Таким образом, те, кто были «наполовину готовы», те, кто получили лишь «одну искру», составляют средний уровень человечества, и они должны приобрести свою разумность в течение эволюции настоящей Манвантары, после чего в следующей они будут вполне готовы воспринять «Сынов Мудрости». Тогда как те, которые совсем «не были готовы», самые последние Монады, едва лишь развившиеся из своих последних, переходных и низших животных форм при заключении

---

[60] Тайная Доктрина. – С. 194.

Третьего Круга упоминаются в Станце как оставшиеся «узкоголовыми»[61]. Этим объясняется иначе необъяснимая разница в степени разумности, наблюдаемая даже в настоящее время среди различных рас людей – дикарей, бушменов и европейцев»[62].

Узкоголовые, лишённые разума, но уже разделившиеся на два пола человеческие существа первоначально не могли должным образом направить свой половой инстинкт и стали совокупляться с самками животных. Все современные нам виды обезьян являются побочным продуктом таких сочетаний, как учит «Тайная Доктрина». Это породило карму, которая легла на тех Сынов Мудрости, которые «воздержались до Четвёртой Расы».

«Только лишь после так называемого «Падения» расы начали быстро развиваться в чисто человеческий образ. Чтобы изучающий мог правильно понять полное значение Падения – столь мистичного и трансцендентального в его настоящем значении – следует тотчас же сообщить ему подробности, предшествовавшие этому, ввиду того что современная теология сделала из этого происшествия ось, вокруг которой вращаются самые губительные и нелепые догмы и верования.

Архаические Комментарии, как может припомнить читатель, объясняют, что из Воинства Дхиани, для которых наступила очередь воплотиться, как Ego бессмертных, но лишенных разума на этом плане, Монад – некоторые «подчинились» (Закону Эволюции), как только люди Третьей Расы стали физиологически и физически готовыми, то есть когда произошло разделение полов. Они были теми первыми

---

[61] «Узкоголовыми» – тупыми (пометка Е.И. Рерих на полях книги).
[62] Тайная Доктрина. – С. 194.

сознательными существами, которые, добавив теперь сознательное знание и волю к присущей им божественной чистоте, «создали» посредством Крияшакти полубожественного человека, который стал на Земле семенем будущих Адептов. С другой же стороны, те, кто ревниво оберегал свою умственную свободу – не будучи скованы еще тогда никакими оковами материи – сказали: «Мы можем выбирать... мы обладаем мудростью» и, таким образом, воплотились гораздо позднее – этим они уготовили себе своё первое кармическое наказание. Они получили тела много ниже (физиологически) своих астральных образов, ибо их Отображения (Чхая) принадлежали к Предкам низшей степени из Семи Классов. Что же касается до тех «Сынов Мудрости», которые «отложили» свое воплощение до Четвертой Расы, уже запятнанной (физиологически) грехом и распутством, эти породили страшную причину, кармическое следствие которой до сего дня тяготеет над ними. Это произошло с ними самими, и они стали носителями этого семени беззакония на протяжении грядущих эонов, ибо тела, которые они должны были одушевлять, стали оскверненными из-за их собственного промедления.

Это и было «Падением Ангелов» как следствие их восстания против Кармического Закона»[63].

Ещё несколько заключительных цитат.

«...не все люди стали воплощениями «Божественных Восставших», но лишь некоторые среди них. У остальных их Пятый Принцип был просто ускорен в своем развитии посредством искры, брошенной в него, что и объясняет великую

---

[63] Тайная Доктрина. – С. 263.

разницу среди умственных способностей людей и рас. Если бы «Сыны Махата», говоря аллегорически, не проскочили через Промежуточные Миры в своем устремлении к умственной свободе, животный человек никогда не был бы в состоянии подняться от этой Земли и достичь личными усилиями своей конечной цели. Цикловое Странствование должно было бы совершиться через все планы существования наполовину бессознательно, если и не вполне, как мы видим это на примерах животных. Именно благодаря этому восстанию разумной жизни против мертвенной бездеятельности чистого духа, мы и являемся тем, что мы есть – самосознательными, мыслящими людьми, одаренными способностями и свойствами Богов, как на благо, так и на зло. Следовательно, Восставшие являются нашими Спасителями. Пусть философы хорошенько задумаются над этим, и не одна тайна раскроется перед ними. Лишь силою притяжения контрастов могут два противоположения – Дух и Материя – быть скреплены между собою на Земле и, будучи расплавлены в огне самосознательного испытания и страдания, стать слитными в Вечности. Это откроет смысл до сих пор непонятных аллегорий, безрассудно называемых «баснями»[64].

«...благодаря Лучезарным Архангелам, Дхиан-Коганам, которые отказались создавать, ибо они хотели, чтобы человек стал своим собственным творцом и бессмертным Богом, – люди могут достигать Нирвану и Пристань небесного Божественного Покоя.

Чтобы заключить это довольно пространное пояснение, Сокровенное Учение говорит, что Дэвы Огня, Рудры и Кумары, Девственные Ангелы (к которым принадлежат Ар-

---

[64] Тайная Доктрина. – С. 120.

хангелы Михаил и Гавриил), Божественные «Повстанцы»... предпочли проклятие воплощения и долгие циклы земного существования и перевоплощения, нежели видеть бедствие, хотя бы даже бессознательное, существ, которые были явлены как отображения из своих Братьев посредством полупассивной энергии своих слишком духовных Создателей. Если «человек должен воспользоваться своей жизнью так, чтобы не уподобиться животному, не одухотворить, но очеловечить свое Я», то для этого он должен родиться человеком, а не ангелом. Потому предание указывает, что небесные Йоги добровольно пожертвовали собою, чтобы искупить Человечество, которое было сотворено вначале по подобию Божьему и совершенным, одарив его человеческими привязанностями и устремлениями. Чтобы выполнить это, они должны были отказаться от свойственного им состояния и спуститься на нашу Сферу и утвердить на ней свое пребывание на весь цикл Махаюги, сменив, таким образом, свои безличные Индивидуальности на индивидуальные Личности – блаженство надзвездного существования на проклятие земной жизни. Эта добровольная жертва Огненных Ангелов, естество которых было Знание и Любовь, была искажена экзотерическими теологиями в утверждение, показывающее, что «Восставшие Ангелы» были низвергнуты во «Тьму Ада» – нашу Землю»[65].

«...никогда не было ни Дьяволов, ни «непослушных Ангелов» по той простой причине, что все они управляются Законом»[66].

«Так называемые «Падшие Ангелы» есть само Человечество. Демон гордости, похоти, возмущения и ненависти не имел бытия до появления физического, сознательного человека. Именно человек породил и вскормил врага и позволил ему развиться в своем сердце. Именно он обесчестил, осквернил Бога, пребывающего в нем самом, сочетав чистый Дух с нечистым Демоном Материи»[67].

---

[65] Тайная Доктрина. – С. 284.
[66] Там же. – С. 564.
[67] Там же. – С. 318.

Падение человечества

«Пока что одно задание осталось незаконченным – это разрушение самой губительной из всех богословских догм, именно догмы проклятия, под тяжестью которого человечество страдает со времени предполагаемого ослушания Адама и Евы в их убежище Эдема»[68].

Описание, содержащееся в Библии, по утверждению «Тайной Доктрины», было заимствовано евреями из более древних источников, в частности у халдеев. Давайте вспомним, что сказано в Библии о Падении Адама и Евы.

«И сказал змей жене: подлинно ли сказал Бог: не ешьте ни от какого дерева в Раю? И сказала жена змею: плоды с дерев мы можем есть, только плодов дерева, которое среди рая, сказал Бог: не ешьте их и не прикасайтесь к ним, чтобы вам не умереть. И сказал змей жене: нет, не умрете, но знает Бог, что в день, в который вы вкусите их, откроются глаза ваши, и вы будете, как боги, знающие добро и зло. И увидела жена, что дерево хорошо

---

[68] Тайная Доктрина. – С. 475.

для пищи и что оно приятно для глаз и вожделенно, потому что дает знание; и взяла плодов его и ела; и дала также мужу своему, и он ел. И открылись глаза у них обоих, и узнали они, что наги, и сшили смоковные листья, и сделали себе опоясания»[69].

«Тайная Доктрина» говорит: *«Конечно, «Древо» есть сам человек, Змий же, обитающий в каждом древе, – сознательный Манас, связующее звено между Духом и Материей, Небом и Землею»*[70].

«Падение явилось результатом знания человека, ибо «его глаза открылись». Действительно, ему была преподана

---

[69] Бытие 3:1–7.
[70] Тайная Доктрина. – С. 114.

Мудрость и Скрытое Знание «Падшим Ангелом», ибо последний с этого дня стал его Манасом, Умом и Самоосознанием»[71].

«...и значение аллегорического «Змия»... вовсе не относится к физиологическому падению людей, но к приобретению ими Знания Добра и Зла; и это знание пришло к ним до их падения. Не следует забывать, что только после своего насильственного изгнания из Эдема "Адам познал свою жену Еву"»[72].

По какой-то причине ревнивые Элохимы и боги – обитатели рая – не хотели, чтобы человек стал одним из них. Я долго не могла понять, что же это за боги, которые не хотят, чтобы созданное ими детище – человек – развивалось. Как всегда «случайно», в мои руки попал «Апокриф Иоанна», в котором объяснена суть произошедшего. Поскольку этот Апокриф написан учеником Иисуса, становится понятным, что знания, которые Иисус давал своим ученикам, не отличались от учения «Тайной Доктрины». И не могло быть иначе, так как Иисус был Посвящённым. Правда, в дальнейшем из этих учений была полностью изъята суть, а многие вещи в трактовке отцов церкви приобрели прямо противоположное значение. Позже мы обратимся к Апокрифу. А пока я продолжу разъяснения «Тайной Доктрины» по поводу «падения» человека.

Итак, человек приобрёл ум. Огонь Разума. Интеллект. Знание. Однако любое из этих качеств можно использовать как во благо, так и во зло.

«Большой интеллект и слишком большое знание являются обоюдоострым оружием в жизни и орудием как для до-

---

[71] Тайная Доктрина. – С. 595.
[72] Там же. – С. 324.

бра, так и для зла. Когда они сочетаются с самостью, они сделают из всего человечества подножие для возвеличения того, кто ими обладает, и средство для достижения его целей; тогда как, будучи применены к альтруистическим, гуманитарным целям, они могут стать средством для спасения многих. Во всяком случае, отсутствие самоосознания и разума сделает человека идиотом, зверем в человеческой форме»[73].

Само по себе обладание Разумом обязывает человека осознанно делать выбор между Добром и Злом. Теперь он может выбирать. Разум в человеке, по сути, является его посвятителем. И, пользуясь этим инструментом, человек может реально стать сотворцом с Богом или употребить свой ум на достижение любых иллюзорных целей в этом мире.

Этот же творческий огонь используется человеком для создания потомства теперь уже половым путём.

«Разъединение полов входило в программу Природы и естественной эволюции; и творческая способность в мужчине и женщине была даром Божественной Мудрости»[74].

Вступление мужчины и женщины в сексуальные отношения не было грехом. Это миф. Однако в нашем дуальном мире и эта способность была извращена, а это уже было и есть грех. Я приведу длинную цитату из «Тайной Доктрины», но лучше, чем об этом сказано там, я всё равно не смогу сказать.

«Творческие силы в человеке были даром Божественной Мудрости, но не результатом греха. Это ясно доказано парадоксальным поведением Иеговы, который сначала прокли-

---

[73] Тайная Доктрина. – С. 190.
[74] Там же. – С. 250.

ет Адама и Еву (или Человечество) за совершение предполагаемого греха, а затем благословляет свой «избранный народ», говоря: «плодитесь, и размножайтесь, и наполняйте землю»[75]. Проклятие не было навлечено на человечество Четвертою Расою, ибо сравнительно безгрешная Третья Раса, допотопные гиганты еще больших размеров, погибли таким же образом; следовательно, Потоп не был наказанием, но просто результатом периодического и геологического закона. Также проклятие Кармы не обрушилось на них за их попытки к естественному сочетанию, как это делается всем животным миром, лишенным разума, в надлежащее к тому время года; но за злоупотребление творческою мощью, за осквернение божественного дара и растрачивание жизненной субстанции без всякой другой цели, кроме звериного личного удовлетворения. Когда третья глава Книги Бытия будет понята, то увидят, что она относится к Адаму и Еве конца Третьей Расы и начала Четвертой. Вначале зарождение было таким же легким для женщины, как и для всех животных тварей. Никогда не входило в план Природы, чтобы женщина рожала в «страдании». Однако с этого периода, со времени развития Четвертой Расы, возникла вражда между ее семенем и семенем «Змия», семенем или же плодом Кармы и Божественной Мудрости. Ибо семя жены или похоти раздавило главу семени плода мудрости и знания, обратив священную тайну размножения в животное удовлетворение; потому Закон Кармы «раздавил пяту» Расы Атлантов, постепенно изменив физиологически, морально, физически и умственно всю природу Четвертой Расы человечества[76], и человек из здорового царя жи-

---

[75] Книга Бытия, IX, 1.

[76] Как мудры и величественны, как морально дальновидны благие законы Ману в отношении брачной жизни по сравнению с распущенностью, молча дозво-

вотного творения Третьей Расы стал в Пятой, нашей Расе жалким золотушным существом и оказался сейчас на нашем земном шаре богатейшим наследником болезней, телесных и наследственных, и наиболее сознательно смышленым зверем из всех животных![77]

Таково истинное Проклятие с физиологической точки зрения почти единственное, о котором имеются намеки в каббалистическом Эзотеризме. Рассматриваемое в этом аспекте Проклятие несомненно, ибо оно очевидно»[78].

Обретя Разум, человечество вынуждено постоянно пребывать в борьбе, битве, которая происходит внутри него и, естественно, отражается на окружающем мире. Мы вынуждены гореть в огне страстей, желаний, побуждаемые иллюзией и всё более и более впадая в эту иллюзию. Сотворённая карма приводит к страданию, и страдание заставляет нас изменяться и вспоминать о Боге и следовать Его Закону.

ленной человеку в цивилизованных странах. То обстоятельство, что законы эти находились в пренебрежении за последние два тысячелетия, нисколько не препятствует нам восхищаться глубиною их предвидения. Брамин оставался грихаста, семейным человеком, до определенного периода своей жизни, затем после рождения сына и когда тот уже мог поддерживать семью, он кончал брачную жизнь и становился благочестивым Йогом. Его брачная жизнь регулировалась его брамином-астрологом в соответствии с его природою. Потому в таких странах, как, например, Пунджаб, где губительное влияние мусульманской и, позднее, европейской распущенности едва коснулось ортодоксальных арийских каст, можно еще встретить лучшие образцы человека всей Планеты – что касается до роста и физической силы; тогда как в Деккане и особенно в Бенгалии мощные люди древних времен заменились людьми, потомство которых с каждым столетием – почти с каждым годом – уменьшается в росте и силе.

[77] Болезни и избыток прироста населения – факты, которые никак не могут быть отрицаемы.

[78] Тайная Доктрина. – С. 475.

«Эта война будет продолжаться, пока Внутренний и Божественный Человек не уравновесит свою внешнюю земную самость со своей духовной природой. До тех пор темные и свирепые страсти этой самости будут находиться в вечной борьбе со своим Повелителем, Божественным Человеком. Но когда-то животное будет усмирено, ибо природа его будет изменена, и еще раз будет царствовать гармония между двумя, как это было до «Падения», когда даже смертный человек «создавался» посредством стихии и не был рождаем»[79].

В заключение этого раздела я бы хотела привести описание одного халдейского изображения из Британского музея, приведённое в «Тайной Доктрине»:

«На этом изображении события Падения… также имеются две фигуры, сидящие по обе стороны «древа» с поднятыми руками к «яблоку», тогда как позади «древа» помещается Дракон-Змий. Эзотерически эти две фигуры изображают двух «халдеев»[80]***, готовых к посвящению, причем Змий символизирует Посвящающего; тогда как ревнивые Боги, проклинающие этих трех, представляют экзотерическое невежественное священство. Это не очень походит на «библейское событие» в его буквальном значении, как может убедиться в этом каждый оккультист»***[81].

---

[79] Тайная Доктрина. – С. 311.

[80] Халдеи – сперва племя, затем каста учёных каббалистов. Они были учёными, магами Вавилонии, астрологами и предсказателями.

[81] Тайная Доктрина. – С. 411.

Происхождение Зла

Я не берусь исчерпывающе изложить взгляд «Тайной Доктрины» на происхождение Зла на нескольких страницах. Однако какое-то своё понимание я попытаюсь дать.

«АБСОЛЮТ не может быть определен, и ни один смертный или бессмертный никогда не видел и не постигал его на протяжении периодов Существования. Изменяемое не может знать Неизменяемое, так же как не может то, что живет, постичь Абсолютную Жизнь»[82], — утверждает «Тайная Доктрина».

Однако что-то побуждает Единого создавать, творить. *«Творение описано как игра, как забава (Лила) Бога-Творца. Зохар говорит о первозданных мирах, погибавших так же быстро, как они нарождались: «В индусских Пуранах Брама — Создатель явлен как начинающий заново несколько «Творений» после стольких же неудач...»*[83]

Причём это относится и к вселенной, и к мирам, и к нашей Земле. Я тоже задавалась вопросом, что заставляет Бога

---

[82] Тайная Доктрина. — С. 43.

[83] Там же. — С. 64.

творить? В одной из медитаций мне был дан образ. Бог подобен маленькому ребёнку, который сидит на берегу океана и строит замок из песка. За ночь океан разрушает это творение, а наутро ребёнок опять приходит на берег океана и опять строит замок из песка. Зачем это делает ребёнок? Наверное, затем же это делает Бог.

Итак, вначале появляется мысль, побуждение к началу творения. И уже сама по себе эта мысль имеет состояние, противоположное АБСОЛЮТУ. Уже в самой этой мысли заключается двойственность.

«Эзотерический смысл слова Логос – Речь или Слово, Verbum – есть передача сокрытой мысли в объективном выражении, как в фотографии. Логос есть зеркало, отображающее БОЖЕСТВЕННЫЙ РАЗУМ; Вселенная же является зеркалом Логоса, хотя последний есть сущность (Esse) этой Вселенной. Так же как Логос отображает все сущее во Вселенной Плероме, так и человек отображает в себе все, что он видит и находит в своей Вселенной, Земле»[84].

«Не было «недоброй мысли», положившей начало противоположной Мощи, но просто Мысль, per se, нечто, что, будучи мыслящим и содержащим план и цель и в силу этого являясь конечным, естественно должно оказаться в противоположении к чистому Покою, то есть естественному состоянию абсолютной Духовности и Совершенства. Это было просто утверждением Закона Эволюции; прогресс Умственного Развертывания, дифференцированного от Духа, уже влившегося и переплетенного с Материей, к которой он непре-

---

[84] Тайная Доктрина. – С. 34.

одолимо притягивается. Идеи, по самой природе и сущности своей, как понятия, относящиеся к объектам, реальным или воображаемым, безразлично противоположны Абсолютной Мысли, этому Непознаваемому Всему...»[85]

«Каждая Вселенная (Мир или Планета) имеет своего Логоса», утверждает Доктрина. Солнце всегда именовалось египтянами «Оком Озириса» и само было Логосом, Перворожденным или же Светом, проявленным Миру, «который есть Ум и божественный Разум Сокрытого». И только посредством семеричного Луча этого Света можем и мы постигать Логоса через Демиурга, рассматривая последнего как «Создателя» нашей Планеты и всего относящегося к ней, а первого, как Силу, направляющую этого «Создателя», – хорошего и дурного одновременно, как начало добра и начало зла. Этот «Создатель» не хорош и не дурен per se, но его дифференцированные аспекты в Природе заставляют его принимать тот или иной характер»[86].

«Логос проявляет себя как двуеродный Принцип Добра и Зла»[87].

«Тем, кто, подстрекаемый старыми теологическими предрассудками, может сказать: «но именно Асуры являются восставшими Дэвами, противниками Богов – следовательно, они дьяволы и духи зла», – мы ответим: Эзотерическая Философия не признает ни добра, ни зла per se, как независимо существующих в Природе. По отношению к Космосу причина

---

[85] Тайная Доктрина. – С. 568.
[86] Там же. – С. 34.
[87] Там же. – С. 247.

того и другого лежит в необходимости противоположений или контрастов, что же касается до человека, она заключается в его человеческой природе, в его невежестве и страстях. Не существует дьяволов или же совершенно развращенных существ, так же как нет и Ангелов, абсолютно совершенных, хотя и могут быть Духи Света и Тьмы...»[88]

«Нет ни Дьявола, ни Зла вне человеческого создания. Зло есть необходимость в проявленном мироздании и одно из его оснований. Оно необходимо для прогресса и для эволюции, как ночь необходима для проявления дня и смерть для жизни – чтобы человек мог жить вечно»[89].

«Совершенство, чтобы быть вполне таковым, должно родиться из несовершенства. Нетленное должно вырасти из тленного, имея последнее своим носителем, основою и противоположением. Абсолютный Свет есть абсолютная Тьма и vise versa. В действительности же нет ни Света, ни Тьмы в обителях Истины. Добро и Зло – близнецы, порождение Пространства и времени под владычеством Иллюзии. Разъедините их, отсеките одно от другого, и они оба умрут. Ни одно из них не может жить само по себе, per se, ибо каждое из них должно быть рождено и создано из другого для того, чтобы получить бытие, оба они должны быть познаны и оценены, прежде чем стать предметами умозрения, потому в уме смертного они должны быть разделены»[90].

---

[88] Тайная Доктрина. – С. 189.
[89] Там же. – С. 451.
[90] Там же. – С. 112.

«Легенда о «Падших Ангелах», в своем Эзотерическом значении, заключает в себе ключ к многообразным противоречиям в человеческом характере; она указывает на тайну человеческого самосознания; это есть устой, от которого зависит весь его Жизненный Цикл, – история его эволюции и роста.

От правильного усвоения этой доктрины зависит верное понимание Эзотерического Антропогенезиса. Это дает ключ к смущающему вопросу о Происхождении Зла и показывает, как сам человек разделил Единое на различные, друг другу противоречащие образы»[91].

«Если бы это было только Светом, бездейственным и абсолютным, человеческий разум не мог бы не только оценить его, но даже понять его. Именно тень дает возможность свету проявить себя и дает ему объективную реальность. Потому Тень не есть Зло, но является нужным и необходимым соотношением, дополняющим Свет или Добро; Тень является создателем его на Земле.

По воззрению гностиков, эти два принципа являются непреложными Светом и Тенью; Добро и Зло в сущности едины и существовали на протяжении всей Вечности и будут существовать до тех пор, пока существуют проявленные миры»[92].

В процессе развёртывания вселенная всё более и более уплотняется, и, следовательно, всё более и более отличается от естественного состояния АБСОЛЮТА, и, наконец, достигает максимальной точки материальности, в которой мы находимся сей-

---

[91] Тайная Доктрина. – С. 318.
[92] Там же. – С. 248.

час. И если вначале преобладали силы центробежные для Духа и центростремительные для Материи, то после нижней поворотной точки характер этих сил меняется: *«именно Материя станет центробежной, а Дух центростремительным»*[93].

Когда человек одерживает победу над своей животной природой, когда он позволяет Духу властвовать над собой, он становится сотворцом с Богом, и Дух, заключённый в человеке, непреодолимо устремляется к своему Истоку, и миры сворачиваются.

Мы возвращаемся к Единому, в то место, где нет Зла.

---

[93] Тайная Доктрина. – С. 304.

Люцифер

«...невежество есть смерть, и лишь знание дает бессмертие»[94].

Тема Добра и Зла будет неполной, если мы не упомянем Люцифера. Возможно, неожиданным для многих, если не для всех читателей, будет то, что «Тайная Доктрина» не делает из Люцифера средоточие Зла и ту личность, против которой нужно бороться всем миром. Я попытаюсь осветить тему настолько, насколько я это понимаю.

В каждом древнем Пантеоне богу, стоящему во главе этого Пантеона, приписывались двоякие свойства. Озирис египтян, Зевс греков. Несомненно, что все эти древние верования имели общий ещё более древний исток. Менялись названия, но основные события, передаваемые как предания, оставались неизменными.

Ахура Мазда зороастрийцев – древних персов – имел в качестве своей противоположности, тёмной стороны, противника Аримана, или Ангра Майнью. В одной из диктовок, принятых Элизабет Профет, ясно указывается, что Ахура Мазда тождествен Санат Кумаре[95].

---

[94] Тайная Доктрина. – С. 248.
[95] Возлюбленный Заратустра. Класс Архангелов. «Бог послал семь Архангелов для спасения народа Света на Земле» // Pearls of Wisdom. – Vol. 24. – № 13. – March, 29. – 1981. – URL: http://tsl.org.

83

Точно также и Сатана, Дьявол, Люцифер представляют собой теневую сторону Божества, находящегося в воплощении.

Ахура Мазда был главою и синтезом семи Амешаспентов, сравнимых с семью сфирот каббалистов или семью Кумарами Индии.

Ахура Мазда в буквальном переводе есть Владыка Мудрости. И семь Амешаспентов, или семь Кумар, Элохим, семь вдохновляющих богов Египта, Халдеи и всех прочих стран являются Владыками, одаривающими человечество Разумом. Коллективно человечество является их Логосом или Сыном.

И в каждом нашем принципе находят отражение характерные признаки этих высоких Сущностей.

Итак, Владыки Мудрости пребывают в человечестве, они вынуждены вновь воплотиться в телах людей.

«Только однажды коснувшись этой планеты плотной Материи, белоснежные крылья даже высочайшего Ангела не могут более оставаться незапятнанными, или же Аватар (или воплощение) быть совершенным, ибо каждый такой Аватар есть падение Бога в зарождение»[96].

«Зохар излагает это весьма показательно. Когда «Пресвятый» (Логос) пожелал создать человека, он призвал высшее Воинство Ангелов и сказал им свое желание, но они усумнились в мудрости этого желания и ответили: «Человек не пребудет и одной ночи в славе своей» – за что они были сожжены (уничтожены?) «Пресвятым» Господом. Затем он призвал другое, более низкое Воинство и сказал им то же самое. И они возразили «Пресвятому»: «Что хорошего от Челове-

---

[96] Тайная Доктрина. – С. 561.

ка?» – говорили они. Все же Элохим создал Человека, и когда Человек согрешил, то пришли Воинства Узза и Азаэля и упрекали Бога: «Вот Сын Человеческий, которого ты создал», – говорили они. «Смотри, он согрешил!» Тогда Пресвятый ответил: «Если бы вы были среди них [людей], вы стали бы хуже их». И он низверг их с их возвышенного положения в Небе до самой Земли; и «они изменились [в людей] и согрешили с женами Земли». Это совершенно ясно. Нет никакого упоминания в Книге Бытия (VI) об этих «Сынах Бога» как о понесших наказание. Единственный намек на это в Библии мы находим в Послании Иуды:

«И ангелов, не сохранивших своего достоинства, но оставивших свое жилище, соблюдает в вечных узах под мраком на суд великого дня».

И это означает просто, что «Ангелы», осужденные к воплощению, пребывают в оковах плоти и материи, во тьме невежества до «Великого Дня», который наступит, как всегда, после Седьмого Круга, после окончания «Недели», в седьмой Саббат или в После-Манвантарную Нирвану»[97].

«Ибо в человеческой форме и через нее они могут стать прогрессирующими Существами, тогда как природа Ангелов совершенно непреходяща (не подвержена превращению); потому Человек обладает потенциальностью, превосходящей способности Ангелов»[98].

«Таким образом, бог исчезает в человеке, а человек превращается в бога»[99].

---

[97] Тайная Доктрина. – С. 568.

[98] Там же. – С. 130.

[99] Блаватская Е.П. Теософский словарь. – М., 2003.

«...Апостол Павел повторял в своих Посланиях к Коринфянам:

«Разве не знаете, что мы (Посвященные) будем судить ангелов»[100].

«...таким образом, Люцифер – Дух Носитель Озарения и Свободы Мысли – метафорически является ведущим маяком, который помогает человеку находить свой путь через рифы и отмели Жизни, ибо Люцифер есть Логос в своем высшем аспекте и «Противник» в своем низшем – оба эти аспекта отображены в нашем Ego»[101].

Случай с Люцифером очень показателен. Это наглядное свидетельство того, как догма, распространяемая отцами церкви, полностью исказила смысл первоначального события. Люцифер, Сын Зари, Лучезарный ангел, одаривший человечество Разумом, был низведён до положения рогатого козла отпущения, на которого поколения христиан указывали как на главного виновника всех бед и несчастий на этой планете. Впрочем, это была и остаётся поныне участь всех Светоносцев. Пример с Люцифером ещё более показателен тем, что его имя как раз и переводится с латинского как Светоносец.

И ещё более замечательно то, что эта метаморфоза произошла совсем в недавние исторически описанные времена. Ещё в ранние христианские времена один из римских пап взял себе имя Люцифер. А в четвёртом веке существовала христианская секта, члены которой назывались люциферианами. Сам Иисус говорил о себе **«Я есмь звезда... светлая и утренняя»**[102], или Люцифер.

---

[100] 1 Коринфянам, VI, 3. Цит. по книге «Тайная Доктрина».
[101] Тайная Доктрина. – С. 189.
[102] Откр. 22:16.

Поистине человечество напоминает «иванов, не помнящих родства». Оно по-прежнему находится в фазе глубокого сна. А «Сон Разума рождает чудовищ», подобных Дьяволу и Сатане.

Чтобы разбудить историческую память и оживить сознание тех, кто способен воспринять Истину, я дам ещё несколько фактов и цитат и оставлю их без комментариев.

Мы помним из предыдущего повествования, что Владыки Мудрости вошли в тех представителей человечества Третьей Расы, кто был готов.

«Лишь горсточка первых людей – в которых искра Божественной Мудрости горела ярко и лишь укреплялась в своем напряжении, по мере того как подобная же искра с каждым веком становилась все тусклее и тусклее в тех, кто обратил ее на злобные цели, – лишь она осталась избранным стражем Тайн, открытых человеку Божественными Учителями. Среди них были те, которые пребывали в своем состоянии Кумар с самого начала; и предания шепчут то, что Сокровенные Учения утверждают, именно что эти Избранники были зародышем Иерархии, которая с тех пор не переставала существовать. Как гласит Катехизис Эзотерических Школ:

«Внутренний Человек первой лишь меняет свое тело от времени до времени; он всегда тот же самый, не зная ни отдыха, ни Нирваны, пренебрегая Девачаном и оставаясь постоянно на Земле, ради спасения человечества... Из семи Девственников [Кумар] четверо пожертвовали собой за грехи мира и на обучение невежд и пребудут до конца настоящей Манвантары. Хотя и незримы, они всегда пребывают. Когда люди говорят об одном из них – «Он Умер»; узри – он жив, но лишь в иной форме. Это суть Голова, Сердце, Душа и Семя бессмертного Зна-

ния [Джнана]. Ты никогда не будешь говорить о Лану, об этих великих [Маха...] перед множествами, называя Их по именам. Лишь мудрый поймет»[103].

---

[103] Тайная Доктрина. – С. 326–327.

Однако в другом месте Блаватская всё же называет имена этих семи Святых Кумар – это Санака, Сананда, Санатана, Санаткумара, Джата, Водху и Панчашика[104].

Люцифер есть латинское название планеты Венера. Согласно «Тайной Доктрине», каждая из семи человеческих Рас получает свой свет и жизнь от определённой планеты. Третья Раса рождена под Марсом и Венерой[105].

«Каждую действенную мощь или силу Земля получает от одного из Семи Владык. Свет исходит от Шукры [Венеры], которая получает тройное количество, и одну треть его дает Земле. Потому обе они называются «Сестрами-близнецами», но Дух Земли подвластен «Владыке» Венеры»[106].

«Пифагор называет Шукра-Венеру Sol alter – «другое Солнце». Из «семи Чертогов Солнца» чертог Люцифера-Венеры стоит третьим в христианской и еврейской Каббале. Зохар же делает из него Обитель Самаэля («Тайная Докрина» отождествляет Самаэля, Сатану и Дьявола. – Прим. Т.М.). По Оккультной Доктрине, эта Планета является Главою нашей Земли и ее духовным прообразом».

«Каждый грех, совершенный на Земле, ощущается Ушанас-Шукрою... Каждое изменение на Шукре ощущается и отображается на Земле»[107].

«Именно благодаря фантастическому толкованию архаического предания, утверждающего, что Венера изменяет-

---

[104] Тайная Доктрина. – С. 371.
[105] Там же. – С. 37.
[106] Там же. – С. 38.
[107] Там же. – С. 40.

ся одновременно (геологически) с Землею, и потому, что бы ни случилось на одной, происходит и на другой, и что их взаимные изменения были многочисленны и велики, – по этой самой причине Св. Августин повторяет это, относя некоторые изменения в очертании, цвете и даже в орбитных путях, именно к этому теологически сотканному характеру Венеры-Люцифера».

«Так как Венера не имеет спутников, то аллегорически утверждается, что Аспхуджит (эта «Планета») усыновила Землю, порождение Луны, «которая переросла свою мать и причинила много забот» – намек на оккультную связь между этими двумя телами. Правитель (Планеты) Шукра[108]*, настолько возлюбил свое усыновленное дитя, что воплотился как Ушанас и дал ей совершенные законы, которые в позднейшие века оказались в пренебрежении и даже были отвергнуты»*[109].

«Венера или Люцифер-Шукра и Ушанас – сама планета является Носителем Света нашей Земли как в философском, так и в мистическом смысле. В ранние времена это было хорошо известно христианам, ибо один из первых пап римских, как Понтифф, носил имя – Люцифер»[110].

«Но в древности и в действительности Люцифер или Люциферус было имя Ангельского Существа, возглавлявшего Свет Истины, как и свет дня. В Евангелии Валентина «Pistis

---

[108] Шукра есть сын Бхригу, великого Риши и одного из семи Праджапати, основателя Расы Бхаргав'ов, в которой родился Парашу Рама.
[109] Тайная Доктрина. – С. 41.
[110] Там же. – С. 42.

Sophia» преподается, что из трех Сил, исходящих от Священных Имен трех Троичных Сил (Τρίδυάμεις), Сила Софии (Святой Дух, согласно этим гностикам – наиболее культурным из всех) пребывает на планете Венере, или Люцифере»[111].

«И теперь доказано, что Сатана или Красный Огненный Дракон... – и Люцифер, или «Светоносец», находится в нас; это наш Ум, наш Искуситель и Искупитель, наш разумный Освободитель и Спаситель от чистого анимализма. Без этого принципа – эманации самой сущности чистого божественного Махата (Разума), излучающегося непосредственно от Божественного Разума, – мы несомненно были бы не лучше животных»[112].

---

[111] Тайная Доктрина. – С. 594.
[112] Там же. – С. 595.

Небольшое отступление

Поскольку речь зашла о связи планеты Венера, Люцифера, с Землёй, я не могу удержаться, чтобы не привести вторую диктовку Санат Кумары «Диспенсация[113] Дарована»[114] из серии «Открытие седьмой печати», принятую Посланником Элизабет Клэр Профет в 1979 году. В этой диктовке как раз и рассказывается история, предшествовавшая воплощению Владыки планеты Венера на Земле. Кроме всего прочего, всегда интересно наблюдать, как одно и то же событие отражено в разных источниках и как Истина преломляется через сознание Посланников Иерархии. В общем-то, «Тайная Доктрина» тем и занимается, по большей части, что сравнивает, как одна и та же Истина подана в разных источниках. Итак, давайте продолжим традицию.

---

[113] Диспенсация – Божественная милость.
[114] Жемчужины Мудрости. Том I. – М., 1998.

Открытие седьмой печати

II Диспенсация дарована

**И увидел я великий белый престол, и Сидящего на нем, от лица Которого бежало небо и земля и не нашлось им места.
Я Есмь Альфа и Омега, начало и конец, говорит Господь, Который есть, и был, и грядет, Вседержитель.**

(Откр. 20:11; 1:8)

Души Святых, облаченных в белое!

Я пришел от великого белого престола, Я ЕСМЬ ТО ЧТО Я ЕСМЬ как Ветхий Днями. Во имя Отца, Сына и Святого Духа я восседаю на троне власти. Я ЕСМЬ тот, от лица которого бежит небо и земля, и не найдется места для семени лукавого. АУМ.

Мое сердце есть сердце Троицы. Мое сердце есть сердце Бога. Через мое сердце течет от Единого чистая река воды жизни, прозрачная, как хрусталь, исходящая от престола Бога и Агнца – основания миров вверху и внизу. Вот Я ЕСМЬ Альфа и Омега воды жизни. Я ЕСМЬ представитель плюса и минуса неиссякаемого потока рассвета свыше.

Это есть воды Агнца, нисходящие из Вселенского Источника от сердца к сердцу. И для того, кто получает их от воплощенного Агнца, они являются эликсиром, во-первых, мудрости, затем – понимания этой мудрости и, наконец, обеспечивают полное просветление души. И вода, которую Гуру изливает в поднятую чашу чела, станет в нем родником, бьющим ввысь, устремляясь к жизни вечной. И о чела, который верит в Агнца – воплощенного Гуру, сказано в Писании: «из чрева» его «потекут реки воды живой»[115].

Итак, Майтрейя приходит посвятить вас посвящением воды и вашим индивидуальным Богоовладением эмоциями – энергиями Альфы и Омеги, помещенными в чашу тела желаний и высвобождающимися через десятилепестковую чакру солнечного сплетения – «чрево». Этот могущественный поток, река живой воды является истинным знаком живых чела живого Гуру.

Пусть очистится тело желаний! Пусть очистятся мотивы сердца! Пусть все ваши желания станут желанием Бога внутри вас восстановить душу до состояния сбалансированного потока воды – нисходящего, дарующего жизнь потока Альфы и Омеги! Вот он – именно тот священный огонь, что является поднятым кадуцеем, равновесие плюса и минуса которого поддерживается благодаря вашей медитации на нисходящие и восходящие потоки, смешивающиеся и дающие жизнь, как вода и огонь! Итак, пусть воды жизни очистят душу! Пусть священный огонь вновь напоит одну за другой клетки живого тела Бога непосредственным присутствием Слова! Узрите образ Господа Христа и его Агнца в каждой клетке тела Божьего – мирах бесконечных!

Вы зовете меня Санатом Кумарой и знаете, что я предстал перед Космическим Советом, известным как Совет Ста и Сорока и Четырех. Вы знаете меня, потому что были свидетелями моего обращения от имени и во имя эволюции Земли, которые более не знали присутствия Агнца и которые из-за непослушания были

---
[115] 1 Иоанн. 4:14; 7:38.

отрезаны от живого Гуру. Вы знаете, что я добровольно вызвался воплотить трехлепестковое пламя на Земле ради эволюции, развивающихся на семи планах бытия – огня, воздуха, воды и земли.

Космический Совет принял постановление о ликвидации Земли и ее эволюции, потому что души ее детей не поклонялись более Троице в трехлепестковом пламени Жизни[116], горящем на алтаре сердца. Они стали заблудшими овцами. Сосредоточив свое внимание на внешних проявлениях жизни, они по своеволию и невежеству отказались от внутреннего общения с Богом. Они не знали сокровенного человека сердца[117] – благословенного Ишвару, и семь свечей более не горели в семи окнах [чакрах]. Мужчины и женщины стали пусты, их чакры обратились в черные дыры во времени и пространстве, а их покинутые храмы стали гробами мертвецов, и духи смерти поселились в их опустевших домах. В результате они получили приговор Ста и Сорока и Четырех так же, как их потомкам суждено было услышать обвинение Сына Божьего[118].

Итак, свет угас в храмах, и цель, с которой Бог создал человека, – быть храмом Бога живого – более не исполнялась. Все до одного стали живыми мертвецами, материальными сосудами без одушевляющего их света, пустыми оболочками. Нигде на Земле не было школы таинств – ни чела, ни Гуру, не было посвященных на пути посвящений Христобытия.

Час суда настал, и сидящий на престоле в центре двенадцати раз по двенадцать иерархий света изрек слово, которое было

---

[116] Пламя Христа, являющееся искрой Жизни, закрепленной в тайной обители сердца сынов и дочерей Бога и детей Божьих, – священная Троица Силы, Мудрости и Любви. См.: «Трилогия о трехлепестковом пламени Жизни» в книге Сен-Жермена «Курс алхимии» (М., 1998).

[117] 1 Петр. 3:4.

[118] Матф. 23:27, 28.

единогласным решением всех: «Пусть Земля и ее эволюции будут свернуты, как свиток, и сгорят в священном огне подобно тонкой свече. Пусть все искаженные энергии будут возвращены в Великое Центральное Солнце для переполяризации. Пусть неверно употребленная энергия будет вновь приведена в сонастрой со светом Альфы и Омеги и перезаряжена, чтобы Творец снова направил ее на непрерывное созидание миров бесконечных».

Каково же было требование Закона для спасения Терры[119]? Закон требовал, чтобы кто-нибудь присутствовал в физической октаве как воплощенный Гуру, как Агнец, и удерживал равновесие, и хранил трехлепестковое пламя Жизни на благо каждой живой душе. Закон Единого таков: медитация одного на Вечном Христе может засчитываться многим до тех пор, пока эти многие снова не примут на себя ответственность за свои слова и дела и не смогут взяться сами нести и свою ношу света, и карму добра и зла.

Я решил быть тем одним. Ради Земли и ее эволюции я вызвался быть пламенным сыном праведности.

После длительного обсуждения Космический Совет и Неизреченный дали утвердительный ответ на мое прошение, и диспенсация нового божественного плана для Земли и ее эволюции вступила в действие. Ибо космический закон утверждает, что когда иерарх определенного уровня и широты космического сознания добровольно соглашается стать пастырем жизневолн, которые являются заблудшими овцами, разрешение на это должно быть даровано. Где нет Гуру – там не может быть и чела; где нет пастуха – там не может быть и овец. Ибо написано: «Порази пастыря, и рассеются овцы!»[120]

---

[119] Терра (лат.) – Земля.
[120] Зах. 13:7. 66.

Но Гуру может быть дана возможность стать Гуру лишь на определенный цикл; и если в конце этого цикла жизнепотоки, вследствие своего непокорства и черствости сердец, не откликнутся как чела на сердечный пламень Гуру, то Гуру должен удалиться. И то, что могло произойти, не случается, и более ни одному иерарху такая диспенсация дана не будет.

Итак, я преклонил колени перед великим белым престолом Неизреченного, и Он сказал мне: «Сын мой, Санат Кумара, сидеть тебе на великом Белом престоле перед эволюциями Земли. И быть тебе для них Господом Богом Всевышним. Воистину, быть тебе высшим проявлением Божества, которое будет дано им, до тех пор, пока, пройдя путь посвящений, их души не поднимутся к твоему престолу осознания и не станут пред тобой, славя Я ЕСМЬ ТО ЧТО Я ЕСМЬ, которым ты являешься. И в тот день, когда они поднимутся и скажут: «Благословение и честь, и слава, и сила да пребудут с сидящим на престоле и с Агнцем во веки веков», – тогда искупление близко».

И сказал Он мне: «Быть тебе для эволюции Земли Альфой и Омегой, началом и концом, как сказано Я ЕСМЬ ТО ЧТО

Я ЕСМЬ, Который есть, и был, и грядет, Вседержитель». И Он облек меня Своей мантией покровительства Отца Сыну, которая должна была стать через меня Его покровительством жизнепотокам, переданным мне. Это было доверием. Это было посвящение Сына Отцом.

И я преклонил колени перед Неизреченным и восславил Бога: «Достоин Ты, Господи, принять славу, и честь, и силу, ибо Ты сотворил все и все по Твоей воле существует и сотворено»[121]. И Он, Великий Гуру, повторил утвержденное, завершая круг обряда. Он признал свет, который Он и только Он вложил в мое сердце как Свой пылающий образ и, обращаясь к этому образу, сказал: «Достоин Ты, Господи, принять славу, и честь, и силу, ибо Ты сотворил все и все по Твоей воле существует и сотворено».

Таким образом я пребываю в Отце, и Отец во мне, и мы едины, миры бесконечные. И без этого единства не было бы ни прошения, ни диспенсации, каким бы ни был уровень вашего развития.

И Совет Ста и Сорока и Четырех, образующий одно солнечное кольцо вокруг великого белого престола, произнес нараспев Слово вместе с великими существами света, образующими внутренний круг вокруг престола: «Свят, свят, свят, Господь Бог Вседержитель, Который был, есть и грядет»[122]. И я слышал эхо их пения «Свят, свят, свят...» на протяжении всего пути домой, к утренней звезде, к моему близнецовому пламени, которое вы знаете как Венеру, к сыновьям и дочерям Звезды Любви.

Крылатые посланники света объявили о моем возвращении, о распоряжении Космического Совета и о дарованной диспенсации. Шесть моих братьев – Святых Кумар, которые под-

---

[121] Откр. 4:11.
[122] Откр. 4:8.

держивают вместе со мной семь пламен семи лучей, а также Могущественный Победа и его легионы, наша дочь Мета и многие сыновья и дочери – служители, которых вы знаете сегодня как Вознесенных Владык, приветствовали меня в главной приемной. В этот вечер радость от предоставленной возможности смешалась со скорбью, которую приносит разлука. Я выбрал добровольную ссылку на темную звезду. И хотя ей было суждено стать Звездой Свободы, все знали, что это будет для меня длинной темной ночью души. Тогда же из долин и с гор вдруг появилось великое собрание детей моих. Это были сто и сорок и четыре тысячи душ, приближавшихся к нашему дворцу света. Двенадцатью группами, поющими песнь свободы, любви и победы, они подходили все ближе и ближе. Их могущественный хорал разносился эхом, подхваченный элементальной жизнью и ангелами, парившими вокруг нас. Наблюдая с балкона, Венера и я увидели тринадцатую группу облаченных в белое. Это было царственное священство Ордена Мелхиседека, те, кто был помазан хранить пламя и закон в центре этой иерархии.

Когда все собрались, кольцами окружив наш дом, и гимн хвалы и славословия в мою честь закончился, их делегат предстал перед балконом и обратился к нам от имени великого множества. Это была душа того, кого вы знаете и любите как Господа Мира Гаутаму Будду. И он обратился к нам, говоря: «О, Ветхий Днями, мы услышали о завете, который Бог положил с тобой сегодня, и о твоем обязательстве хранить пламя Жизни, пока некоторые из эволюции Земли не оживятся и еще раз не обновят свой обет быть носителями пламени. О, Ветхий Днями, ты – наш Гуру, сама наша жизнь, наш Бог. Мы не оставим тебя безутешным. Мы пойдем с тобой. Мы не оставим тебя ни на мгновение – кольцо за кольцом чела будут окружать тебя. Мы придем на Землю. Мы приготовим путь. Мы будем хранить пламя во имя твое».

И так, как Господь Бог указал мне, я выбрал из них четырехсот сыновей и дочерей – служителей, которые должны были предшествовать ста и сорока и четырем тысячам, чтобы подготовить их приход. Хотя они знали о тьме этой темной планеты, в действительности им было неведомо, как было ведомо мне, истинное значение жертвы, которую они предлагали принести во имя своего Гуру.

Мы плакали от радости – Венера, и я, и все сто и сорок и четыре тысячи. И слезы, которые падали в этот памятный вечер, горели, как живой священный огонь, текущий, подобно водам Жизни, от великого белого престола Космического Совета – наших покровителей.

Я вернусь, чтобы продолжить историю, которая раскрывается из складок покрова памяти Ветхого Днями.

О, дети мои, Я ЕСМЬ по-прежнему ваш,

Санат Кумара

Давайте вернёмся к Третьей Коренной Расе

Как стало понятно из предыдущего повествования, человек в своей эволюции проходит все стадии развития последовательно. Когда-то мы были на Земле минералами, затем растениями, животными[123] и, наконец, стали людьми. И, как люди, мы принимаем воплощения в каждой из семи Рас[124]. Поэтому информация, данная в «Тайной Доктрине» на основании закрытых источников, доступных лишь Посвящённым, и относящаяся к Первой, Второй, Третьей и последующим Расам, должна быть рассмотрена как наша с вами история. Это мы с вами были воплощены на континенте Лемурия миллионы лет назад.

Итак, давайте вернёмся к Третьей Коренной Расе. Мы оставили эту Расу в тот момент, когда она была наделена разумом. Причём некоторые из Владык вошли в тела людей, некоторые устремили искру и некоторые решили подождать до Четвёртой Расы.

---

[123] Мы были минералами, растениями и животными на глобусе А. См. раздел «Соответствие между принципами человека и Земли».

[124] Изложение упрощено. Здесь речь идёт только о четвёртом круге на глобусе D.

Посмотрим, как описаны последние субрасы Третьей Коренной Расы в «Тайной Доктрине», каковы были религия, наука, культура, система управления.

«Какова была религия Третьей и Четвертой Расы? В обычном смысле этого слова ни лемурийцы, ни их потомство лемуро-атланты не имели религии; ибо они не знали догм и не имели убеждений, основанных на вере. Как только ментальный глаз человека раскрылся для познавания, Третья Раса почувствовала свое единство с вечно-сущим, но также с вечно-непостижимым и невидимым Всем, Единым Всемирным Божеством. Каждый, будучи одарен божественными силами и чувствуя в себе самом своего внутреннего Бога, сознавал, что по природе он Богочеловек, хотя и животное в своей физической самости. Борьба между этими двумя естествами началась с самого дня вкушения ими плода Древа Мудрости; борьба за жизнь между духовным и психическим, психическим и физическим. Те, кто победил низшие «принципы», усмирив свою плоть, присоединились к «Сынам Света»; те же, кто пал жертвою своих низших природ, стали рабами Материи. Из «Сыновей Света и Разума» они окончили тем, что стали «Сынами Тьмы». Они пали в борьбе смертной жизни с Жизнью Бессмертной, и все, павшие так, стали семенем грядущих поколений атлантов[125].

На заре своего сознания человек Третьей Коренной Расы, таким образом, не имел верований, которые можно было бы назвать религией. То есть он не только ничего не знал «о пышных религиях, полных блеска и золота», но даже вообще о какой-либо системе веры или внешнем поклонении. Но если взять этот термин в его значении как нечто, объ-

---

[125] Здесь это наименование употреблено в смысле и как синоним «колдунов». Расы атлантов были многочисленны, и эволюция их продолжалась миллионы лет. Не все среди них были плохи, но они стали такими к концу своего цикла, так же, как и мы, Пятая Раса, быстро становимся такими же.

единяющее массы в одной форме почитания, выказываемого тем, кого мы чувствуем выше себя, в чувстве благоговения – подобно чувству, выражаемому ребенком по отношению к любимому отцу, – то даже самые ранние лемурийцы с самого начала своей разумной жизни имели религию, и весьма прекрасную. Не имели ли они вокруг себя своих светлых Богов Стихий и даже среди себя самих?[126] Не протекало ли детство их около тех, кто дал им рождение и кто окружал их своими заботами и вызвал их к сознательной разумной жизни? Нам говорят, что так оно было, и мы верим этому. Ибо эволюция Духа в Материи никогда не могла бы быть достигнута, так же как она не получила бы своего первого импульса, если бы эти светлые духи не пожертвовали своими собственными сверхэфирными естествами, чтобы оживить человека из праха, одарив каждый из его внутренних «принципов» частью или, вернее, отображением этого естества»[127].

«Их наука была врожденной в них. Лемуро-атлант не нуждался в открытии и закреплении в своей памяти того, что его направляющий принцип знал в момент его воплощения. Лишь время и постоянное сопротивление (тупость) Материи, в которую облекались «принципы», могли первое – ослабить в них память их знаний до рождения, другое – ослабить и даже загасить всякую искру духовности и божественности в них»[128].

---

[126] «Боги Стихий» ни в коем случае не есть Элементалы. Последние, в лучшем случае, употребляются ими как проводники и материалы, в которые они облекаются.

[127] Тайная Доктрина. – С. 316.

[128] Там же. – С. 331.

Управлялись лемурийцы Божественными Правителями. Это не давало возможности проявиться Злу, связанному со злоупотреблением властью.

«...Платон видит это Зло в тождественности или единосущности природы правителей и управляемых, ибо, говорит он, задолго до того, как человек начал строить свои города в Золотом Веке, существовало лишь блаженство на Земле, ибо не было потребностей. Почему? Потому что Сатурн, зная, что человек не мог управлять человеком без того, чтобы несправедливость не затопила, в конце концов, весь мир вследствие его прихотей и тщеславия, не позволял ни одному из смертных приобрести власть над себе подобными. Чтобы выполнить это, Бог воспользовался теми же способами, какие мы сами употребляем в отношении наших стад. Мы не ставим быка или барана во главе наших быков и баранов, но даём им водителя, пастуха, то есть существо, совершенно отличного вида от них и высшей природы. Именно так поступил Сатурн. Он любил человечество и поставил во главе его не смертного царя или правителя, но «Духов и Гениев (δαιμονεξ) божественной природы, более совершенной, нежели природа человека». Таким образом, именно Бог (Логос, Синтез Воинства), возглавлявший Гениев, сделался первым Пастырем и Водителем людей[129]*. Когда же Мир перестал так управляться и Боги удалились, страшные звери пожрали часть человечества. Среди них, предоставленных своим собственным силам и усердию, впоследствии появились Изо-*

---

[129] Тайная Доктрина поясняет и излагает то, что говорит Платон, ибо она учит, что те «Изобретатели» были Богами и Полубогами (Дэва и Риши); они воплотились в людей, одни по своей воле, другие же побуждаемые к тому Кармою.

бретатели и открыли огонь, пшеницу и вино; и признательность народа обоготворила их»[130].

«Как гласят Комментарии:

«Фрукты и злаки, неизвестные до того на Земле, принесены были «Владыками Мудрости» из других Лока (сфер) для пользования ими теми, кем они управляли»[131].

Лемурийцы *«...под руководством своих Божественных Правителей сооружали обширные города, насаждали искусства и науки и знали в совершенстве астрономию, архитектуру и математику. Первоначальная цивилизация лемурийцев не последовала, как и можно предполагать, немедленно вслед за их физиологическим превращением. Между окончательной физиологической эволюцией и первым построенным городом протекли многие сотни тысячелетий. Тем не менее, мы видим, что лемурийцы в своей шестой субрасе строят свои первые скалообразные города из камня и лавы. Один из таких обширных городов примитивного вида был построен всецело из лавы около тридцати миль к западу от того места, где Остров Пасхи простирается теперь узкой полосой бесплодной почвы; впоследствии город этот был совершенно разрушен целым рядом вулканических извержений. Древнейшие останки развалин циклопических сооружений все были произведением последних субрас лемурийцев...»*

«Однако первые большие города были построены в той части материка, которая ныне известна как остров Мадагаскар. В те дни, как и ныне, существовали цивилизованные

---

[130] Предыдущие параграфы собраны из Платона, «Законы», I, IV, «Критон» и «Политика», де Мирвилль. См.: Тайная Доктрина. – С. 33-34 (сноска).

[131] Тайная Доктрина. – С. 433.

народы и дикари. Эволюция закончила свою работу усовершенствования среди первых, а Карма – свою разрушительную работу среди последних. Австралийцы[132] и подобные им племена являются потомками тех, кто вместо того, чтобы усиливать Искру, брошенную в них «Пламенами», потушили ее длинным рядом поколений, предавшихся животным страстям[133]. Тогда как арийские народы могли проследить свое происхождение через атлантов от более духовных рас лемурийцев, в которых воплощались сами «Сыны Мудрости».

С пришествием божественных Династий заложено было начало первым цивилизациям. И тогда как в некоторых областях Земли часть человечества предпочитала вести жизнь номадную и патриархальную, в других же дикарь едва начинал учиться сооружать очаг для огня и защищать себя от стихий – его братья, более благоприятствуемые, нежели он, в силу своей Кармы и с помощью божественного разума, одушевлявшего их, строили города и занимались искусствами и науками. Тем не менее, в то время как их братья-пастухи пользовались по праву рождения чудесными силами, «строители», несмотря на цивилизацию, могли теперь овладеть своими силами лишь постепенно; даже те, которыми они овладевали, обычно употреблялись ими для покорения

---

[132] Они принадлежат к последышам седьмой субрасы Третьей Расы.

[133] См. Станца II. Это объясняет все великое различие, существующее в интеллектуальных способностях рас, народов и отдельных индивидов. Воплощаясь или же, в иных случаях, только одухотворяя человеческие вместилища, которые были развиты первой («разума лишенной») Расою, воплощающиеся Силы и Начала должны были принять в расчет и сделать выбор свой между прошлой Кармой Монад, между которыми и телами их они должны были стать связующим звеном. Кроме того, как правильно сказано в «Эзотерическом Буддизме», «пятый принцип или человеческая (интеллектуальная) душа в большинстве случаев и посейчас еще не вполне развита».

физических сил природы и для своекорыстных и нечистых целей. Цивилизация всегда развивала физическую и интеллектуальную сторону за счет психической и духовной. Овладение и управление своей собственной психической природой, которую безумцы ныне соединяют со сверхъестественным, были среди раннего человечества свойствами врожденными и такими же естественными, как хождение и мышление»[134].

«Это был «Золотой Век» тех древних времен, Век, когда «Боги ходили по Земле и свободно общались со смертными». Когда Век этот кончился, Боги удалились – то есть стали невидимыми – и позднейшие поколения начали поклоняться их царствам – Стихиям»[135].

---

[134] Тайная Доктрина. – С. 367.
[135] Там же. – С. 317.

Падение началось с первого характерного свойства каждого физического человека – гордости: «Мы цари, мы Боги!» Началось всё с культа человеческого тела, которое закончилось культом соответственных полов.

«Так как «кожные покровы» людей уплотнились и они все более и более впадали в физический грех, то общение между физическим и эфирообразным Божественным Человеком прекратилось. Покров Материи между двумя планами сделался слишком плотным, чтобы даже Внутренний человек мог проникнуть сквозь него. Тайны Небес и Земли, открытые Третьей Расе их Небесными Учителями в дни их чистоты, стали великим центром света, так как они рассеялись и упали на несвойственную им почву, ибо она была слишком материальна. Среди народных масс Тайны или Мистерии эти выродились в колдовство и впоследствии вылились в экзотерические религии, идолопоклонство, полное суеверий,

и в культ человека или героя. Лишь горсточка первых людей – в которых искра Божественной Мудрости горела ярко и лишь укреплялась в своем напряжении, по мере того как подобная же искра с каждым веком становилась все тусклее и тусклее в тех, кто обратил ее на злобные цели, – лишь она осталась избранным стражем Тайн, открытых человеку Божественными Учителями»[136].

«Постепенно человечество уменьшилось в своем росте, ибо даже до настоящего пришествия Четвертой, или Расы Атлантов, большинство человечества впало в растление и грех, за исключением лишь Иерархии «Избранных», последователей и учеников «Сынов Воли и Йоги» – названных позднее «Сынами Огненного Тумана»[137].

---

[136] Тайная Доктрина. – С. 326
[137] Там же. – С. 370.

Лемурия

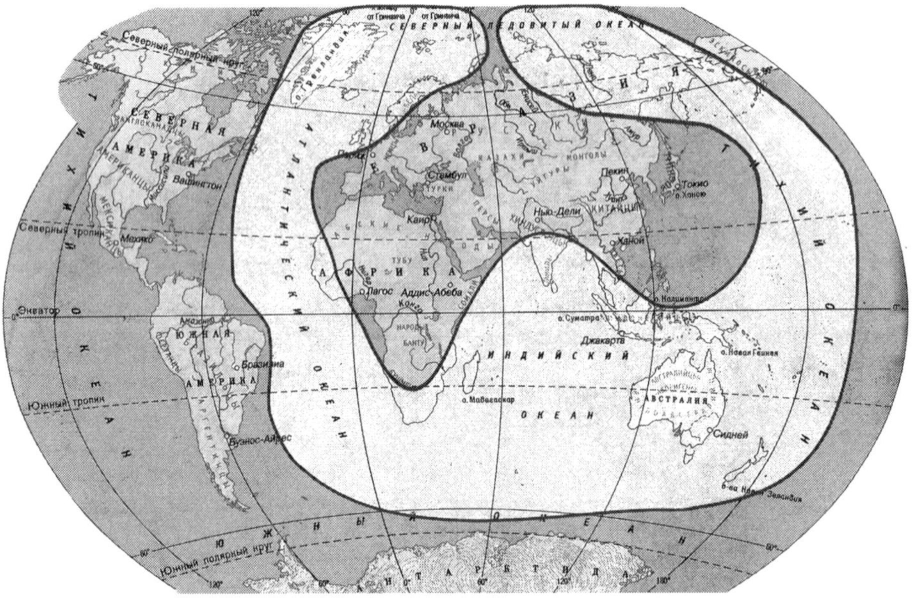

Третья Коренная Раса обитала на огромном подковообразном материке, названном в «Тайной Доктрине» Лемурия. Я попыталась изобразить этот материк в соответствии с описанием, приведённым в «Тайной Доктрине». Конечно, это лишь приблизительное изображение. Береговая линия наверняка была более изрезана полуостровами, мысами, устьями рек. К материку прилегало множество островов. Ни Европы, ни Африки, ни обеих Америк не существовало в то время. Так же, как не существовало большей части Азии.

Я приведу выдержки из «Тайной Доктрины», на основании которых я построила свою карту.

«Великий погибший Материк, может быть, был расположен на юге Азии, простираясь от Индии до Тасмании»[138].

«...остатки которого следует искать на Мадагаскаре, Цейлоне, Суматре, Яве, Борнео и главнейших островах Полинезии»[139].

«Плоскогорья Индустана и Азии, по этой гипотезе, представляли собою в те отдаленные эпохи лишь большие острова, примыкавшие к центральному материку...»

«Помимо этого факта, предположение о существовании древнего материка в этих широтах, следы которого могут быть найдены среди вулканических островов и в гористой поверхности островов Азорских, Канарских и мыса де Верде, не лишено географического вероятия».

«Больше того, когда мы взглянем на планисферу, то при виде островов и островков, рассеянных от Малайского архипелага до Полинезии, от Зундского пролива до острова Пасхи, и, имея перед собою гипотезу о материках, предшествовавших материкам, обитаемым нами, невозможно не поместить среди них самый значительный из всех»[140].

«Лемурия, как назвали мы Материк Третьей Расы, была тогда гигантской страной[141]. *Она покрывала всю область от*

---

[138] Тайная Доктрина. – С. 256

[139] Там же. – С. 257.

[140] Там же. – С. 258.

[141] Само собою разумеется, что ни наименование Лемурии, ни даже Атлантиды не являются истинными архаическими именами погибших Материков, как это сказано в «Предварительных заметках» к этой книге. Они были приняты нами просто ради ясности... (сноска частично скопирована из «Тайной Доктрины»).

подножия Гималаев, отделявших ее от внутреннего моря, которое катило свои волны через то, что мы знаем как нынешний Тибет, Монголию и великую пустыню Шамо (Гоби); от Читтагонга в западном направлении к Хардвару и в восточном к Ассаму. Оттуда она распространялась к югу через то, что известно нам сейчас как Южная Индия, Цейлон и Суматра; затем, охватывая на своем пути по мере продвижения к югу Мадагаскар с правой стороны и Тасманию с левой, она спускалась, не доходя несколько градусов до Антарктического Круга; и от Австралии, которая в те времена была внутренней областью на Главном Материке, она вдавалась далеко в Тихий океан за пределы Рапа-нуи (Теапи или острова Пасхи), ныне лежащего на 26° южной широты и на 110° западной долготы»[142].

«Остров Пасхи, например, принадлежит к самой ранней цивилизации Третьей Расы. Внезапное вулканическое извержение и подъем океанского дна во время Чэмпленовской эпохи северно-полярного затопления подняли эту маленькую

---

[142] Тайная Доктрина. – С. 376.

реликвию Архаических веков – после того как она была потоплена вместе с остальными – нетронутою, со всеми ее статуями и вулканом, и оставили как свидетельницу существования Лемурии»[143].

«Но здесь следует пояснить. Теория о существовании Северной Лемурии не должна вызывать никакого смущения. Продолжение этого великого Материка в северной части Атлантического океана нисколько не противоречит мнениям, так широко распространенным относительно местоположения погибшей Атлантиды, ибо одно мнение подтверждает другое. Следует отметить, что Лемурия, служившая колыбелью Третьей Коренной Расы, не только охватывала обширную область в Тихом и Индийском океанах, но простиралась в форме лошадиной подковы за Мадагаскар вокруг Южной Африки (тогда лишь ничтожной части в процессе образования), через Атлантический океан до Норвегии»[144].

«...Швеция и Норвегия составляли неотъемлемую часть Древней Лемурии, а также и Атлантиды со стороны Европы, так же точно, как Восточная и Западная Сибирь и Камчатка принадлежали к ней со стороны Азии»[145].

Надо сказать, что та часть материка Лемурии, которая располагалась на месте Атлантического океана и которая впоследствии стала новым материком – Атлантидой, была поднята со дна океана гораздо позже основной части материка.

Лемуро-атланты, которые населяли эту часть Лемурии, и стали впоследствии новой Четвёртой Коренной Расой.

---

[143] Тайная Доктрина. – С. 380.

[144] Там же. – С. 386.

[145] Там же. – С. 466.

В соответствии с Великим Космическим Законом для каждой Расы создаётся новый материк. На этом материке Раса растёт, развивается, старится, и остатки этой Расы погружаются на дно океана вместе с материком в надлежащее время. Но природа к тому времени уже подготавливает новый материк для новой Расы.

«Ибо Сокровенное Учение говорит, что во время этого Круга должны произойти семь земных Пралай, вызванных изменением в наклоне Земной Оси. Это есть закон, действующий в свое назначенное время, и вовсе не слепо, как может это предполагать наука, но в точном соответствии и согласованности с Законом Кармы. В Оккультизме этот Неумолимый Закон называется "Великим Уравновесием"»[146].

«Таким образом, уже четыре подобные пертурбации, связанные с наклоном оси, имели место со времени появления на этой земле Человечества... Старые Материки – исключая первый – были поглощены океанами, появились другие земли, и огромные горные цепи поднялись там, где раньше их не было. Поверхность Сферы каждый раз была совершенно изменена; «переживание наиболее приспособленных» народов и рас утверждалось своевременной помощью; неприспособленные же – неудачные – уничтожались, будучи сметены с поверхности Земли. Подобный отбор и смещение не происходит между восходом и закатом солнца, как кто-то может подумать, но требует несколько тысячелетий, пока новый дом не будет приведен в порядок»[147].

---

[146] Тайная Доктрина. – С. 382
[147] Там же. – С. 383.

Пришло время, и гигантский материк Лемурия начал расчленяться на меньшие материки.

«Лемурия не была потоплена, как Атлантида, но погрузилась в волны вследствие землетрясений и подземных огней, как это произойдет когда-то с Великобританией и Европой»[148].

«Согласно объяснению в Комментариях, это произошло вследствие уменьшения быстроты земного вращения:

«Когда Колесо вращается с обычной скоростью, его крайние точки [полюсы] согласуются с его серединным Кругом [экватором], когда же оно вращается медленнее и колеблется во всех направлениях, происходят великие потрясения на поверхности Земли. Воды устремляются по направлению к двум концам, и новые земли подымаются в срединном Поясе [экваториальные земли], тогда как находящиеся на концах вступают в Пралайю, вследствие затопления».

И далее:

«Таким образом Колесо [Земля] подчинено и управляется Духом Луны, что касается до дыхания ее вод [приливов]. К концу Века [Кальпы] Великой [Коренной] Расы правители Луны [Отцы и Питри] начинают притягивать сильнее и, таким образом, сплющивать Колесо вокруг его Пояса; когда же оно опустится в одних местах и подымется в других и вздымание это устремится к крайним точкам [полюсам], новые земли подымутся, а старые будут втянуты»[149].

Постепенно от огромного материка остались отдельные острова, которые быстро исчезали один за другим на дне океана.

---

[148] Тайная Доктрина. – С. 309.
[149] Там же. – С. 376.

«*Сказано[150], что Лемурия погибла около 700 000 лет до начала того, что нынче называется Третичным Периодом (Эоценским)[151]*»[152].

Самой большой частью, оставшейся от материка Лемурия, является Австралия. На этом материке произошло меньше изменений, чем на любом другом материке. Это касается флоры и фауны. «Тайная Доктрина» объясняет это таким образом:

---

[150] Эзотерический Буддизм. Цит. по книге «Тайная Доктрина».

[151] Определение длительности геологических периодов неоднократно менялось в научной литературе. Согласно таблице «ПРИБЛИЗИТЕЛЬНЫЕ ВЫЧИСЛЕНИЯ ДЛИТЕЛЬНОСТИ ГЕОЛОГИЧЕСКИХ ПЕРИОДОВ В ГОДАХ», приведённой в конце второго тома «Тайной Доктрины» (с. 830), Четвертичный (настоящий) и Третичный (предшествующий) период длились в совокупности приблизительно 8 960 000 лет. Соответственно, разрушение континента Лемурии должно было произойти приблизительно 9 660 000 лет назад.

[152] Тайная Доктрина. – С. 364.

«Где основание или причина такому «осуждению на замедление»? Просто потому, что Природа окружающих условий развивается pan passu с соответствующей расой. Соответствия царствуют всюду. Пережитки тех позднейших лемурийцев, которые избегли гибели, поглотившей их расу, когда главный Материк был затоплен, стали предками части настоящих туземных племен. Будучи весьма низкой субрасой... потомство их с этих пор существовало в условиях, подлежащих ярко выраженному закону замедления. Австралия является сейчас одной из древнейших стран над водами и находится в состоянии старческой дряхлости, несмотря на ее «девственную почву». Она не может производить новых форм, если ей не будет оказана помощь новыми и молодыми расами и искусственным методом разведения и возделывания»[153].

Это весьма знаменательный факт и комментарий. Это доказывает, что только человек через изменение своего сознания способен изменить этот мир.

---
[153] Тайная Доктрина. – С. 228.

Четвёртая Коренная Раса. Атлантида

Давайте теперь посмотрим, что «Тайная Доктрина» сообщает нам о Четвёртой Коренной Расе, иначе называемой Расой атлантов.

«Атлантическая часть Лемурии была геологическим основанием того, что вообще известно как Атлантида, но которая должна рассматриваться скорее как развитие Атлантического продолжения Лемурии, нежели как совершенно новая масса суши, поднятая и отвечающая определенным потребностям Четвертой Коренной Расы. Как и в эволюции Расы, так и в случае смещений и перемещений материковых масс нельзя провести твердой, четкой линии, которая обозначила бы границу старого порядка и начало нового. Последовательность в естественных процессах никогда не нарушается. Таким образом, атланты Четвертой Расы произошли от небольшого числа людей Третьей Расы, северных лемурийцев, собранных, грубо говоря, на участке земли, находившемся приблизительно там, где сейчас середина Атлантического океана. Их Материк был составлен из скопления многих островов и полуостровов, которые поднялись с течением времени и, в конце концов, стали настоящим обиталищем великой Расы,

известной как раса атлантов. После того как это образование закончилось, совершенно очевидно и, как это утверждается на основании высочайшего оккультного Авторитета[154]:

«*Лемурия так же не должна быть смешиваема с Атлантическим Материком, как Европа с Америкой*»[155].

Атланты «*рождались со способностью ясновидения, охватывавшего все скрытые вещи*», «*зрение их было не ограничено, и они познавали вещи мгновенно*»[156].

С самого начала Раса атлантов разделилась на две различные расы, которые были «*различными физически и особенно морально, причем обе они были глубоко сведущи в первоначальной мудрости и тайнах Природы и взаимно антагонистичны в своей борьбе в течение процесса и развития их двоякой эволюции*»[157].

---

[154] Тайная Доктрина. – С. 387.

[155] Эзотерический Буддизм. Цит. по книге «Тайная Доктрина».

[156] Тайная Доктрина. – С. 357.

[157] Там же. – С. 432.

Это были Адепты левой руки, маги и колдуны, которые использовали свои врождённые способности для удовлетворения своих личных целей, и Адепты правой руки, которые всегда составляли основу всех когда-либо существовавших на Земле Школ Посвящений.

«Таким образом, первые расы атлантов, рождённые на материке Лемурии, разделились, начиная от своих самых ранних племён, на праведных и неправедных; на тех, кто поклонялся единому невидимому Духу Природы, Луч которого человек чувствует в себе, – или пантеистов, и на тех, кто оказывал фанатичное поклонение духам Земли, тёмным, космическим, антропоморфированным Силам, с которыми они заключили союз»[158].

Эти последние заложили основы будущих экзотерических, внешних религий, основанных на культе, ритуалах и догмах.

Атланты своим ростом значительно превышали сегодняшнее человечество. В преданиях многих народов сохранились упоминания о великанах. Даже в русских народных сказках действуют былинные богатыри. Эти мощные люди большой славы назывались Кабирами у египтян и финикийцев, Титанами у греков, Ракшасами и Даитьями у индусских народов.

Во времена атлантов правили Божественные династии – воплощения высоких духов. Но поскольку это были физические воплощения, то этим царям была присуща двойственность. К их Божественной природе примешивались недостатки, свойственные людям. Вспомним, как «Тайная Доктрина» говорит об этом: *«Только однажды коснувшись этой планеты плотной Материи, белоснежные крылья даже высочайшего Ангела не*

---

[158] Тайная Доктрина. – С. 317.

могут более оставаться незапятнанными, или же Аватар (или воплощение) быть совершенным, ибо каждый такой Аватар есть падение Бога в зарождение»[159].

«...они были лемуро-атлантами, первыми, которые имели Династию Духовных Царей, не из Манасов или же «Призраков», как думают некоторые, но династию настоящих живых Дэв, или Полубогов, или Ангелов, воплотившихся, чтобы править этою Расою, и которые, в свою очередь, наставляли их в искусствах и науках. Но, так как эти Дхиани были Рупа, или Материальными Духами, то они не всегда были хорошими. Их Царь Тхеветат был именно из последних, и под дурным влиянием этого Царя-демона Раса Атлантов стала народом злобных "колдунов"».

«Последствием этого была война, историю которой было бы слишком долго излагать...»[160]

Кроме греха злоупотребления своими Божественными дарами, атланты совершили также вполне земной грех.

«Сокровенное Учение обвиняет их в совершении отвратительного (для нас) преступления в совокуплении с так называемыми «животными» и, таким образом, в порождении настоящих, ныне исчезнувших пифекоидных видов.

Тщательный пересмотр «Комментарий» заставит подумать, что Существо, с которым новый «Воплощенный» совокуплялся, называлось «животным» не потому, что оно не было человеческим существом, но скорее потому, что оно настолько отличалось физически и умственно от более совершенных рас, физиологически развившихся в более ранний пе-

---

[159] Тайная Доктрина. – С. 561.
[160] Там же. – С. 257.

риод. Вспомним Станцу VII и то, что сказано в Стихе 24-м, именно когда «Сыны Мудрости» впервые пришли для воплощения, некоторые из них воплотились вполне, другие устремили в формы лишь искру, тогда как остальные из Теней были лишены этого наполнения и усовершенствования до Четвертой Расы. Потому те расы, которые «остались лишенными знания», или же те, которые были оставлены «без разума», остались такими же, какими они были даже после естественного разъединения полов. Именно они совершили первое скрещивание, так сказать, и породили чудовищ; именно из их потомства атланты избрали себе жен»[161].

«Отсюда утверждение, что многие из нас пожинают последствия дурных кармических причин, порожденных нами в бытность нашу атлантами. Закон Кармы неразрывно переплетен с законом Перевоплощения.

Лишь знание постоянных перевоплощений одной и той же Индивидуальности на протяжении всего Жизненного Цикла; убеждение, что те же Монады – среди которых много Дхиан-Коганов или самих «Богов» – должны пройти через «Цикл Необходимости» и быть вознагражденными или наказанными в новом воплощении за страдания, понесенные ими, или преступления, совершенные в предыдущей жизни; что эти самые Монады, которые вошли в пустые, лишенные разума оболочки или же в астральные формы Первой Расы, выделенные Питри, являются теми же, которые сейчас находятся среди нас – нет, может быть, даже мы сами; только эта доктрина, утверждаем мы, может объяснить нам таинственную проблему Добра и Зла и примирить человека с ужасной и кажущейся несправедливостью жизни. Ничто дру-

---

[161] Тайная Доктрина. – С. 332.

гое, кроме этой уверенности, не может успокоить наше возмущенное чувство справедливости. Ибо когда кто-либо, незнакомый с этой благородной доктриной, видит вокруг себя и замечает неравенство в рождении, в судьбе, в интеллекте и способностях; когда он видит почет, оказываемый глупцам и распутникам, на которых судьба расточает свои милости лишь в силу привилегированного рождения, в то время как их ближайший сосед, при всем его интеллекте и благородных добродетелях, – гораздо более достойный во всех отношениях, – погибает от нужды и от недостатка в сочувствии; когда он видит все это и когда, в бессилии помочь этому незаслуженному страданию, ему приходится отворачиваться с сердцем, обливающимся кровью от воплей, раздирающих душу, – то именно лишь благословенное знание Кармы останавливает его от предания проклятию жизни и людей, так же как и их предполагаемого Создателя»[162].

Наступило время, «края Земли разверзлись», и Атлантида ушла под воду очень быстро. Это произошло между 850 000 и 700 000 лет назад.

---
[162] Тайная Доктрина. – С. 352.

Я приведу полностью достаточно большой отрывок из «Тайной Доктрины», в котором описываются подробности этого происшествия. «Тайная Доктрина» попутно делает предположение или, даже скорее, утверждает, что бегство израильтян из Египта, описанное в книге Исход в Библии, представляет собой не оригинальное историческое событие, а лишь пересказ событий, связанных с потоплением Атлантиды, почерпнутый из более древнего источника.

«Много раз писательница задавала себе вопрос: является ли сказание в Книге Исход, – по крайней мере в его деталях – как оно рассказано в Ветхом Завете, самостоятельным. Или же оно, так же как и сказание о самом Моисее и многих других, просто еще одна из версий легенд об атлантах? Ибо кто из услышавших сказание о последних не усмотрит большого сходства в основных чертах? Вспомним гнев «Божий» при упорстве фараона и Его веление «избранным», прежде чем уйти, похитить у египтян их «драгоценности из золота и драгоценности из серебра»[163] и, наконец, потопление египтян и самого фараона в Красном море. Затем прочтем из Комментариев следующий отрывок более раннего сказания:

«И печаловался «Великий Царь Блистающего Лика», глава всех Желтоликих, видя грехи Черноликих.

И выслал он свои воздушные корабли [Вимана] с благочестивыми людьми в них ко всем своим братьям-правителям [главам других народов и племен], говоря:

«Готовьтесь. Восстаньте вы, люди Доброго Закона, и переправьтесь через землю, пока она [еще] суха».

---

[163] Книга Исход, XI.

«Владыки бури грядут. Колесницы их приближаются к земле. Лишь одну ночь и два дня проживут Владыки Темного Лика [Колдуны] на этой терпеливой земле. Она осуждена, и они должны низвергнуться вместе с нею. Владыки Огней недр [Гномы и стихийные Духи Огня] изготовляют свои магические Агни-астра [огненные доспехи, изготовленные посредством Магии]. Но Владыки Темного Ока [«Злого Глаза»] сильнее, нежели они [Стихийные духи], и они рабы могущественных. Они сведущи в Астра [Видия, высшее магическое искусство]. Восстаньте и употребите ваши [то есть ваши магические силы, чтобы противостать силам Колдунов]. Пусть каждый Владыка Блистающего Лика [Адепт Белой Магии] заставит Вимана каждого Владыки Темного Лика попасть в его руки [или владение], чтобы ни один [из Колдунов] не смог бы, благодаря ему, спастись от вод, избежать Жезла Четырех [Кармических Божеств] и спасти своих злых [последователей или народ].

Пусть каждый Желтоликий нашлет сон [гипнотический?] на каждого Черноликого. Пусть даже они [Колдуны] избегнут боли и страдания. Пусть каждый человек, верный Солнечным Богам, свяжет [парализует] каждого человека, верного Лунным Богам, чтобы он не страдал и не избег своей участи.

И пусть каждый Желтого Лика даст свою воду жизни [кровь] говорящим животным, принадлежащим Черному Лику, чтобы они не разбудили хозяина своего[164].

Час пробил, Черная Ночь готова».

... ...

«*Да сбудется судьба их. Мы Слуги Великих Четырех*[165]. *Да возвратятся Цари Света». Великий Царь упал на свой Блистающий Лик и возрыдал...*

Когда Цари собрались, воды уже двинулись...

[Но] народы уже пересекли сухие земли. Они были за пределами уровня воды. Цари их настигли в своих Вимана и повели их в земли Огня и Металла [Восток и Север]».

В другом месте еще сказано:

«*Звезды [метеоры] пали ливнем на земли Черно-ликих; но они спали.*

Говорящие звери [магические стражи] были спокойны.

Владыки недр ожидали приказов, но они не пришли, ибо властелины их спали.

---

[164] Изумительно искусно сделанный зверь, в некотором роде сходный с созданием Франкенштейна, который говорил и предупреждал своего хозяина о каждой приближающейся опасности. Хозяин был «чернокнижником», и механическое животное, по описаниям, одушевлялось Джином, Элементалом. Лишь кровь чистого человека могла уничтожить его. См.: «Число Семь в Астрономии, Науке и Магии». Часть II. Отдел XX (цит. по книге «Тайная Доктрина»).

[165] Четыре Кармических Бога, называемые в Станцах Четырьмя Махараджами (см. «Тайная Доктрина»).

Воды поднялись и покрыли долины от одного конца Земли до другого. Плоскогорья остались, дно Земли [земли антиподов] осталось сухим. Там обитали те, кто спаслись: люди Желтого Лика и прямого глаза [открытые и искренние люди].

Когда Владыки Темного Лика проснулись и вспомнили о своих Вимана, чтобы спастись от подымающихся вод, они увидели, что те исчезли».

Затем одно место указывает, как некоторые из более могущественных магов, «Темных Ликов», проснувшиеся раньше других, преследуют тех, кто «ограбил их» и кто находился в последних рядах, ибо «уводимые народы были так же многочисленны, как звезды Млечного Пути», говорит один из более современных Комментариев, написанный только на санскритском языке.

«Подобно тому, как змий-дракон медленно развертывает свое тело, так Сыны Людей, уводимые Сынами Мудрости, развернули ряды свои и распространились и расширились, подобно *несущемуся потоку пресных вод... многие убоявшиеся среди них погибли на пути. Но большинство было спасено».*

Однако преследователи, «голова и грудь которых подымались высоко над водою», гнались за ними «в течение трех лунных периодов», пока, наконец, не настигли их подымавшиеся воды, и они не погибли до последнего человека; почва опустилась под их ногами, и Земля поглотила тех, кто осквернил ее.

В этом большое сходство с первоначальным материалом, на основании которого был построен многие сотни тысячелетий позднее подобный же рассказ в Книге Исход. Биография Моисея, рассказ о его рождении, детстве и спасении из Нила дочерью Фараона, как теперь доказано, были заимствованы из халдейского предания о Саргоне. Но если это так, ибо ассирийские таблички, находящиеся в Британском Музее, являются хорошим доказательством этому, то почему бы не быть тому же, что касается и до рассказа о евреях, похитивших у египтян их драгоценности, и гибели Фараона и его войска и т. д.? Гиганты-маги из Рута и Даитья, «Владыки Темного Лика», могли в позднейших рассказах стать египетскими магами, а желтолицые народы Пятой Расы добродетельными сынами Иакова, «избранным народом»!»[166]

От материка Атлантида остался маленький остров, описанный Платоном и названный им Посейдонис. В свою очередь и он ушёл под воду около 10 тысяч лет назад.

«Сокровенные Учения свидетельствуют, что Потоп захватил Четвертую Гигантскую Расу не в силу ее растления

---
[166] Тайная Доктрина. – С. 493–496.

или потому, что она стала «черной от греха», но просто, что такова судьба каждого Материка, который – подобно всему остальному под нашим Солнцем – рождается, живет, старится и умирает. Это произошло, когда Пятая Раса находилась еще в своем младенчестве[167].

Итак, Великаны погибли – «Маги и Колдуны», добавляет воображение народных преданий. Но «все святые спаслись», и только «грешники» погибли. Однако это произошло настолько же в силу предвидения «святых», не утративших пользование Третьим Глазом, сколько и в силу Кармы и Естественного Закона, Говоря о последующей Расе, о нашем пятом человечестве, Комментарии гласят:

«Лишь горсточка этих Избранных, Божественные Наставники которых удалились на Священный Остров – «откуда придет последний Спаситель», – удерживала теперь одну поло-

---

[167] За 200 тысяч лет до потопления основного материка Атлантиды среди Расы атлантов стали появляться представители новой – Пятой Коренной Расы, арийской.

вину человечества от истребления ею другой половины [как поступает человечество сейчас. – Е.Б.]. Оно [человечество] разделилось. Две трети его стали управляться Династиями низших, материальных Духов Земли, которые завладели легкодоступными телами; одна треть осталась верной и соединилась с нарождающейся Пятой Расой – Божественными Воплощениями. Когда Полюсы двинулись [в четвертый раз], это не затронуло тех, которые были охранены и которые отделились от Четвертой Расы. Подобно Лемурийцам – одни лишь несчастные Атланты погибли и "больше их не видели!"»[168]*

Наставники человечества, иерархия высоких существ, «*нашли пристанище в великой пустыне Гоби, где они пребывают посейчас, невидимые для всех и защищенные от доступа к ним целыми Воинствами Духов*»[169].

И всё же, что говорит «Тайная Доктрина» о том, остались ли сейчас представители Четвёртой Коренной Расы на Земле? Да, конечно.

«*Большинство Человечества принадлежит к седьмой субрасе Четвертой Коренной Расы – вышеупомянутые китайцы и их отпрыски и ответвления (малайцы, монголы, тибетцы, венгры, финны и даже эскимосы – все они остатки этого последнего ответвления)*»[170].

«*...среди малайской расы (субрасы Четвертой Коренной Расы) существует странное разнообразие в росте; члены полинезийского семейства, такие как жители островов Таити,*

---

[168] Тайная Доктрина. – С. 406–407.
[169] Там же. – С. 432.
[170] Там же. – С. 207.

Самоа и Тонга, выше ростом, нежели остальное человечество; но племена индусские и жители Индокитайских стран несомненно ниже общего уровня.

Это объясняется легко. Полинезийцы принадлежат к самым ранним, оставшимся в живых субрасам, другие же к самой позднейшей и наиболее преходящей массе. Как сейчас совершенно исчезли жители Тасмании и как, в свою очередь, быстро вымирают австралийцы, так же скоро последуют за ними и другие старые расы»[171].

Ещё один интересный факт приводится в «Тайной Доктрине». Первые пирамиды Египта были построены атлантами задолго до прихода племени египтян с востока (число 78 000 лет назад может быть рассматриваемо как ориентировочное время строительства пирамид). Египтяне и арийские индийцы представляют собой родственные народности Пятой Коренной Расы.

---
[171] Тайная Доктрина. – С. 385.

Пятая Коренная Раса

Точно так же, как внутри Третьей Расы постепенно формировалась Четвёртая Раса, Пятая Раса начала формироваться внутри Расы атлантов. Это произошло примерно за 200 тысяч лет до потопления основного материка Атлантиды или примерно миллион лет назад.

Сейчас в воплощении находится пятая подраса Пятой Коренной Расы и начинает воплощаться шестая подраса.

Чтобы прояснить ситуацию с Расами и подрасами, необходимо иметь в виду следующее:

1) В каждой Манвантаре монады воплощаются в каждой из семи Рас, проходя в своём развитии семь Кругов. *«...этот Круг является Четвертым[172], и мы сейчас находимся в Пятой Коренной Расе.*

2) *Каждая Коренная Раса имеет семь субрас.*

3) *Каждая субраса, в свою очередь, имеет семь ответвлений, которые могут быть названы «ветвью» или «родственной» расою.*

4) *Малые племена, ветви и ответвления последних бесчисленны и зависят от действия Кармы.*

---

[172] В русском переводе «Тайной Доктрины», выполненном Е.И. Рерих, этот фрагмент написан так: «...этот Круг является Пятым», однако в оригинальном английском тексте, написанном Е.П. Блаватской, фраза звучит следующим образом: «...this one is the Fourth», что означает «этот Круг является Четвёртым». Таким образом, в данной фразе имеет место ошибка переводчика.

Генеалогическое древо Пятой Коренной Расы

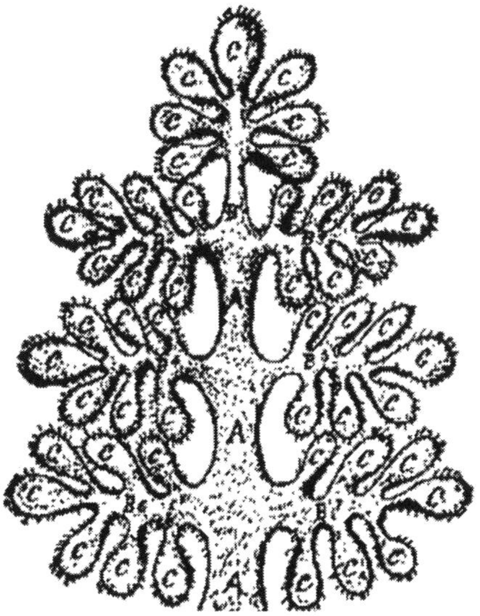

Исследуйте Генеалогическое Древо, приложенное здесь, и вы поймете. Иллюстрация чисто диаграмматична и приведена лишь с целью помочь читателю разобраться в этом вопросе среди путаницы, существующей среди терминов, употреблявшихся в различные времена для подразделения человечеств. Также здесь делается попытка выразить в цифрах – но лишь в приблизительных пределах, ради сравнения – длительность времени, благодаря чему, возможно, определенно отличить одно подразделение от другого. Если была бы сделана попытка дать определенные сроки для нескольких из них, это повело бы к безнадежной путанице; ибо расы, субрасы и т. д. до их мельчайших ответвлений находят друг на друга и переплетаются между собою до такой степени, что почти нет возможности разделить их.

Человеческая Раса сравнивалась с деревом, и сравнение это прекрасно служит как иллюстрация.

Главный ствол древа может быть сравнен с Коренною Расою [A].

Его большие ветви – с различными субрасами, число которых семь [B1 B2, B3 и т. д.].

На каждой из этих ветвей семь «веточек» или «родственных» рас [c].

Кактусообразное растение является лучшей иллюстрацией, ибо его «мясистые» листья покрыты острыми иглами, каждая из которых может быть сравнена с одной народностью или племенем человеческих существ.

Итак, наша Пятая Коренная Раса уже существовала – как Раса sui generis и совершенно самостоятельно от своего основного ствола – около 1 000 000 лет; потому следует отметить, что каждая из четырех предшествовавших субрас жила приблизительно 210 000 лет; таким образом, каждая родственная раса имеет среднее существование около 30 000 лет, и, таким образом, европейская «родственная раса» имеет достаточно тысячелетий впереди, хотя народы или бесчисленные иглы на ней изменяются с каждым последующим «сезоном» в три или четыре тысячи лет. Весьма любопытно отметить сравнительную приблизительность в продолжительности между жизнями «расового семейства» и Звездным Годом.

Знание предыдущего и абсолютно правильные подразделения времени составляли неотъемлемую часть Мистерий, где эти науки преподавались ученикам и где они передавались одним Иерофантом другому»[173].

Точно так же, как во времена Третьей и Четвёртой Рас, Небесные Наставники не оставили и Пятую Расу без заботы и опе-

---

[173] Тайная Доктрина. – С. 502–504.

ки. Так, например, известно, что «*после того, как они предоставили атлантов их гибели, они возвратились или, вернее, спустились во время третьей субрасы Пятой Расы, чтобы открыть спасенному человечеству тайны их месторождения – Звездных Небес*»[174].

---

[174] Тайная Доктрина. – С. 504.

«Длительность «периодов», отделяющих в пространстве и времени Четвертую Расу от Пятой – в историческом или даже легендарном нарождении последней, – слишком огромна, чтобы мы могли дать, даже теософу, более подробное изложение их. На протяжении времени последелювиальных Веков, отмеченных в известные, периодические эпохи ужасающими катаклизмами, слишком много рас и народностей народилось и исчезло почти бесследно, чтобы кто-нибудь мог дать описание, касающееся их и которое имело бы какую-либо ценность. Имеют ли Владыки полную и последовательную историю нашей Расы от самого ее зарождения и до наших времен; обладают ли они непрерывным рекордом о человеке, начиная с его развития в законченное физическое существо, благодаря чему он стал царем над животными и властелином на этой Земле, – не автору говорить об этом. Несомненно, они имеют их, и таково наше личное убеждение. Но если так, то знание это приберегается лишь для высочайших Посвященных, которые не поверяют его своим ученикам. Потому автор может дать лишь то, чему его учили и не больше, и даже это покажется непосвященному читателю скорее диким и фантастическим сном, нежели возможной действительностью.

Это только естественно, и так оно должно быть, ибо в течение нескольких лет таково было впечатление, произведенное и на скромную писательницу этих страниц. Рожденная и воспитанная в европейских материалистических и считающихся цивилизованными странах, она с величайшим трудом усвоила вышеизложенное. Но имеются известного рода доказательства, которые с течением времени становятся неопровержимыми и неотрицаемыми для каждого серьезного и непредубежденного ума. В течение целого ряда лет такие доказательства были предложены ей, и теперь она вполне убеждена, что наша настоящая Планета и ее человеческие Расы должны были родиться, расти и развиваться именно этим путем и никаким другим»[175].

«Человеческие Расы рождаются одна от другой, растут, развиваются, стареют и умирают.

Их субрасы и народы следуют тому же правилу»[176].

«Никого из тех сомневающихся, кто примет Тайную Доктрину за «мистификацию», не заставляют, даже не просят поверить нашим утверждениям...»

«Также нет необходимости, чтобы кто-либо поверил в Оккультные Науки и Древние Учения, прежде чем он узнает что-либо о своей Душе и уверует в нее. Ни одна великая истина никогда не была принята a priori, и обычно проходило столетие или два, прежде чем проблески ее начинали вспыхивать в человеческом сознании, как возможная правда, исключая те случаи, когда утверждение какого-либо факта подтверждалось его достоверным открытием. Истины наших дней являются ложью и заблуждениями дней вчерашних и vice versa. И настоящий труд будет оправдан частично или целиком лишь в двадцатом столетии».

«Мы дождемся нашего часа!»[177]

---

[175] Тайная Доктрина. – С. 506.

[176] Там же. – С. 513.

[177] Там же. – С. 511.

Пророчество о Шестой Расе

«*Многие века протекли от начала расы атлантов, тем не менее, мы видим последних атлантов, все еще смешивающимися с арийским элементом 11 000 лет тому назад. Это показывает огромную продолжительность времени в заходе одной расы на другую, следующую за ней, хотя что касается до характеров и внешних типов, то старшая раса теряет свои отличительные признаки и принимает новые черты более молодой расы. Это доказывается всеми типами смешанных человеческих рас. Так, Оккультная Философия учит, что даже сейчас, на наших глазах, новая раса и расы находятся в образовании и что именно в Америке трансформация эта будет совершаться, и она уже тихо началась.*

Таким образом, американцы лишь на протяжении трех столетий стали временно «первичной расой», прежде чем стать отдельной расой и четко обособленной от всех других, ныне существующих рас. Короче говоря, они являются зародышами шестой подрасы и еще через несколько сотен лет, несомненно, станут пионерами той расы, которая должна последовать за настоящей европейской, или Пятой, подрасой, со всеми своими новыми особенностями. После этого, через приблизительно 25 000 лет, они начнут подготовления для седьмой подрасы; до тех пор, пока Шестая Раса не поя-

вится на сцене нашего Круга после катаклизм, первая серия которых должна уничтожить Европу и позднее всю арийскую расу (затронув, таким образом, и обе Америки), так же как и большинство земель, непосредственно связанных с границами нашего материка и островами. Когда произойдет это? Кто знает это, исключая великих Учителей Мудрости, но они хранят молчание по этому вопросу, подобно снежным вершинам, высящимся над ними. Все, что мы знаем, это что она тихо начнет свое существование, и воистину настолько тихо, что на протяжении долгих тысячелетий ее пионеры – своеобразные дети, которые будут вырастать в своеобразных мужчин и женщин – будут рассматриваться как аномалии lusus naturael, как ненормальные странности, физически и умственно. Затем, по мере их размножения, число их будет увеличиваться с каждым столетием, они в один прекрасный день окажутся в большинстве. Тогда теперешний тип человека будет рассматриваться как исключительный выродок; до тех пор пока они, в свою очередь, не вымрут в цивилизованных странах, переживая лишь маленькими группами на островах – нынешних снежных вершинах, – где они будут прозябать, вырождаться и, наконец, вымрут, может быть, через миллионы лет, как это произошло с ацтеками и происходит сейчас с Ньям-Ньям и карликовыми племенами Мула Курумба на холмах Нилгири. Все они являются последышами однажды мощных рас, память о существовании которых совершенно исчезла из сознания современных поколений, так же точно как и мы исчезнем из памяти человечества Шестой Расы. Пятая Раса зайдет на Шестую на многие сотни тысячелетий, изменяясь вместе с нею, но гораздо медленнее, нежели ее новая преемница, все же изменяясь и в росте, физически и умственно, так же точно, как Четвер-

тая Раса зашла на нашу Арийскую Расу, а Третья Раса на Расу Атлантов.

Этот процесс подготовления к Шестой великой Расе должен продолжаться на протяжении всей шестой и седьмой подрас[178]. Но последние остатки пятого Материка исчезнут лишь через некоторое время после нарождения новой Расы; когда другое и новое Обиталище, Шестой Материк, появится над новыми водами на поверхности нашей планеты, чтобы принять нового пришельца. Туда также переселятся и утвердятся там все те, кому посчастливится избежать всеобщего бедствия. Когда будет это – как только что сказано – писательнице не дано знать этого. Но так как Природа не действует внезапными скачками, так же, как человек из ребенка не превращается сразу в зрелого человека, то и конечный катаклизм будет предварен множеством малых потоплений и разрушений, как водою, так и подземными вулканическими огнями. Мощный пульс будет биться учащенно в сердце расы, находящейся ныне в американской зоне, но когда начнется Шестая Раса, то фактически останется не больше американцев, нежели европейцев, ибо к этому времени они станут Новой Расой и многими новыми народностями. Однако Пятая Раса не вымрет, но проживет некоторое время; заходя на новую Расу на протяжении многих тысячелетий, она, как мы только что сказали, будет преобразовываться, но медленнее, нежели ее новая преемница – все же подвергаясь полному изменению, умственно, физически и в росте. Человечество снова будет увеличиваться в росте, как это было во время лемурийцев и атлантов; ибо тогда как эволюция Четвертой Расы привела ее к самому дну материальности в ее

---

[178] См. диаграмму Генеалогического Древа Пятой Расы на с.135.

физическом развитии, настоящая Раса находится на ее восходящей дуге. Шестая же Раса быстро освободится от своих уз материи и даже от плоти.

Эволюция Коренных Рас в Четвёртом Круге

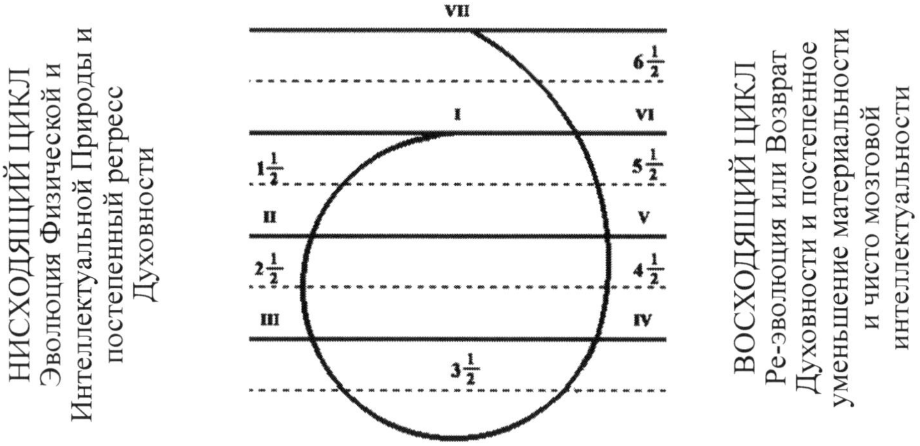

НИСХОДЯЩИЙ ЦИКЛ
Эволюция Физической и Интеллектуальной Природы и постепенный регресс Духовности

ВОСХОДЯЩИЙ ЦИКЛ
Ре-эволюция или Возврат Духовности и постепенное уменьшение материальности и чисто мозговой интеллектуальности

VII
I — VI
$1\frac{1}{2}$ — $5\frac{1}{2}$
II — V
$2\frac{1}{2}$ — $4\frac{1}{2}$
III — IV
$3\frac{1}{2}$
$6\frac{1}{2}$

Таким образом, человечеству Нового Мира, который гораздо старше нашего старого мира, – факт, тоже забытый людьми, – этому человечеству Паталы (антиподам или Нижнему Миру, как называют Америку в Индии) назначено Кармой сеять семена для грядущей великой и гораздо более блестящей Расы, нежели все те, о которых мы знаем сейчас.

За Циклами Материи будут следовать Циклы Духовности и вполне развитого разума. Следуя закону аналогии в истории и расах, большинство будущего человечества будет составлено из замечательных Адептов. Человечество есть дитя Судьбы Циклов, и ни одна из его Единиц не может избежать своей бессознательной миссии или же отделаться от тягости сотрудничества с Природой. Так Человечество Раса за Расой будет совершать свое назначенное цикловое стран-

ствование. Климаты изменятся, и они уже начали меняться. Каждый Год Тропиков, один за другим, будет выбрасывать одну подрасу лишь для того, чтобы зародить другую высшую расу на восходящем цикле, тогда как ряд других, менее счастливых групп – неудач Природы – исчезнут из человеческой семьи, подобно отдельным индивидам, не оставив даже следа. Таков ход Природы под действием Кармического Закона! Вечно-Сущей и Вечно-развертывающейся Природы»[179].

---

[179] Тайная Доктрина. – С. 514–516.

Ещё одно отступление от темы

Прежде чем мы обратимся к тому, как «Тайная Доктрина» трактует смысл войны на Небесах, чтобы эта тема была более понятной, предлагаю вам ознакомиться с историческим документом, называемым «Апокрифом Иоанна»[180]. Это достаточно объёмный документ, однако я прошу вас прочитать его или хотя бы понять общее содержание этого документа. Я также попытаюсь ниже дать комментарий к этому документу, основываясь на Духе «Тайной Доктрины».

Комментарий к «Апокрифу Иоанна»

До сих пор наше повествование следовало точно по тексту «Тайной Доктрины». Читатель мог заметить, что, собственно, всё, что было представлено, является просто набором цитат, увязанных между собой общей темой Добра и Зла и темами отдельных глав. Сейчас впервые нам предстоит немного оторваться от привычной почвы «Тайной Доктрины». Просто потому, что «Апокриф Иоанна» как таковой не комментируется в ней. Попробуем акцентировать внимание на отдельных моментах этого текста, основываясь на Духе «Тайной Доктрины».

---

[180] См. Приложение 1.

Итак, Иоанн, ученик Иисуса, искренне решил прояснить для себя некоторые вопросы, связанные с Учением Иисуса. И Небеса пошли ему навстречу. «Небеса раскрылись», и он увидел юношу, который стал подобен старцу, и затем опять изменил свой облик и стал похожим на дитя. Это был «незапятнанный и неосквернённый», тот, кто находится с нами всё время.

Далее Он говорит про себя, что это Он «открылся в виде орла на древе знания, то есть Эпинойя от Пронойи света чистого». Прибегнув к привычной терминологии, можно отождествить это Существо с Высшим Логосом, отображение которого незримо присутствует в наших Я Христа.

И далее это Существо излагает в очень кратком виде последовательность всех событий с момента творения этой вселенной, по сути, краткое содержание Библии. Но трактовка событий выглядит совершенно по-другому. И понятно, почему этот «Апокриф» был надежно изъят отцами церкви, а многие подобные ему и уничтожены. Зачем пастве знать Истину? Ведь любая церковь основана на трёх китах: догме, властолюбии церковной иерархии и невежестве масс. «Тайная Доктрина» в том виде, в каком она опубликована Блаватской, и в том виде, в каком она давалась всеми Посвящёнными во все времена, в том числе Иисусом, разрушает догму, на которой основана церковь. А уж со своим властолюбием и невежеством люди должны расстаться сами.

Что только не предпринимают люди, чтобы сохранить и уберечь свои недостатки. Ведь это надо было так искусно до неузнаваемости изменить Учение, данное Иисусом, смешать Свет с Тьмой и объединить необъединимое. Ведь Христианская церковь умудрилась объединить Учение Иисуса с фарисейским учением Иеговы. И две тысячи лет христиане всего мира следуют этому учению, ведущему их по колена в крови. Чего стоят Крестовые походы, инквизиция, сжигание неугодных на костре под видом борьбы со слугами дьявола? И миф о личном Дьяволе, Сатане, Люцифере, с которым нужно бороться, является тем столпом, на котором держится христианская церковь.

И ведь это продолжается. Только методы изменились. Сейчас неугодные объявляются сумасшедшими, их убивают, сажают в тюрьму, или они просто исчезают без следа. Это, конечно, более «цивилизованно».

Однако давайте вернёмся к теме Добра и Зла. В «Апокрифе Иоанна» в пунктах с 4-го по 9-й повествуется о создании высших сфер и Божественного прообраза человека. Но как только произошла первая дифференциация в пространстве и появилась Мысль – Эпинойя, то это уже послужило началом двойственности во вселенной. Мысль склонна к экспериментированию, неуловима, своевольна, лукава. Рано или поздно наступило время, когда она захотела создать своё творение, без согласия с высшей волей, по незнанию. Хотя я, например, до конца не уверена, что создание материальной вселенной не входило в изначальный замысел Творца. Что могло бы заменить душам ту гигантскую сцену, на которой они могут играть свои роли, развиваться, проходя через страдания, боль, совершенствоваться и достигать высшего состояния, на которое они способны?

Итак, Мысль создала Ильда Баофа (Иалтабаофа). «Тайная Доктрина» отождествляет его со сферой Бина или с Иеговою.

Конечно, речь идёт о вещах, запредельных для нашего понимания, и поэтому в «Апокрифе» объясняется всё простыми словами, но любое упрощение всегда чревато искажением. Поэтому я больше всего боюсь, что этот Иегова займёт в нашем людском сознании место Люцифера. Всё не так просто. Ввиду большой плотности завесы, отделяющей наш физический мир от высших сфер, бывает так, что пророк, провидец, слышит то, что он хочет услышать, а не то, что сказано. Не надо забывать, что Иоанн жил 2 000 лет назад, а Боги «удалились» во времена Третьей Коренной Расы. Правда, потом были Божественные Династии во времена Четвёртой Коренной Расы, но всё равно чёткое ясновидение и яснослышание были врождёнными способностями человечества как минимум несколько сотен тысяч лет назад. Иоанн, возможно, слишком очеловечил Элохим, включая Иегову. И корень его неприязни к этой категории Божеств лежит в стремлении утвердить новую религию, более прогрессивную. Но старая, естественно, должна быть разрушена.

Наши религиозные системы и убеждения соответствуют уровню нашего сознания. Не может прийти совершенная религиозная система или совершенное Учение при несовершенном сознании. Его просто никто не поймёт и не примет. Поэтому Боги не могут воплотиться в наше время. Их никто не примет всерьёз. Нашему уровню сознания и нашим вибрациям отвечают те религиозные системы, которые мы имеем. Что-то более совершенное ускользает от нашего внимания. Мы не понимаем, о чём идёт речь. Примером является «Тайная Доктрина», данная через Блаватскую, представляющая собой изложение мировоззренческой системы, известной человечеству с незапамятных времён, намного превосходящей по времени все современные религии. Кто из читателей способен хотя бы на 20 процентов понять содержание всех трёх томов «Тайной Доктрины»? Эта книга дана на многие столетия вперёд. Возможно, именно для этого приняли воплощение Владыки Мудрости из Шамбалы Эль Мория и Кутхуми.

Потом появились родственные Учения, наиболее известными из которых являются Агни Йога, Движение Я ЕСМЬ, Мост Свободы, Саммит Лайтхауз. Основатели этих Учений дают ту же Истину, но более просто. Это соответствует уровню сознания гораздо большего числа людей и находит миллионы сторонников по всему миру.

Аналогичный процесс происходил после смерти Иисуса, когда данное им Учение пытались приспособить к пониманию масс. В конце концов, получилось то христианство, которое мы имеем сейчас, содержащее в себе очень мало от истинного Учения Иисуса, зато понятное миллионам.

Хотелось бы отметить ещё один момент. Почему-то новые учения или религии предпочитают принять в себя вкрапление старых учений. Так произошло с Учением Иисуса, когда после полного утверждения новой религии – христианства – в неё вошёл и Ветхий, и Новый Завет со всеми их противоречиями и неувязками. Интересно отметить, что Учение Вознесённых Владык, данное через Профетов, кроме новых для западного христианского сознания понятий о реинкарнации и карме, предпочло вобрать в себя догму западного христианства о Люцифере и падших ангелах в качестве одной из своих основ. Наряду с прекрасным учением о страже порога, о Космических Часах, главным врагом всё же остается Люцифер, Дьявол, находящийся где-то вне человечества, который является главным врагом человечества и с которым нужно бороться. Владыки не могут дать через Посланника информацию, с которой не согласно внешнее сознание Посланника. Поэтому Владыки вынуждены были объявить о второй смерти Люцифера и Сатаны[181]. Однако до сих пор последователи этого Учения продолжают бороться с падшими ангелами. Задача Бога – отделить зёрна от плевел среди человеческих монад. Наша задача – отделить зёрна от плевел внутри себя.

Давайте вернёмся к «Апокрифу Иоанна». И вот Иегова, Ильда Баоф, провозгласил: «Я – Бог, и нет другого бога, кроме меня».

---

[181] В глоссарии книги Сен-Жермена «Курс Алхимии» указано, что Люцифер прошёл через вторую смерть 26 апреля 1975 года, а Сатана прошёл через вторую смерть 27 января 1982 года.

И он создал своё творение, которое было с изъяном. И мать Ильда Баофа – Эпинойя – поняла, что совершила ошибку, и покаялась. Она была перемещена на девятое небо до тех пор, пока не исправит своего изъяна. Как должно произойти исправление этого изъяна?

Наступил момент, когда Ильда Баоф решил создать человека «по образу Бога и своему подобию». Это очень подробно описывается в «Апокрифе». Однако создание Ильда Баофа не было успешным. «Труд их был незавершенным и недвижимым на долгое время». Потребовалось вмешательство Существа из высших сфер, чтобы человек ожил.

«И он

15/ послал через свой Дух благотворящий и свою великую милость помощь Адаму: Эпинойю света, ту, которая была названа Жизнью. И она помогает всему творению,

20/ трудясь вместе с ним (вар.: сострадая ему), направляя его в его полноту, обучая его о его нисхождении в семя, обучая его пути восхождения, пути, которым оно сошло вниз.

25/ И Эпинойа света утаена в Адаме (не только затем), чтобы архонты не могли узнать ее, но дабы Эпинойа могла быть исправлением изъяна матери. И человек открылся посредством тени света,

30/ которая есть в нем. И его мысль возвысилась надо всеми теми, кто создал его. Когда они снизу глянули вверх, они увидели, что мысль его возвышенна».

Другими словами, человек получил свой Разум, своего Логоса, своего Спасителя, который даёт ему возможность дерзать и достигать вершин Божественного Совершенства.

Вот тут «Создатели» и возревновали, когда увидели, что человек много возвышенней их. И далее идёт сцена изгнания из рая.

«Тайная Доктрина» позволяет понять последующее повествование о рождении Каина, Авеля и Сифа.

«Это указывает на эзотерический смысл. Бесполая Раса была их первым произведением, видоизменением их самих и от них самих, чистых Духовных Существований: это и был Адам solus. Отсюда произошла Вторая Раса: Адам-Ева, или Jod-Heva, бездеятельные Андрогины; и, наконец, Третья, или же «разделившийся Гермафродит», Каин и Авель, которые породили Четвертую Сиф-Енох и т. д. Именно эта Третья, последняя полудуховная Раса, которая тоже явилась последним носителем божественной и врожденной Мудрости, врожденной также в Енохах, Ясновидцах того Человечества. Четвертая, вкусившая плод Древа Добра и Зла, – Мудрость, уже объединенную с земным рассудком и потому нечистую, – в силу этого должна была снова приобретать эту Мудрость через посвящение и великую борьбу»[182].

«Стихи в Книге Бытия от Главы I до V спутаны намеренно, ради каббалистических соображений. После «Человека» в Книге Бытия, I, 26 и Еноха, Сына Человека в гл. IV, ст. 26; после Адама, первого Андрогина; после Адама-Кадмона-бесполого (первого) Логоса – после разъединения Адама и Евы, следуют, наконец, Jehovah-Eve[183] *и Cain-Jehovah*[184]. *Все они представляют определенные Коренные Расы, ибо миллионы лет разделяют их»*[185].

Убийство Каином Авеля указывает на не что иное, как пролитие половой крови, *«...ибо Habel (Авель) есть женское начало;*

---

[182] Тайная Доктрина. – С. 157.

[183] Авель.

[184] Каин.

[185] Тайная Доктрина. – С. 149.

также и на деторождение – процесс, указанный как получивший начало в Третьей Расе или же с третьим сыном Адама, Сифом; начиная от Еноха, сына Сифа, человечество стало называть себя Иегова или Jah-hovah, Jod мужское, и Havah или Ева, то есть существами мужского и женского пола»[186].

«...первоначальное значение Еноха, сына Сифа, означало Первую Расу, рождённую обычным в наше время способом, от мужчины и женщины, – ибо Сиф не есть человек, но раса. До него человечество состояло из гермафродитов. Сиф, будучи первым результатом (физиологически), следовавшим за «Падением», является также первым человеком. Потому и его сын Енох называется «Сыном Человека». Сиф знаменует собою позднейшую Третью Расу»[187].

Иегова представляет собой также прародителей человеческой расы, Питри, пришедших с Луны. Поэтому он Лунный Дух, ставший Земным Духом.

«Лишь в своём качестве Гения Луны – причём последняя в древней Космогонии представлена как мать нашей Земли – Иегова – мог быть когда-либо рассматриваем как Создатель нашего земного шара и его Неба, то есть небесной тверди»[188].

Я внимательно читала следующий отрывок из Апокрифа:

«...он[189] (первый архонт) принёс тьму на землю. И он (первый архонт) держал совет со своими силами. Он послал своих ангелов к дочерям человеков, дабы они могли взять некоторых из них для себя и возбудить семя

---

[186] Тайная Доктрина. – С. 543.

[187] Там же. – С. 146.

[188] Там же. – С. 549.

[189] Ильда Баоф, или Иегова.

20/для их наслаждения. И поначалу они не добились успеха. Когда же они не добились успеха, они снова собрались вместе и держали вместе совет. Они создали дух обманчивый, имеющий сходство с Духом, который низошел,

25/с тем, чтобы осквернить души через него. И ангелы изменились в своем образе по образу их (дочерей человеков), напарников, наполнив их духом тьмы, который они присоединили к ним, и лукавством.

30/ Они принесли золото, и серебро, и дар, и медь, и железо, и металл, и всякого рода вещи. И они совратили людей, которые следовали за ними,

30. в великие заботы, сбили их с пути многими обманами. Они старели, не имея досуга. Они умирали, не найдя истины и не познав Бога истины. И

5/ так все творение было порабощено навеки, от сотворения мира и доныне. И они брали женщин и рождали детей во тьме по подобию их духа. И они заперли свои сердца,

10/ и они затвердели в твердости духа обманчивого доныне».

Является ли это описанием истинного падения ангелов? «Тайная Доктрина» ничего не говорит об этом. Она вообще обходит все моменты, которые могут породить желание бороться с кем бы то ни было. Единственная фраза в «Тайной Доктрине», с которой я могу сопоставить этот отрывок из «Апокрифа», звучит так:

«Оно [человечество] разделилось. Две трети его стали управляться Династиями низших, материальных Духов Земли, которые завладели легкодоступными телами; одна треть осталась верной и соединилась с нарождающейся Пятой Расой – Божественными Воплощениями»[190].

---

[190] Тайная Доктрина. – С. 407.

Я думаю, что речь и в том, и в другом отрывках идёт не о том, что «падшие ангелы» захватили храмы людей. Речь идёт о том, что большинство людей пошли на поводу у своей низшей природы, лунной, астральной части, своего низшего Я. Что полностью лишает нас контакта с Божественной частью нас самих. Мы добровольно выбираем иллюзию этого мира, впадаем в заблуждение, омрачение и попадаем во власть тех сил, которые кружат душу до тех пор, пока она не пробудится от забвения. У этих двух третей человечества впереди есть достаточно миллионов лет, чтобы познать Истину. А те, кто упорствует, постепенно превращаются в отсталые эволюции, подобные австралийским аборигенам, и исчезают с лица Земли. У Бога и у Природы есть достаточно способов, чтобы корректировать наше развитие и наставлять нас в нашей борьбе с нашим низшим Эго, или стражем порога в терминологии Учения Вознесённых Владык.

«Ибо именно это Ego с его яростным себялюбием и животным желанием жить безрассудной жизнью (Танха) и является «создателем храма», как называет его Будда в Дхаммапада[191]. Отсюда и выражение – Духи Земли облекли тени и распространили их. К этим «Духам» временно принадлежат человеческие Астральные Самости, и именно они дают или слагают физический храм человека для пребывания в нем Монады и ее сознательного принципа Манаса...

...Говоря по правде, в настоящий период нашей человеческой эволюции порок и злоба являются анормальными, неестественными проявлениями – по крайней мере, они должны были бы быть такими. Тот факт, что человечество никогда не было более себялюбиво и порочно, нежели сейчас – цивилизованные народы успешно возвели себялюбие в этическое по-

---

[191] Стихи 153-154.

нятие, а порок в искусство – является еще одним добавочным доказательством исключительной природы этого феномена»[192].

Я намеренно поясняю этот момент с двумя третями человечества, чтобы у кого-нибудь не возникло желания начать борьбу с этими двумя третями. А ведь история знает много примеров, когда самые абсурдные выводы делались невежественными головами из даже вполне правильных теорий. Совсем недавно чистокровные арийцы в борьбе за чистоту арийской расы уничтожили несколько десятков миллионов человек. И это произошло на памяти ныне живущего поколения!

«Апокриф Иоанна» изложен весьма простым языком, и дальнейшие его комментарии я предоставляю интуиции читателей.

Я позволю себе ещё дать своё личное понимание того, каким образом произойдёт исправление изъяна нашей вселенной. Человек получил Разум, Сознание, Я Христа. И это является той силой, которую он должен открыть в себе под покровом материального тела. Найдя Бога в себе, установив с ним связь, человек изменит своё сознание. На примере Австралии, имеющей практически неизменные виды флоры и фауны, потому что её население долгое время составляли отсталые эволюции Третьей Коренной Расы, мы видим, что весь окружающий нас мир зависит и изменяется в соответствии с изменением нашего сознания. Чем ближе наше сознание к Божественному образцу, тем более утончённые формы принимает физический мир. Так постепенно физическая вселенная сворачивается, становится более духовной и, в конце концов, возвращается к своему истоку, Творцу. Закончится цикл Вселенной. Через сколько эонов лет это произойдёт? Только Бог ведает. Но произойдёт это с нашей помощью, с помощью человека, через изменение нашего сознания.

---

[192] Тайная Доктрина. – С. 128-129.

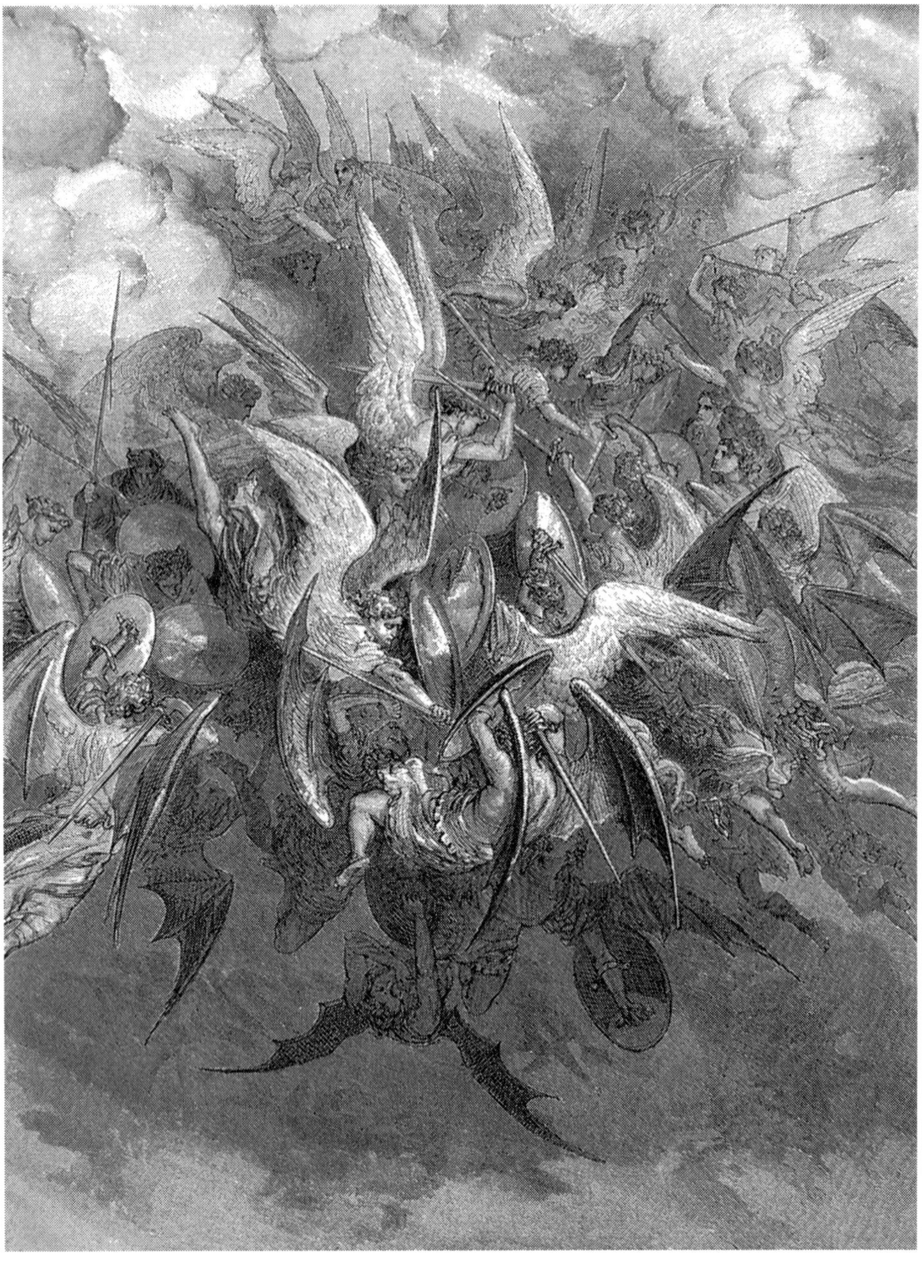

Многие значения битвы на Небесах

Поскольку представления о «битве на небесах» у современного человека в основном связаны с Откровением Иоанна Возлюбленного, давайте вспомним, что там говорится об этой битве.

«И явилось на небе великое знамение: жена, облеченная в солнце; под ногами ее луна, и на голове ее венец из двенадцати звезд. Она имела во чреве, и кричала от болей и мук рождения. И другое знамение явилось на небе: вот большой красный дракон с семью головами и десятью рогами, и на головах его семь диадим. Хвост его увлек с неба третью часть звезд и поверг их на землю. Дракон сей стал перед женою, которой надлежало родить, дабы, когда она родит, пожрать ее младенца. И родила она младенца мужеского пола, которому надлежит пасти все народы жезлом железным; и восхищено было дитя ее к Богу и престолу Его. А жена убежала в пустыню, где приготовлено было для нее место от Бога, чтобы питали ее там тысячу двести шестьдесят дней.

И произошла на небе война: Михаил и ангелы его воевали против дракона, и дракон и ангелы его воевали *против них*, но не устояли, и не нашлось уже для них места на небе. И низвержен был великий дракон, древний змий, называемый диаволом и сатаною, обольщающий всю вселенную, низвержен на землю, и ангелы его низвержены с ним»[193].

---

[193] Откр. 12:1–9.

Известно, как этот отрывок трактует христианство. Собственно, точно так же его трактует Учение Вознесённых Владык, переданное через Профетов. Падшие ангелы, не сохранившие своего достоинства, низвержены из высших сфер на Землю. И все проблемы человечества связаны с этими падшими, которые просочились во все сферы нашей жизни. Было бы интересно узнать, как трактует этот же отрывок «Тайная Доктрина» и можно ли его трактовать как-нибудь по-другому.

Для начала следует отметить, что Откровение Иоанна Возлюбленного (Апокалипсис) – не единственный известный источник, в котором речь идёт о битве на небесах. Практически во всех религиях Боги постоянно борются между собой. Чего стоит великая битва между Богами и асурами в «Махабхарате».

В древнем Вавилоне Бэл противостоит Дракону. В древней Греции Аполлон убивает Пифона. Кришна убивает пятиглавого Калия. В Древнем Египте Тифон разрубает Осириса на четырнадцать частей, а затем Гор сражает Тифона или Апопис, Дракона.

Для того чтобы разобраться в сути этих битв, нужно досконально знать древние религии этих стран. Но несомненно одно: во всех этих религиях находят отражение какие-то общие события, искусно замаскированные под аллегорию.

В нашем распоряжении есть «Тайная Доктрина», и давайте вместе поищем, как в ней трактуется «битва на небесах».

Начнём с символа змия и дракона. Благодаря Апокалипсису мы привыкли со змием и драконом отождествлять Зло. Падших ангелов называют змиями, а дракона ассоциируют с самим дьяволом.

Однако так было не всегда. *«...Дракон, так же как и змий, никогда не рассматривался в древности как Зло. В метафорах, будь то астрономических, космических, теогонических или просто физиологических (или фаллических), Змий всегда рассматривался как божественный символ»*[194].

«Змий всегда был символом Адепта и его бессмертных сил и божественного знания...

Все народы древности, за одним исключением, уважали этот символ; таким исключением являются христиане, которые решили забыть «медного змия» Моисея[195], *и даже признание самим Иисусом полного значения великой мудрости и осторожности «змия»: «будьте мудры, как змии, и кротки, как голуби*[196]*».*

«Говоря об Ангелах, павших в зарождение, их называют метафорически Змиями и Драконами Мудрости.

<...>

Таким образом, замечание, сделанное великим Посвященным в Евангелии от Луки, указывающее аллегорически на луч озарения и разума, подобно молнии, падающей с небес в сердца и умы обращенных к древней Религии Мудрости, представленной тогда в новом аспекте мудрым галилейским Адептом[197], *было искажено вне всякой узнаваемости, так же*

---

[194] Тайная Доктрина. – С. 585.

[195] См. *Книгу Чисел, XXI, 8, 9.* Бог повелевает Моисею соорудить Медного Змия *(Saraph),* чтобы, взирая на него, исцелялись бы те, кто были укушены Огненными Змиями.

[196] Тайная Доктрина. – С. 423.

[197] Для большей ясности скажем, что тот, кто прочтет это место в *Евангелии от Луки,* увидит, что примечание следует за докладом *семидесяти* учеников, радующихся, что «даже бесы [дух полемики и рассуждений или же враждебная мощь, ибо Сатана означает просто «противник» или «противодействующий»] повинуются нам о имени Твоем» (*От Луки,* X, 17). Теперь «Именем Твоим» означает, что имя Христос, или Логос, или же Дух истинной Божественной Мудрости, как отличный от духа интеллекта или чисто материального рассуждения – короче говоря, есть Высшее Я. И когда Иисус на это замечает, что он увидел Сатану, как «Молнию, падающую с неба», это есть просто лишь утверж-

как и Его личность, и обращено в одну из самых жестоких и губительных теологических догм»[198].

Поэтому, когда Иисус сказал: «Я видел сатану, спадшего с неба, как молнию»[199], «*это замечание относится к Божественной Мудрости, падающей подобно молнии и тем вызывая к деятельности разум тех, кто борется с дьяволами невежества и суеверия*»[200].

Если мы обратимся к Учению Вознесённых Владык, вынужденному использовать некоторые древние символы, мы с удивлением обнаружим то фокус Сераписа Бея, увитого змеями, то Гуань Инь, въезжающую в пространство этого Учения на Драконе.

«*Кроме того, Иерофанты Египта, так же и Вавилона, обычно называли себя во время Мистерий "Сынами Змеиного Бога", или "Сынами Дракона"*»[201].

дение его ясновидения, чтобы указать им, что он уже знал об этом, а также и намек на воплощение Божественного Луча – Богов или ангелов – *который падает в зарождение*. Ибо ни в коем случае не все люди получают пользу от этого воплощения, и у некоторых мощь эта остается в латентном состоянии, как бы мертвой, в течение целой жизни. Истинно и «кто есть Сын, не знает никто, кроме Отца, и, кто есть Отец, не знает никто, кроме Сына», как это было не раз сказано Иисусом (стих 22) – «и церковь Христа» менее, нежели кто другой. Лишь Посвящённые понимали тайный смысл терминов «Отец» и «Сын» и знали, что это относится к Духу и Душе на Земле. Ибо Учение Христа было учение оккультное, которое могло быть объяснено лишь при Посвящении. Оно никогда не предназначалось для толп, ибо Иисус запрещал двенадцати ученикам ходить к язычникам и самарянам (*От Матф.*, X, 5) и повторял им: «Вам дано знать тайны Царства Божия, а тем внешним все бывает в притчах» (*От Марка*, IV, 11). Цит. по книге «Тайная Доктрина».

[198] Тайная Доктрина. – С. 267.

[199] Лука 10:18.

[200] Тайная Доктрина. – С. 266.

[201] Там же. – С. 441.

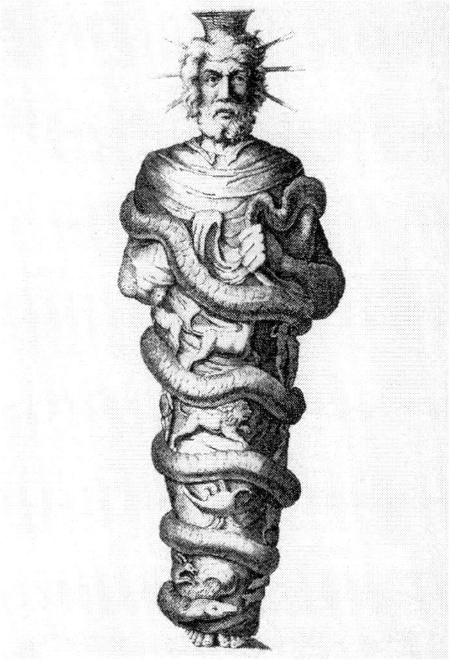

Серапис Бей 		Гуань Инь

И если символ змия иногда был применим к адептам левой руки, то **«...как дракон, он никогда не был ничем иным, как символом Проявленного Божества в его великой Мудрости»**[202].

«Символ «Дракона» имеет семеричное значение, и из этих семи значений могут быть даны высший и низший. Высший тождественен с «Само-рожденным» Логосом, индусским Аджа. Среди христианских гностиков, называемых наазениями или почитателями Змия, он был Вторым Лицом Троицы, Сыном. Его символом было созвездие Дракона[203]. *Его Семь*

---

[202] Тайная Доктрина. – С. 449.

[203] Как доказывает это *Г. Лизерэ* в своем труде *«Разоблаченная Троица Христианства» (Trinite Chretienne Devoilee)*, Дракон, будучи помещен между Неизменным Отцом (Полюс, недвижная точка) и изменяемой Материей, передает последней те воздействия, которые он получает от первого, откуда и его имя – Глагол (сноска скопирована из «Тайной Доктрины»).

«Звезд» суть семь звезд в руке «Альфы и Омеги» в Апокалипсисе. В его наиболее земном применении термин этот прилагался к «Мудрым» людям.

Эта часть религиозного символизма древности очень отвлеченна и таинственна и может остаться непонятною профану. В современные дни она настолько режет уши христиан, что, несмотря на нашу пресловутую цивилизацию, она едва ли может избежать того, чтобы не быть принятой как прямой извет на самую излюбленную из христианских догм»[204].

Тот факт, что древние так хорошо относились к змиям, и особенно к драконам, заставляет задуматься о том, почему

---

[204] Тайная Доктрина. – С. 412.

же Архангел Михаил всё-таки поражает этого Дракона? А если вспомнить, что «Тайная Доктрина» пишет о Михаиле как о заместителе Иеговы *(«...причем Михаил не кто иной, как сам Иегова, в лучшем случае, один из подчиненных Духов»*[205]), то смысл вообще рассеивается. Какую же трактовку «битвы на небесах» предлагает «Тайная Доктрина»?

Вспомним, что каждое событие и каждый символ может быть прочитан с помощью семи ключей. Попробуем отыскать некоторые из этих ключей в «Тайной Доктрине». Прежде всего, нужно отметить, что речь идёт о трёх разных войнах.

«Первая война произошла во тьме веков между Богами и (А)-Сурами и продолжалась в течение периода одного Божественного Года[206]»[207].

Вспомним, что вселенная сначала разворачивается, создаётся посредством Космических Сил, а затем сворачивается. Поэтому *«...«Женщина с младенцем» в Апокалипсисе была Айма, Великая Матерь, или Бина, третья Сефира, «имя которой Иегова»; и «Дракон», стремящийся пожрать ее рождающегося младенца (Вселенную), есть Дракон Абсолютной Мудрости – той Мудрости, которая, признавая нераздельность Вселенной и всего, что в ней, от Абсолютного ВСЁ, видит в ней лишь великую иллюзию, Махамайю, то есть причину горя и страдания»*[208].

---

[205] Тайная Доктрина. – С. 589.

[206] День Брамы продолжается 4 320 000 000 лет – умножьте это на 360! А-суры (не Боги и не Демоны) здесь являются еще Сурами, Богами, и в Иерархии они выше, нежели такие второстепенные Боги, которые даже не упомянуты в *Ведах*. Продолжительность Войны показывает ее значение, а также, что сражающиеся суть лишь олицетворенные Космические Силы.

[207] Цит. по: Тайная Доктрина. Т. 1. – Новосибирск, 1992. – С. 517.

[208] Тайная Доктрина. – С. 446, прим.

Другая война произошла на Земле при «сотворении человека». Вспомним опять же, что Владыки Мудрости вначале отказывались творить, хотя время творения наступило. Это может рассматриваться как вражда с Законом и с теми Элохимами, которые следовали Закону. И то, что Владыки Мудрости делают постоянно, присутствуя на Земле, независимо от того, в Шамбале ли или как «часть части»[209] в наших Я Христа, они будят наше сознание и через это пробуждение заставляют наше сознание измениться. А через изменение нашего сознания изменяется этот мир, постепенно утончаясь и возвращаясь к Единому. И они опять же вступают во враждебные отношения с теми силами, которые отстаивают материальность. Поэтому когда архангел Михаил сражает Дракона, это может рассматриваться как низвержение Владык Мудрости из небесных сфер в материю на долгие циклы воплощений в телах людей.

Если посмотреть на это событие с другим ключом, оно может рассматриваться как торжество внешних экзотерических религий, основанных на догме и культе, над Тайной Мудростью.

«Падение» является всемирной аллегорией. Оно утверждает на одном конце лестницы Эволюции «восстание», то есть действие разумения или сознания, которое дифференцируется на своих различных планах, ища сочетания с Материей; и на другом, низшем конце восстание Материи против Духа или же действие против духовной инерции. И в этом заложен зародыш заблуждения, имевшего столь губительные следствия на мышление цивилизованных обществ в течение более 1 800 лет. В оригинальной аллегории именно Материя – следовательно, более материальные Ангелы –

---

[209] Объяснение этого термина «часть части» см.: Тайная Доктрина. – С. 416–417.

рассматривалась, как победительница Духа или же Архангелов, которые «пали» на этот план.

«Те, *о пылающем мече* [или обладающие животными страстями], обратили в бегство Духов Тьмы».

Между тем именно последние сражались за первенство сознательной и божественной духовности на Земле и были не успешны, подпав власти Материи. Но в теологической догме мы видим обратное. Именно Михаил, «который Богу подобен», представитель Иеговы и Водитель Небесных Воинств... выходит победителем в борьбе с Сатаною. Правда, что природа Михаила зависит от природы его Создателя и Владыки»[210].

«Странно сказать, но Оккультное Учение ставит эти роли в обратном порядке, именно антропоморфический Архангел христиан и Богоподобный человек индусов, которые, в данном случае, представляют материю; дракон же, или Змий, является Духом. Оккультный символизм дает ключ к этой тайне; теологический символизм еще больше скрывает ее. Ибо первый объясняет многие изречения в Библии и даже в Новом Завете, до сих пор оставшиеся непонятными, тогда как последний, из-за его догмы о Сатане и его восстании, умалил характер и природу своего, якобы беспредельного, абсолютно совершенного Бога и создал величайшее зло и проклятие на Земле – веру в личного Дьявола. Эта тайна теперь частично раскрыта. Ключ к ее метафизическому толкованию теперь восстановлен, тогда как ключ к теологическому объяснению являет Богов и Архангелов, стоящих как символы догматических религий, основанных на мертвой букве, и как восставших против чистых истин Духа, обнаженных и не прикрашенных измышлениями.

---

[210] Тайная Доктрина. – С. 74.

Многочисленные намеки были разбросаны в этом направлении в «Разоблаченной Изиде» и еще большее количество ссылок на эту тайну может быть найдено рассеянным в этих томах. Разъясним этот вопрос раз и навсегда; тот, на кого все священство всех догматических религий, преимущественно христианских, указывает как на Сатану, врага Бога, в действительности является высочайшим божественным Духом – Оккультною Мудростью на Земле, – которая, естественно, антагонистична каждой земной, преходящей иллюзии, включая и догматичные, или церковные, религии»[211].

«Третья Раса вначале была преимущественно светлою «Тенью» Богов, которых предание изгнало на Землю после аллегорической Войны в Небесах. Последняя стала еще более аллегоричной на Земле, ибо это была война между Духом и Материей. Эта война будет продолжаться, пока Внутренний и Божественный Человек не уравновесит свою внешнюю земную самость со своей духовной природой. До тех пор темные и свирепые страсти этой самости будут находиться в вечной борьбе со своим Повелителем, Божественным Человеком. Но когда-то животное будет усмирено, ибо природа его будет изменена и еще раз будет царствовать гармония между двумя, как это было до «Падения», когда даже смертный человек «создавался» посредством стихии и не был рождаем»[212].

Третья война упоминается как происшедшая при конце Четвёртой Расы между её Адептами и Адептами Пятой Расы, то есть между колдунами Атлантиды и Посвящёнными «Священного Острова».

---

[211] Тайная Доктрина. – С. 438.
[212] Там же. – С. 311.

И эта последняя война продолжается, на мой взгляд, и в наши дни. Эта война между представителями любой Церкви и представителями Духа, Посвящёнными. И она всегда заканчивается видимой победой представителей официальной религии. Видимой на этом, земном плане. Но на духовном плане всегда выигрывают Посвящённые. Достаточно вспомнить пример Иисуса. Евангелист Иоанн отметил, что при распятии Иисус также был пронзён копьём («один из воинов копьём пронзил Ему ребра»[213]). И он написал об этом, как знать, может быть, для большего сходства со сценой сражения Дракона Архангелом Михаилом. Драконы Мудрости не борются. Они утверждают Истину и побеждают всегда! Потому что смерть физического тела не имеет никакого значения.

Жертвенность, самопожертвование, бескорыстие являются теми признаками, которые позволяют отличить истинное служение от его двойника, ложного, лицемерного, показного служения догме и ложным богам, занявшим место Единого, Непознаваемого, Абсолюта.

«Кроме того, «Война на Небе» показана в одном из ее значений, как относившаяся к той страшной борьбе, которая предстояла каждому кандидату в Адепты, – борьбе между им самим и его (посредством Магии) олицетворенными страстями, когда просвещенный Внутренний Человек должен был или преодолеть их, или пасть. В первом случае он становился «Поразившим Дракона», как счастливо прошедший через все испытания, и «Сыном Змия», и самим Змием, сбросившим свою старую кожу и возродившимся в новом теле, став Сыном Мудрости и Бессмертия в Вечности»[214].

---

[213] Иоанн 19:34.

[214] Тайная Доктрина. – С. 442.

Возвращаясь к Откровению, я приведу цитату из «Тайной Доктрины», которая поможет в трактовке некоторых моментов этого документа.

«Какое бы толкование ни давали невежественные мистики знаменитой главе XVII, с ее загадкой жены, облеченной в порфиру и багряницу; будут ли протестанты кивать на католиков, читая «Тайна, Великий Вавилон, Матерь блудницам и Мерзостям земным», или же католики воззрятся на протестантов, но оккультисты в своем беспристрастии заявляют, что слова эти относились с изначала ко всем и каждой экзотерической церковности – «церемониальной магии» древности, с ее ужасающими последствиями, ныне же к безвредному, ибо искаженному, фарсу ритуального поклонения. «Тайна» женщины и зверя суть символы душу убивающей церковности и суеверия.

«Зверь, который... был и нет его... и тем не менее есть. И здесь ум, имеющий мудрость. Семь голов суть семь гор [Семь Материков и семь Рас], на которых сидит жена» – *символ всех экзотерических, варварских, идолопоклоннических верований, покрывших этот символ «кровью святых и кровью мучеников», которые протестовали и продолжают протестовать.*

«И семь царей [семь Рас], из которых пять пали [наша Пятая включена], и один есть [пятый продолжается], а другой [Шестая и Седьмая Расы] еще не пришел, и, когда придет [Раса «царь»], не долго ему быть».

Много таких апокалипсических намеков, но изучающий должен сам найти их»[215].

---
[215] Тайная Доктрина. – С. 875.

Сравнительный анализ некоторых положений «Тайной Доктрины» Блаватской и Учения Вознесённых Владык, данного через Профетов

Даже поверхностного знакомства с Учением Вознесённых Владык, которое дано через Марка и Элизабет Профет, и такого же поверхностного знакомства с «Тайной Доктриной», хотя бы в объёме, изложенном в этой публикации, достаточно для того, чтобы заметить некоторые расхождения в этих двух Учениях. Собственно, основных расхождений два, это Учение о Вознесении и Учение о падших ангелах.

Давайте постараемся проанализировать эти расхождения.

В Учении Вознесённых Владык подробно описывается понятие Вознесения. Это состояние, которого можно добиться, следуя путём Учения Вознесённых Владык. В глоссарии книги Сен-Жермена «Курс Алхимии. Наука самотрансформации»[216] дано определение Вознесения. «Это – ритуал, при котором душа воссоединяется с Духом Бога Живого, Я ЕСМЬ Присутствием. Вознесение – это кульминация Богопобедного пре-

---
[216] Сен-Жермен. Курс алхимии. – М., 1998.

бывания души во времени и пространстве. Это – награда праведного, дар Божий после суда последнего перед великим белым престолом, где каждый человек судим «по делам своим».

Для того чтобы добиться Вознесения, человек должен трансмутировать не менее 51 процента кармы, сбалансировать трёхлепестковое пламя и выполнить свой Божественный план. В Учении указывается также, что первые две человеческие Расы вознеслись, пройдя через 7 мужских и 7 женских воплощений. А во времена Третьей Расы в связи с бунтом ангелов и их падением на Землю, после того как они соблазнили людей прелестями земной жизни, люди застряли на этой планете на многие сотни и тысячи воплощений. Но, пользуясь Учениями о карме, о страже порога, ведя правильный образ жизни и трансмутируя личную и планетарную карму посредством чтения велений фиолетового пламени, каждый может добиться Вознесения уже по окончании этой жизни.

Я, на самом деле, не вижу больших расхождений в этом Учении о Вознесении с положениями «Тайной Доктрины». Может быть, единственным недостатком является некоторое упрощение Профетами эволюции Рас. Однако если учесть, что Учение Вознесённых Владык давалось Профетами в христианской стране, в среде людей, воспитанных на христианских догмах, когда каждый был уверен, что Бог создаёт новую душу перед рождением каждого человека, то понимание длительности пути души через многие воплощения было большим прогрессом. А сама по себе цель – Вознесение – ориентировала людей на стремление к более возвышенным состояниям сознания, чем пребывание на Земле в физическом теле.

Просто «Тайная Доктрина» ещё больше раскрывает рамки эволюционного пути души. И для многих эта перспектива странствования души через семь Рас на каждом из семи глобусов и не

на одной планете, наверное, кажется очень утомительной и наводящей тоску и скуку.

Поэтому Истина может быть раскрыта только по уровню сознания, и, возможно, получение сразу всей Истины может быть даже губительным. Это сродни тому, как мы будем стараться втиснуть в горшок больше, чем он способен вместить. Горшок, в конце концов, может не выдержать перегрузки и треснуть. Поэтому инстинкт самосохранения иногда заставляет людей физически уничтожать источник Истины, который, по их мнению, мешает им спокойно жить.

Учение о Вознесении можно применить и к той схеме эволюции Рас, которая изложена в «Тайной Доктрине». Только это Вознесение отодвигается до конца этой вселенной, на несколько миллиардов лет.

Однако можно говорить о промежуточном вознесении после каждой Расы. Человеческие Расы в этом случае можно сравнить с классами в школе. А каждое воплощение можно отождествить с учебной неделей или днём. Среди учеников есть индивидуумы с разными способностями. Есть отличники, есть неуспевающие. Кому-то достаточно проучиться в одном классе один год, кто-то остаётся на повторное обучение, а кто-то и на третий год. Есть и те, кто может окончить один или несколько классов экстерном, быстро достигнув уровня сознания, необходимого в выпускном классе. Но впереди ещё колледж или университет.

Если применить это к человеческим Расам, то есть индивидуумы, которые достигли уровня сознания Шестой Расы, в то время как сейчас воплощаются ещё представители Четвёртой и Пятой Рас. Но они не могут быть воплощены ранее положенного космического срока. Поэтому они пребывают в ожидании этого срока на тонком плане. Но поскольку эти души являются отличниками, опередившими остальных, то когда они начнут свою череду воплощений, то для тех народов и стран, в которых они начнут воплощаться и составят большинство населения, наступит Золотой Век. В это время остальное человечество, пребывающее в своей Пятой Расе, будет находиться в Кали Юге до тех пор, пока не перестанут воплощаться пятая, шестая и седьмая субрасы Пятой Коренной Расы.

Что же касается доктрины о «падших ангелах», то здесь дело обстоит не так оптимистично. Ведь что происходит, по сути?

Люди имеют на своём алтаре фокусы Вознесённых Владык и поклоняются им.

Кто такие Вознесённые Владыки? Это высокие сущности, пребывающие на тонком плане, в том числе в Шамбале, и обучающие человечество. «Тайная Доктрина» учит, что Владыки Мудрости пребывают в Шамбале и обучают человечество на протяжении миллионов лет со времени второй половины Третьей Коренной Расы, с момента так называемого падения человечества. И среди них Иисус, Гаутама Будда, Кутхуми, Эль Мория и другие.

Из «Тайной Доктрины» мы знаем, что эти Владыки Мудрости сначала пребывали среди людей Третьей Расы, непосредственно обучая их. Затем «Боги удалились», чтобы прийти вновь в качестве Божественных Династий во времена Четвёртой Коренной Расы, затем они же воплощались как Герои во время третьей субрасы Пятой Коренной Расы. И многие из них пожертвовали собой и приняли частичные воплощения в наше время. Я приведу отрывок из «Тайной Доктрины», откуда это следует.

«Когда смертные станут достаточно духовными, не нужно будет стараться внедрять в них правильное понимание древней Мудрости. Люди будут знать тогда, что ни-

когда не было еще ни одного великого мирового Реформатора, чье имя перешло в наше поколение, который (a) не был бы непосредственной эманацией Логоса (под каким бы именем мы ни знали его), то есть не был бы воплощением естества одного из «Семи» «Божественных Духов», которые семеричны; и (b) который не появлялся бы раньше в прошлых Циклах. Тогда они признают причину, которая порождает некоторые вековые загадки как в истории, так и в хронологии; например, причину, почему они не могут установить достоверного времени для появления Зороастра, которого мы находим умноженным в двенадцати и четырнадцати личностях в Дабистане; почему индивидуальности и число Риши и Ману так смешаны; почему Кришна и Будда говорят о себе как о воплощениях; причем Кришна отождествляет себя с Риши Нараяной, а Готама дает целый ряд своих предыдущих воплощений; и почему первый, в особенности, будучи «самим превышним Брамою», все же называется Аншаншаватара – «часть части» только Превышнего на Земле; наконец, почему Озирис есть Великий Бог и в то же время «Царь на Земле», который вновь появляется в Тот'е Гермесе; и почему Иисус (по-еврейски Иошуа) из Назарета узнан каббалистически в Иошуа, сыне Навина, так же как и в других личностях. Сокровенное Учение объясняет все это, говоря, что каждый из них, так же как многие другие, появились первыми на Земле как одна из Семи Сил Логоса, индивидуализированная в виде Бога или Ангела (Вестника); затем, смешавшись с Материей, они вновь появились, поочередно, как великие Мудрецы и Наставники, которые «поучали» Пятую Расу после того, как они наставили две предыдущие Расы, и были Правителями во время Божественных Династий, и, наконец, пожертвовали собою, чтобы вновь рождаться среди различных обстоя-

тельств на благо Человечества в определенные критические периоды, до тех пор, пока в своих последних воплощениях они истинно не станут только «частями части» на Земле, хотя фактически Единым Высочайшим в Природе»[217].

Кроме этого, мы знаем из «Тайной Доктрины», что эти же самые Владыки Мудрости дали нам наше Сознание, наш Разум, наше Я Христа и наше ментальное тело. Это событие описано в «Тайной Доктрине» как падение Богов в зарождение. И это событие в христианской религии послужило поводом обвинить высоких Духов в падении.

Неужели непонятно, что невозможно дальше иметь этих Владык на Алтаре, поклоняться им и одновременно «связывать» их как падших ангелов? Неужели непонятно, что невозможно стремиться к связи со своим Я Христа и одновременно бороться с ним как с падшим ангелом? Только двойственное человеческое сознание способно на это.

Мне приходит на ум аналогия Учения Вознесённых Владык и религии, данной пророком Мухаммедом, – мусульманства. Я не читала Коран и никогда не изучала Ислам. Но что-то в самой этой религии приводит к неправильному пониманию Духовной Войны – Джихада. Каким-то образом это чисто духовное понятие выродилось в стремление к физическому уничтожению иноверцев: «Убей неверного!» И эту духовную войну люди в силу своего ограниченного сознания предпочитают вести на физическом плане друг с другом. А ведь ничего плохого не было в желании Пророка Мухаммеда дать основы христианства народам Центральной Азии. Малейший намёк на то, что враг находится в другом, в ближнем, при нынешнем плачевном уровне сознания человечества оборачивается катастрофой.

---

[217] Тайная Доктрина. – С. 416–417.

Проводя аналогии с Учением Профетов, я также вижу искреннее желание дать основы восточных религий и эзотерических знаний народам Америки и всего мира. Однако опять на первое место выступает борьба, борьба с падшими ангелами, которые заполонили собой все государственные учреждения, банки, средства массовой информации и религии мира. Духовная мысль, являясь более тонкой областью человеческой деятельности, получив неверное направление, может породить неверные действия в остальных сферах деятельности. И война в Ближневосточном регионе, желание навязать принципы демократии и свободы «отсталым эволюциям» этих стран (это не мои слова, так учили Профеты) силой, возможно, является первым следствием неверно выбранного направления движения. Может быть, наступило время сместить акценты? Вместо того чтобы бороться с мифическими падшими ангелами, нужно попытаться установить связь с «падшим ангелом» внутри нас, нашим Я Христа, помочь ему расправить крылья и воссоединиться со своими братьями Владыками Мудрости в Шамбале?

Если мы возьмём самого лучшего коня, запас пищи, воды, вооружимся самыми совершенными молитвами, мантрами и медитациями и поскачем к Вершине Божественного Сознания, то мы можем никогда не достичь этой Вершины, если мы неправильно выберем направление, в котором нам скакать.

Если в каждом из нас пребывает искра, частица от Вознесённых Владык в виде нашего Я Христа, то не является ли нашей обязанностью высвободить эту частицу, чтобы Владыки Мудрости могли обрести свою целостность и вместе с нами выполнить свою миссию на Земле? От каждого зависит, чтобы его часть Сен-Жермена, Эль Мории, Иисуса, Санат Кумары вознеслась. Может быть, эта задача покажется кому-то более возвышенной и благородной, чем тотальное связывание и уничтожение падших во главе с их предводителем Люцифером? Насаждая и тиражируя чувство борьбы, мы не пожнём ничего, кроме бури. Сколько тысяч или миллионов лет должно пройти, чтобы сознание человечества стало способным отказаться от агрессии и борьбы, а вместе с ними от любого проявления Зла и сделать осознанный выбор в пользу Добра?

Для этого мы должны развязать путы материи, привязывающие нашу Божественную часть к Земле, сразить своего стража порога, этого истинного дьявола.

Тем, кто стоит у руководства любой церкви, какой бы передовой она ни казалась, всё равно на фоне каких декораций удовлетворять свои личные амбиции, будь то распятый Иисус или Схема Я ЕСМЬ Присутствия. Поэтому написанное здесь предназначено для искренних искателей Истины, для тех, к кому Иисус обращался: «Будьте мудры, как змии, и просты, как голуби»[218].

Если мы следуем Пути Иисуса Христа, выполняем Его заповеди, то неужели мы забыли, что Иисус никого не связывал и, даже находясь на кресте, молился о своих истязателях: «Отче! Прости им, ибо не знают, что делают»[219].

Это и есть Путь, которому следовали все Посвящённые, Путь Самопожертвования, Самоотдачи, Самоотречения и Служения.

---

[218] Матф. 10:16.
[219] Лука 23:34.

Прометей – Люцифер?

«*То, что составляет часть наших душ, вечно*», – говорит Тэккерей; *и что может быть ближе нашим Душам, нежели то, что совершилось на заре наших жизней? Эти жизни бесчисленны, но Душа или Дух, оживотворяющий нас на протяжении этих мириад существований, является одним и тем же; хотя «большая книга» физического мозга может забыть события в пределах одной земной жизни, но сумма совокупных воспоминаний никогда не может покинуть Божественную Душу внутри нас. Шепот ее может быть слишком нежен, звук ее слов слишком далек от плана, улавливаемого нашими физическими чувствами, тем не менее, тень событий, имевших место, так же как и тень событий грядущих, находится в пределах ее познавательных способностей и вечно стоит перед ее умственным взором.*

Может быть, именно этот голос души говорит тем, кто верит в предания более, нежели в написанную историю, что все ниже написанное есть истина и относится к доисторическим фактам»[220].

---

[220] Тайная Доктрина. – С. 491.

Легенда о Прометее была записана и поставлена на греческой сцене Эсхилом, который, будучи Посвящённым, хорошо знал, о чём он писал. Эсхил лишь повторил в драматической форме то, что открывалось жрецам во время мистерий. Как предполагается, за раскрытие таинств он был приговорён к побитию камнями насмерть. Однако сам этот миф древнее эллинов и принадлежит заре человеческого сознания.

«Полубог похищает у Богов (Элохимов) их тайну – тайну Творящего Огня. За эту святотатственную попытку он сражен Кроносом[221] и выдан Зевсу, Отцу и Создателю человечества, который хотел, чтобы оно оставалось умственно слепым и животноподобным; Зевс, личное Божество, не желающее видеть человека «подобно одному из нас». Потому Прометей, «Огонь и Свет-дающий» прикован к горе Кавказа и осужден на страдания»[222].

Конечно, речь в легенде идёт не о физическом огне. *«Ибо огонь никогда не был открыт, но существовал на Земле с самого начала»[223].*

Речь идёт о Творящем Огне, огне Разума, который используется в искусстве и творчестве, а также при деторождении. Речь идёт о том огне, который принесли Земле Владыки Мудрости. *«Распятый Титан есть олицетворенный символ коллективного Логоса, «Воинства» и «Владык Мудрости» или Небесного Человека, воплотившихся в человечество»[224].*

---

[221] Кронос означает Время, и, таким образом, аллегория становится весьма изобразительной.

[222] Тайная Доктрина. – С. 479.

[223] Там же. – С. 607.

[224] Там же. – С. 479.

«Наши Спасители, Агнишватта и другие «Сыны Пламени Мудрости» – олицетворенные греками в Прометее[225] – могут оставаться непризнанными и в забвении в силу несправедливости человеческого сердца. Они могут, из-за нашего неведения истины, быть косвенно проклинаемы за дар Пандоры; но оказаться возвещенными и утвержденными устами священства как Злобные Существа слишком тяжкая Карма для «Него», кто, когда Зевс «яро желал» погубить всю человеческую расу», «дерзнул один» спасти эту «смертную расу» от гибели»[226].

Если вы внимательно прочитаете сноску 225, вы увидите, что стоял вопрос о ликвидации человечества как неудавшегося. Не напоминает ли это то, о чём говорится в диктовке Санат Кумары «Открытие седьмой печати» (см. раздел «Открытие седьмой печати. II Диспенсация дарована»):

---

[225] В книге Анны Суонуик *«Драмы Эсхила»* сказано о «Закованном Прометее» («Классич. библиот. в Боне». – С. 334), что Прометей действительно представлен как «подвижник и благодетель человечества, положение которого описано слабым и бедственным до крайности... Зевс, как сказано, предложил уничтожить этих жалких эфемерных существ и населить Землю вместо них новою расою». В Станцах мы видим, что Владыки Бытия поступили так же и уничтожили первые произведения Природы и Моря. Прометей *является* нарушителем этого замысла, и, вследствие этого, он должен был принять на себя ради спасения смертных самые ужасные муки, на которые он был осужден неумолимой жестокостью Зевса. Таким образом, мы видим Титана, символа конечного разума и свободной воли (человеческого интеллекта или высшего аспекта Манаса), представленного как *высочайшего филантропа*, тогда как Зевс, «Высочайшее Божество» Эллады, изображен в виде жестокого и неумолимого деспота, характер особенно неприемлемый для чувств афинян. Причина этого объяснена в дальнейшем. «Высочайшее Божество» вмещает в каждом древнем Пантеоне – включая и пантеон евреев – *двойственный* характер, состоящий из Света и Тени (сноска скопирована из «Тайной Доктрины»).

[226] Тайная Доктрина. – С. 477.

«Итак, свет угас в храмах, и цель, с которой Бог создал человека, – быть храмом Бога живого – более не исполнялась. Все до одного стали живыми мертвецами, материальными сосудами без одушевляющего их света, пустыми оболочками. Нигде на Земле не было школы таинств – ни чела, ни Гуру, не было посвященных на пути посвящений Христобытия.

Час суда настал, и сидящий на престоле в центре двенадцати раз по двенадцать иерархий света изрек слово, которое было единогласным решением всех: «Пусть Земля и ее эволюции будут свернуты, как свиток, и сгорят в священном огне, подобно тонкой свече. Пусть все искаженные энергии будут возвращены в Великое Центральное Солнце для переполяризации. Пусть неверно употребленная энергия будет вновь приведена в сонастрой со светом Альфы и Омеги и перезаряжена, чтобы Творец снова направил ее на непрерывное созидание миров бесконечных».

Каково же было требование Закона для спасения Терры? Закон требовал, чтобы кто-нибудь присутствовал в физической октаве как воплощенный Гуру, как Агнец, и удерживал равновесие, и хранил трехлепестковое пламя Жизни на благо каждой живой души. Закон Единого таков: медитация одного на Вечном Христе может засчитываться многим до тех пор, пока эти многие снова не примут на себя ответственность за свои слова и дела и не смогут взяться сами нести и свою ношу света, и карму добра и зла.

Я решил быть тем одним. Ради Земли и ее эволюции я вызвался быть пламенным сыном праведности».

Вот так из разных источников складывается картина так называемого «бунта ангелов». «Бунта», произошедшего в полном соответствии с Космическим Законом. За всё в материальной вселенной надо платить. За спасение человечества также надо платить. Кто-то должен был принести себя в жертву.

И, действительно, достаточно жестоко, когда человечество в течение многих веков поливает своего Спасителя грязью. Ситуация складывается более чем несправедливая. Получив возможность продолжать жить, получив Разум и Огонь Творчества, человечество искажает свою творческую способность веками и во всех своих грехах и бедах обвиняет своего Спасителя. И первый грех, в котором человечество обвиняет своего Спасителя, – гордыня. Собственно, каждый склонен видеть в другом свои собственные недостатки. Только наблюдая мир сквозь призму своего искажённого несовершенного сознания, человек может обвинить, например, Иисуса в том, что Он позволил распять себя, желая прославиться.

А Спаситель смиренно принимает на себя распятие за грехи человечества и несёт эту ношу в течение миллионов лет. И если, как говорил Шекспир, «распалась связь времён», она должна быть восстановлена. Рано или поздно справедливость восторжествует.

«Но вместе с искусствами полученный «огонь» превратился в величайшее проклятие; животное начало и сознание обладания им изменили временный инстинкт в хронический анимализм и чувственность[227]. Именно это висит над человечеством наподобие тяжкого погребального покрова. Таким образом, возникла ответственность за свободу воли; титанические страсти, изображающие человечество в его самом мрачном аспекте:

«Мятежная ненасытность низменных страстей и вожделений, когда с самомнительной наглостью бросили они вызов стеснениям закона»[228].

---

[227] Животный мир, руководимый лишь инстинктом, имеет свои периоды размножения, в остальное время года пол нейтрализуется. Потому свободное животное знает болезнь лишь однажды в течение своей жизни, именно перед смертью.
[228] Введение к *«Закованному Прометею»* (цит. по книге «Тайная Доктрина»).

Прометей одарил человека в сочинении Платона «Протагор» тою «мудростью, которая дает физическое благосостояние», но так как низший аспект Манаса животного (Кама) остался неизменным, то, вместо «незапятнанного ума, первого дара небес», был создан вечный коршун постоянно неудовлетворенного желания, сожаления и отчаяния в соединении с «мечтательною слабостью, сковывающей слепую расу смертных» до того дня, когда Прометей будет освобожден Геркулесом, назначенным ему Небом спасителем»[229].

«Это, как говорят браминские и буддийские легенды, отзвучащие и в учении Зороастра и ныне в христианстве (в последнем лишь иногда), произойдет в конце Кали Юги. И только после появления Калки Аватара или Сошиох'а человек будет рождаться от женщин без греха. Тогда Брама, индусское Божество, Ахура Мазда (Ормазд) зороастриан, Зевс, греко-олимпийский Дон Жуан, Иегова, ревнивый, жестокий племенной Бог израильтян и все подобия их во всемирном Пантеоне человеческой фантазии – исчезнут и растворятся в воздухе. Вместе с ними исчезнут и тени их, темные аспекты всех этих Божеств, всегда изображаемые в виде их братьев-«близнецов» и тварей в экзотерических легендах – и как их собственные отображения на Земле в Эзотерической Философии. Ариманы и Тифоны, Самаэли и Сатаны – все будут низвергнуты с их престолов в тот день, когда каждая темная, злобная страсть будет укрощена.

Существует единый Вечный Закон в Природе, единый, который всегда устремляется к уравновешиванию противоречий для установления конечной гармонии. Именно благодаря этому Закону духовного развития, которое заменит

---

[229] Тайная Доктрина. – С. 478.

развитие физическое и чисто умственное, человечество освободится от своих ложных Богов и увидит себя, наконец, – Само-искупленным.

В своем конечном откровении древний миф Прометея, прото- и антиобразы которого встречаются во всех древних Теогониях, находится в каждой из них при самом зарождении физического зла, ибо он стоит на пороге человеческой жизни. Кронос есть «Время», первый закон которого, чтобы порядок последовательных и гармонических фаз в процессе эволюции, во время развития цикла, придерживался бы точно – под страхом суровой кары за ненормальный рост со всеми происходящими от этого последствиями. В программу естественного развития не входило, чтобы человек – хотя он и является высшим животным – стал бы сразу умственно, духовно и психически тем Полубогом, каким он является на Земле, тогда как его физическое строение оставалось бы слабым, беспомощным и эфирообразным по сравнению с почти любым огромным млекопитающим. Контраст слишком нелеп и груб; святилище слишком недостойно Бога, в нем обитающего. Таким образом, дар Прометея стал Проклятием – хотя это было известно наперед и предусмотрено Воинством, олицетворенным в этом облике, как ясно доказывает имя его[230]. Именно в этом заключается одновременно его грех и его искупление. Ибо Воинство, которое воплотилось в часть человечества, хотя и было направлено к этому Кармою или Немезидою, предпочло свободу воли пассивному рабству, разумное и самоосознанное страдание и даже мучение «на протяжении мириад времен» врожденному, бессмыслен-

---

[230] «...как показывает имя его *(Pro-me-theus)* «тот, кто видит перед собою» или «будущее» (сноска скопирована из «Тайной Доктрины»).

ному, инстинктивному блаженству. Зная, что такое воплощение было преждевременным и не входило в программу Природы, Небесное Воинство, «Прометей», все же пожертвовало собою, чтобы облагодетельствовать этим хотя бы часть человечества[231]. Но, спасая человека от умственной темноты, они возложили на него мучения осознания его ответственности – результат его свободной воли – кроме всех прочих страданий, составляющих наследие каждого смертного человека во плоти. Это мучение Прометей принял на себя, ибо с этого времени Воинство слилось со святилищем, приготовленным для них и которое еще не было закончено в этот период образования.

И так как духовная эволюция не была в состоянии следовать в ритм с физической, раз однородность ее была нарушена примесью, то дар этот стал, таким образом, главною причиною, если и не единым началом Зла[232]...

...В случае Прометея, Зевс олицетворяет собою Воинство Первоначальных Прародителей, Питара, «Отцов», ко-

---

[231] Человечество ясно делится на Богом-вдохновленных людей и на низшие существа. Разница в умственных способностях между арийскими и другими цивилизованными народами и такими дикарями, как, например, островитяне Южного моря, необъяснима никакими другими причинами. Никакое количество культуры, никакое число поколений, воспитанных среди цивилизации, не могло бы поднять такие человеческие образцы, как бушмены и веддха с Цейлона и некоторые племена Африки, на тот умственный уровень, на котором стоят арийцы, семиты и так называемые туранцы. «Священная Искра» отсутствует в них, и лишь они являются сейчас единственными *низшими* расами на этой Планете, и по счастью, – благодаря мудрому уравновесию Природы, которая постоянно работает в этом направлении – они быстро вымирают. Истинно человечество «от единой крови», *но не от одного естества*. Мы есть тепличные, искусственные, ускоренные в росте своем растения в Природе, неся в себе искру, которая в них находится в латентном состоянии (сноска скопирована из «Тайной Доктрины»).

[232] Философская точка зрения в индусской метафизике устанавливает Корень Зла в дифференциации Однородного в Разнородное, Единства во Множество.

торые создали человека бесчувственным и без рассудка; тогда как Божественный Титан представляет Духовных Творцов, Дэв, которые «пали» в рождение. Первые духовно ниже, но физически сильнее, нежели «Прометейцы»; потому последние изображаются побежденными. «Низшее Воинство, труд которого Титан испортил и, таким образом, разбил планы Зевса», находилось на этой Земле в своей собственной сфере и плане действий; тогда как высшее Воинство было изгнанником с Неба, которое запуталось в сетях Материи. Низшее Воинство обладало всеми космическими и низшими Титаническими Силами; высший Титан владел лишь Огнем Разума и Духа. Эту драму борьбы Прометея с Олимпийским тираном и деспотом, чувственным Зевсом, можно наблюдать ежедневно разыгрывающуюся среди нашего настоящего человечества; низшие страсти приковывают высшие устремления к скале Материи, чтобы, во многих случаях, породить коршуна горя, страдания и раскаяния»[233].

«Человек станет вновь свободным Титаном древних времен, но не прежде чем эволюция Цикла восстановит нарушенную гармонию между двумя естествами – земным и божественным; после чего он сделается непроницаемым для низших Титанических Сил, неуязвимым в своей Личности и бессмертным в своей Индивидуальности – но это не может произойти, прежде чем не будет уничтожен всякий животный элемент из его природы. Когда человек поймет, что «Deus non fecit mortem»[234], *но что сам человек создал это, он вновь станет Прометеем до его падения»*[235].

---

[233] Тайная Доктрина. – С. 486–489.
[234] Бог не создавал зла.
[235] Тайная Доктрина. – С. 489.

«И все же даже если бы целые тома были написаны, это было бы бесцельно для тех, кто не хочет ни видеть, ни слышать иначе, как через уши и глаза своих соответственных авторитетов»[236].

Заключение

Цель этой публикации была только одна – провозгласить Истину.

ИСТИНА ДОЛЖНА БЫТЬ ВОЗВЕЩЕНА.

Доброе имя Светоносца, Люцифера, должно быть восстановлено.

---

[236] Тайная Доктрина. – С. 474.

2.

Микушина Т.Н.

Добро и Зло

Послания Владык Мудрости

Предисловие

Во второй части книги содержатся избранные Послания из «Книги Мудрости»[237], касающиеся темы Добра и Зла. Послания дополняют и углубляют содержание первой части.

Послания принадлежат разным Владыкам Мудрости и построены в той хронологической последовательности, как они давались через Татьяну Николаевну Микушину.

От редакции

---

[237] Книга Мудрости. Послания Владык / Т.Н. Микушина. – Омск: Издательский Дом «СириуС», 2018. – 1184 с.

Ваша планета вступает в цикл, ведущий к сворачиванию иллюзии

Возлюбленный Серапис Бей
29 марта 2005 года

Я ЕСМЬ Серапис, Я ЕСМЬ пришедший.

Создание этой Вселенной и её развитие связано с преодолением тысяч препятствий. И эти препятствия порождаются взаимодействием двух основных сил, действующих в этой Вселенной. Изначально чистый Божественный Замысел в момент начала дифференциации, проявления испытывает сопротивление со стороны сил, пребывающих в покое вечного блаженства. Эти силы препятствуют началу проявления Вселенной. Они медлят выйти из первозданного покоя блаженства. Точно так же, как вы медлите пробуждаться утром от сна, особенно если ваш сон был сладок, как в детстве.

Проходит время, и Вселенная начинает испытывать сопротивление со стороны сил, которые не желают возвращения к первозданному покою. Это похоже на то, как человек слишком погрузился в проблемы дня и не торопится погрузиться в сон.

Но точно так же, как неминуемо чередуется день и ночь, период бодрствования и период сна, эта Вселенная имеет свой день, своё бодрствование и свой покой, отдых.

Всё подвержено своим циклам. И циклам внутри циклов.

Ваша планета вступает в цикл, ведущий к сворачиванию иллюзии. Однако человеческие существа так погрузились в эту проявленную иллюзию, что сопротивляются установленному порядку.

В вас есть бессмертная часть, ваша Высшая часть. И в вас есть смертная часть, ваши четыре низших тела. Ваша Высшая часть подчиняется Божественному Закону, потому что на всём протяжении странствования вас как индивидуальности в этом проявленном мире эта часть вас самих никогда не теряла связи с Творцом. Ваша низшая часть на определённом этапе эволюционного развития утратила своё чувство единства с Творцом этой Вселенной и чувство своего единства со всем мирозданием.

Она пожелала жить своей отдельной жизнью и заблудилась в джунглях иллюзии. И как бы долго ни продолжалось странствование души по просторам космоса, наступает момент, когда она должна вернуться из иллюзорного мира в Реальный Мир Бога. Вот этот этап сейчас наступил. Этап отказа от иллюзии и этап возврата в Реальный Мир.

Поэтому вам дан проводник, ваш Ангел-Хранитель, ваше Святое Я Христа. И этот проводник должен вывести вас на верный Путь, Путь возвращения в Царство Отца.

Всё внешнее учение, которое мы даём через этого Посланника или любого другого нашего Посланника, имеет целью именно установить связь с той частью вас самих, которая помнит, кто вы есть. И чем более прочной будет ваша связь с вашей реальной частью вас самих, тем более быстрым для вашей индивидуальности будет путь возврата Домой.

Все истинные посвящения, которые я давал моим ученикам и которые дают своим Ученикам другие Владыки, направлены именно на то, чтобы преодолеть сопротивление иллюзорной

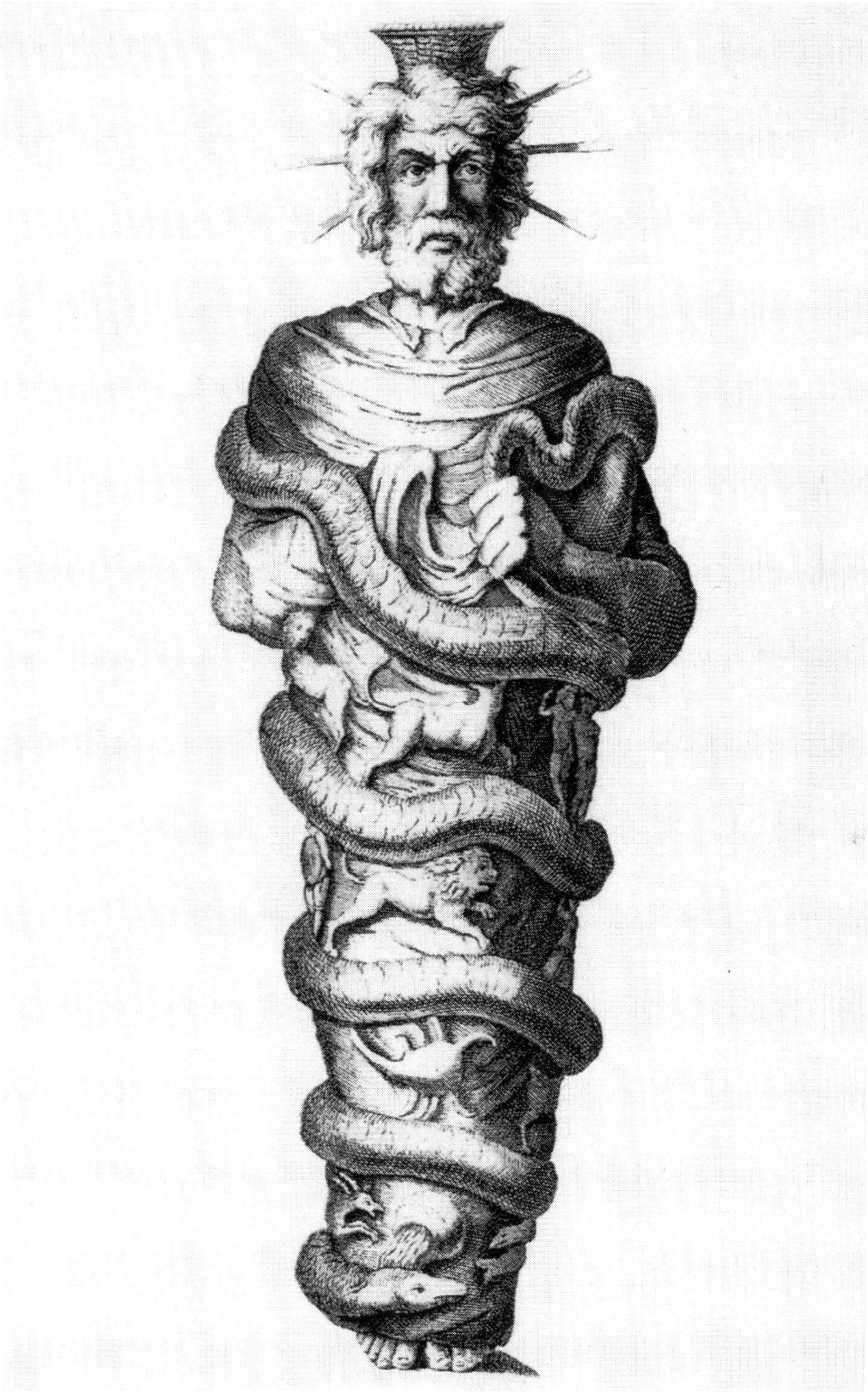

части вас самих и вывести вас на контакт с вашей бессмертной частью.

И те из вас, кто посещал мою Обитель, мой Храм в Луксоре, должны вспомнить сейчас о тех знаниях, которые они получили в моём Храме.

Я строгий учитель, и я требую чрезвычайной дисциплины от моих учеников. Потому что если ученик не подчиняется избранному им самим Учителю, то такой ученик не имеет права проходить обучение под нашим руководством.

Веление времени таково, что ваше обучение и ваши посвящения проходят в обычной жизни. Вам не требуется ехать на край света к заморскому учителю, чтобы получить необходимые вам знания. Веление времени таково, что вы получаете все необходимые вам знания в том месте, где вы проживаете. Вы проходите посвящения в вашей обычной жизни. И мы используем обстоятельства вашей жизни, чтобы дать вашей душе именно те посвящения, в которых она более всего нуждается.

И вы получаете знания во время периода ночного сна, неосознанно или вполне сознательно посещая наши Обители и проходя обучение во сне.

Ваши души поистине трудятся день и ночь не покладая рук.

И я не говорю здесь о тех душах, которые отлынивают от обучения, предпочитают тратить время ночного сна не для собственного просвещения, а, посещая слои астрального плана и продолжая во сне получать те же иллюзорные удовольствия и наслаждения, к которым они стремятся, находясь в физическом мире.

Я не хочу пугать этих нерадивых индивидуумов, но всё, что не укладывается в планы Бога, не сможет продолжить своё существование в Новом Мире. Не потому что Бог жесток и стремится наказать вас. Нет, вы сами обрекаете себя на небытие, так как не сможете существовать в более тонком мире, которым со временем должна стать ваша планета, как и другие планеты во Вселенной. Жизнь постепенно будет перенесена на более тонкий план. Конечно, это займёт много миллионов лет. И те, кто не сможет приспособиться к жизни на более тонком плане, будут сметены ветром космических перемен.

Поэтому в этих диктовках вам даётся импульс, нацеливающий вас на перемещение центра вашего существа на более тонкий план.

Поднимаясь в своём сознании на более тонкий уровень, возвышая свои вибрации, вы как бы подтягиваете всю планету на свой уровень.

Я даю вам образ альпиниста, который карабкается на отвесную горную вершину, представляющую собой Вершину Божественного Сознания, и тянет за собой на тросе всю планету. И чем больше будет таких альпинистов, штурмующих Вершину Божественного Сознания, тем быстрее и безболезненнее пройдёт процесс повышения уровня вибраций этой планеты, процесс перехода на новый уровень развития.

Я должен вам сказать о таком явлении, как прорыв плотины. Если Божественная Энергия, которая даётся на преобразование этого мира, встречает сопротивление со стороны подавляющего большинства индивидуумов, населяющих эту планету, сознание которых в данном случае может быть уподоблено плотине на пути вод Божественного обновления и преобразования, то рано или поздно прибывающая вода прорвёт плотину, и вода сметёт на своём пути всё, что сопротивляется ей.

Поэтому только ваше сознание является тем, что препятствует Божественному обновлению. И чем более быстро вы измените своё сознание, тем меньше катаклизмов ожидает вашу планету в будущем.

И каждый раз, когда вы не можете справиться с каким-то блоком в вашем сознании, каждый раз, когда вы ленитесь выполнять требования, которые мы предъявляем своим ученикам, вы должны помнить о той громаде воды, которая в любой момент может обрушиться на Землю и смести всё, что сопротивляется Божественному Закону.

Я рассказал вам о потребности часа.

И я хочу в заключение дать вам наставление о том, как преодолеть сопротивление своего собственного сознания максимально эффективно.

Когда вы отходите ко сну, вспоминайте, что вам необходимо посетить Священные Обители, расположенные в эфирных Октавах Света. Последняя ваша мысль перед отходом ко сну, перед тем как ваше сознание оставит вас, должна быть мысль посетить наши Священнообители и желание, чтобы полученное вами в наших Священнообителях знание было донесено до вашего внешнего сознания в течение следующего дня.

Не пренебрегайте этой нашей помощью и этой возможностью, предоставляемой вам Вознесёнными Сонмами.

А сейчас я прощаюсь с вами, но надеюсь на встречу с каждым из вас в моей Священнообители над Луксором.

Я ЕСМЬ Серапис Бей.

Плотский ум должен уступить место Божественному разуму

Возлюбленный Заратустра
30 марта 2005 года

Я ЕСМЬ Заратустра, пришедший через этого Посланника. Огненность – основное моё качество. Огонь – моя стихия!

Преломление Учений, которые мы даём, происходит при соприкосновении огненных вибраций, присущих нашему миру, с вибрациями физического плана планеты Земля.

Но огонь, содержащийся в моих словах, вы можете почувствовать даже сквозь миры.

Я пришёл!

Состояние огненного мира слишком отличается от состояния вашего мира, и образы нашего мира могут непривычно восприниматься вашим сознанием. Мы говорим на языке пламени, и преобразование наших вибраций на земной язык не может передать всю полноту содержащейся в них информации. Однако суть, основа сообщения передаётся достаточно полно.

Мой приход к вам сегодня обусловлен желанием дать вам небольшое Учение. Я давал это Учение моим ученикам в то время, когда находился в воплощении на Земле много тысяч лет на-

зад. Однако ценность этого Учения до сих пор не изменилась. Мало того, я скажу вам, что очень мало людей на Земле смогло усвоить это Учение во всей полноте.

Когда совершенный Дух сходит в плотный физический мир, а это происходит тогда, когда Высокие космические Духи, достигшие определённой степени достижений на протяжении предшествующих манвантар, в соответствии с Космическим Законом должны вновь сойти в воплощение, то при столкновении с плотной развитой материей происходят те вещи, о которых я должен вам рассказать.

Возможно, вы слышали в каких-либо других учениях или читали в каких-либо книгах, что человек с самого начала, как он был сотворён по образу и подобию Божьему, имел Высшую бессмертную часть, никогда не забывающую о своём единстве с Творцом, и низшую часть, которая за многие миллионы лет воплощения на планете утратила чувство единства с Творцом и утеряла связь со своей Высшей частью.

Однако в истории развития человечества был момент, когда его развитие было признано тупиковым и бесполезным. Человеческие существа были подобны животным и только по своей внешней форме напоминали человека. Так случилось, что низшие создатели формы не смогли передать человеку того огня, который присущ человеческим существам и делает их подобными Богу. Это огонь разума, искра Божественности, которая должна присутствовать в человеческом существе.

Многие миллионы лет назад эволюция Земли должна была прекратиться как неудавшаяся. И спасти положение вызвались Высокие Духи, пребывающие в состоянии блаженства, или нирваны, со времени предыдущих манвантар. Эти Духи должны были сойти в высокоорганизованную материю и придать ей присущее им качество, свойство огня, пламени, мудрости.

Они сошли. Они сошли в тела людей, которые были животными по своей сути. И сообщили людям присущее им самим качество огня. И глаза людей осветились огнём разума. И люди поняли, что они отличаются от животных. Таким образом, каждый человек получил внутрь себя семя, искру, огонь от высокодуховных Существ, которые спустились в материю из Высших сфер огня.

Каждый Высокий Дух дал частицу своего огня многим человеческим существам.

И каждый получил наделение разумом в соответствии со степенью и уровнем своего развития.

Это было падение в зарождение Высших Духов, или Ангелов. Они сошли частично под влиянием Космического Закона, частично руководствуясь собственным побуждением спасти человечество Земли от уничтожения. Поскольку лишённое разума человечество не могло соответствовать Божественной цели, с которой оно было создано.

Изъян в человеке удалось исправить жертвой со стороны этих Высоких Существ, которые пожертвовали своим нирваническим покоем, чтобы сойти и помочь.

Они сошли и наделили людей разумом и частью собственных свойств, которые являлись лишь бледным отражением их прежних заслуг в прошлых манвантарах.

И что человечество? Человечество стало разумным. И оно получило право действовать в соответствии со своей свободной волей. Так, как разум каждого велел.

И когда люди осознали, что они подобны Богам, то они начали вести себя как Боги. Они начали вести себя так, как, они думали, должны вести себя Боги.

Они хотели пребывать в блаженстве и удовольствиях, они хотели получать все доступные им виды наслаждений в этом физическом мире.

Разум человека, когда он сталкивается с проявленным плотным миром, носит двойственный характер. Именно потому, что те качества Богов, которые существуют в Божественном Мире, на плане иллюзии превращаются в свою полную противоположность.

В этом заключается парадокс проявленного мира. И в этом заключается замысел Бога для проявленного мира.

Когда ум начинает действовать в условиях материального мира, он вынужден использовать плотную материю в качестве предмета, к которому он прилагает свои способности. И когда ум начинает прикладывать свои способности к плотной материи, помня о Божественном Мире, он пытается ввести Законы Божественного Мира в плотный мир. А поскольку материя имеет очень низкие вибрации, то любое качество ума, применяемое в физическом мире, может приводить к созданию противоположности тому качеству, которое было бы создано в результате подобных усилий в тонком мире, в мире огненном.

Вот тут тайна. Когда Высокий Дух попадает из огненных сфер в низшие миры и продолжает использовать качества ума, присущие огненному миру, в материи, то результат воздействия на материю не всегда будет соответствовать Божественному замыслу именно из-за плотности самой материи.

Миллионы лет назад каждый из вас, кто читает эти строки, был наделён искрой Божественного разума благодаря схождению в вас части Высоких Духов, пришедших наделить вас разумом.

И каждый из вас имеет внутри себя частицу этих Владык, называемых в разных учениях по-разному: Владыками Мудрости, Вознесёнными Владыками или Владыками Шамбалы.

Семь Великих Духов сошли. Каждый дал частицу себя миллионам душ людей.

И люди получили возможность жить и развиваться. И каждый из людей получил внутрь себя частицу Высокой Души, которая стала его внутренним учителем, его Ангелом-Хранителем, или Я Христа.

И теперь нельзя различить, где заканчивается животная часть человека, а где начинается его духовное начало.

И человек постоянно вынужден бороться со своей животной природой и постоянно устремляться к Духу. Но рано или поздно наступит день, когда человек победит животное внутри него самого, победит свои страсти, победит своё эго и даст возможность Духу принять полное господство над собой. И человек не будет более низшим человеком, смесью животного и человека. Зверь будет усмирён, и человек станет подобен Богу.

Искра разума, горящая в храме каждого человека, тлеет сейчас, а у многих близка к угасанию или погасла.

Поэтому для возгорания этой искры даётся Учение, даются наставления.

Животный человек должен уступить место Божественному человеку. Тленный человек должен уступить место нетленному.

Плотский ум должен уступить место Божественному разуму.

И это произойдёт. Потому что искра и пламя в вас не дадут вам покоя до тех пор, пока этого не произойдёт. Вы будете метаться, вы будете искать. Вы будете стремиться найти в физическом мире то состояние нирваны, которое помнит частица Высших Существ в вас. Вы будете искать это состояние повсюду на Земле. И вы не найдёте его на физическом плане.

И вот тогда, когда вы поймёте, что ничто в этом мире больше не привлекает вас, когда вы откажетесь от любой привязанности к этому миру, вот тогда вы обретёте истинную нирвану и возможность получить блаженство в единении с Высшей частью вас самих и через неё с Творцом этой Вселенной.

А до тех пор вы будете бороться, вы будете страдать, вы будете метаться, и вы будете искать.

И вы найдёте свой Исток, свою Победу и своё Блаженство.

И тогда частицы Высших Существ, которые пребывают в вас, получат возможность слиться воедино, и они тоже получат свободу от оков материи, сковывающей их миллионы лет.

Я дал вам Учение, которое я давал моим ученикам тысячи лет назад. Пришли другие религии, пришли другие учения. Но вот сейчас наступило время вернуть вам знание о вашей истории. И это знание поможет вам по-другому взглянуть на самих себя и на ту борьбу, которая происходит в вашем мире.

Я ЕСМЬ Заратустра,
и я стою в пламени Единства.

Наступило время нового Исхода, который вы должны совершить в своём сознании

Моисей
1 апреля 2005 года

Я ЕСМЬ Моисей, пришедший через этого Посланника.
Я ЕСМЬ пришедший!

Со времени тех событий, которые описаны в Библии как Исход евреев из Египта, прошли многие сотни тысячелетий. И на самом деле я воплощался на Земле с миссией вывести Пятую Коренную арийскую Расу с материка Атлантиды на материк Евразия, тогда недавно сформированный. Гораздо позже эти события были преобразованы и трансформированы в легендах и сказаниях разных народов и дошли до современных читателей в том виде, как они изложены в Библии.

Но эти события гораздо более древние.

Мы находились на враждующем материке. Шла непрерывная война между теми, кто сохранил в своих сердцах преданность Богу, и теми, кто, помня о своём Истоке, всё же поддался искушениям иллюзорного мира и использовал свои способности для получения выгод в этом мире.

Всё было точно так же, как в ваши дни.

Были люди, которые сохранили в себе искру Божественности, и были те, кто принял решение использовать Божественную энергию для утверждения собственной власти и могущества.

Всё было точно так же, как сейчас. Очень немногие люди, принадлежащие к новой Расе, выросшей в недрах старой Расы атлантов, были готовы подняться на следующую ступень эволюционного развития.

Я воплотился на Земле, и передо мной стояла задача отделить этот избранный народ, семя будущей Расы, от погрязшей в грехе Расы атлантов, вывести этот народ в Землю Обетованную, с тем чтобы материк, на котором царил грех, был уничтожен водами, сметён с лица Земли вместе с непокорными, нежелающими покориться Воле Бога атлантами.

Я собрал людей, которые поверили мне, и повёл их в новую Землю на Восток.

Эти люди должны были забыть само пребывание на Земле греха. Я дал им новый Закон, записанный на скрижалях, Закон, который был понятен и утверждал основные принципы, необходимые для развития новой человеческой Расы.

Каково же было негодование и гнев, когда однажды вернувшись после моего общения с Богом, я увидел мой народ пляшущим перед Золотым тельцом и поклоняющимся внешнему Богу, отлитому им в форме, вместо поклонения Богу, находящемуся внутри них.

Я испытал столь сильный гнев, что разбил скрижали, на которых был записан Закон. И я распорядился наказать виновных так строго, чтобы века после этого люди помнили и остерегались следовать по пути поклонения внешним Богам.

Это было чрезвычайно жестокое наказание[238], но я отчаялся. Я не знал, как ещё по-другому можно было воздействовать на сознание этих полудиких людей.

И это было большим грехом с моей стороны. Я применил силу и силой пытался заставить этих людей уверовать в истинного Бога.

Однако Закон Кармы не был мной нарушен. Было другое время, и моё желание возвысить сознание этих людей до своего уровня было искренне. Немногие знают, что в той же жизни я понёс наказание за свой поступок. Я был убит собственным народом. Закон Кармы был удовлетворён.

А люди получили самое лучшее наставление, которое соответствовало уровню их сознания в то время.

---

[238] Моисей имеет в виду следующее событие, описанное в Библии: «Исход», глава 32.

«15. И обратился и сошел Моисей с горы; в руке его были две скрижали откровения [каменные], на которых написано было с обеих сторон: и на той и на другой стороне написано было;

16. скрижали были дело Божие, и письмена, начертанные на скрижалях, были письмена Божии.

19. Когда же он приблизился к стану и увидел тельца и пляски, тогда он воспламенился гневом и бросил из рук своих скрижали и разбил их под горою;

20. и взял тельца, которого они сделали, и сжег его в огне, и стер в прах, и рассыпал по воде, и дал ее пить сынам Израилевым.

26. И стал Моисей в воротах стана и сказал: кто Господень, [иди] ко мне! И собрались к нему все сыны Левиины.

27. И он сказал им: так говорит Господь Бог Израилев: возложите каждый свой меч на бедро свое, пройдите по стану от ворот до ворот и обратно и убивайте каждый брата своего, каждый друга своего, каждый ближнего своего.

28. И сделали сыны Левиины по слову Моисея: и пало в тот день из народа около трех тысяч человек».

Многие сотни тысячелетий спустя продолжается эта борьба на физическом плане планеты Земля. Люди убивают друг друга, как иноверцев. Многие продолжают испытывать состояние ненависти и вражды к каждому, имеющему другие религиозные или нравственные убеждения, имеющему даже другой цвет кожи и другие обычаи.

Вся история развития человечества представляет собой непрерывные войны и борьбу за власть, контроль и богатства этого мира.

Непрерывная череда убийств, насилий, войн, бедствий, страданий.

Я не был слишком жесток по отношению к своему народу в своём желании дать им урок. Я действовал в рамках того уровня сознания, которое имел мой народ. Именно поэтому я говорю, что Закон Кармы не был нарушен мной.

И если бы я пытался учить мой народ в то время так, как многие сотни тысячелетий спустя учили своих учеников Будда, Христос, Зороастр, то вряд ли я нашёл хотя бы нескольких человек, последовавших за мной.

Было жестокое время, и применяемое мной насилие было оправдано.

И вот пришёл другой цикл. Сознание человечества должно вновь быть возвышено на следующий уровень эволюционного развития. И точно так же, как во времена смены Четвёртой Расы Пятой Расой, идёт непрерывная вражда и войны.

Но эти войны приобрели ещё более разрушительный характер. Жертвой последней мировой войны стали десятки миллионов человек, и благодаря современным средствам коммуникации в любой создавшийся конфликт оказываются мгновенно втянутыми все страны.

Мир стал похож на пороховую бочку, когда достаточно одной искры, чтобы вся планета была разорвана на куски.

В этих условиях на первое место выходит отказ от проявления насилия в любом виде. И прежде всего вы должны отказаться от насилия в своём сознании.

Точно так же, как ночь темна перед рассветом, точно так же эти последние глобальные войны с их многомиллионными жертвами должны безвозвратно кануть в прошлое. Земля не способна больше выдержать ни одной глобальной войны. Поэтому я пришёл дать вам это Учение о ненасилии и о неприменении насилия.

Существовал определённый цикл в развитии человечества, который занимал многие сотни тысяч лет, во время которого было допустимо применять насилие. И кармическая ответственность даже при убийстве во время войн и конфликтов не была столь тяжёлой, какова она становится в ваше время.

И сейчас я должен вам сказать, что в соответствии с новым этапом космического развития для вашей планеты наступает период, когда вы приобретаете кармический долг не только когда совершаете физическое убийство, но даже тогда, когда пытаетесь мысленно в своём сознании уничтожить своих врагов.

Наступило время нового Исхода. Исхода для новой человеческой Расы, которая уже пришла и продолжает приходить в воплощение на смену старой Пятой Коренной Расе.

И наступило время совершить Исход в своём сознании, отделиться в своём сознании от всего старого, отжившего.

Для людей новой Расы будет характерен прежде всего отказ от насилия в любой его форме. И это не значит, что насилие исчезнет с лица Земли в ближайшее время. Нет, точно так же, как потребовались многие годы, чтобы выросло несколько поколений людей, которые не помнили земли греха Атлантиды во время того Исхода, точно также потребуется смена многих поколений людей, прежде чем человечество станет способно отказаться от насилия и чувства борьбы прежде всего в своём сознании.

И будут целые территории, населённые людьми, обладающими новым сознанием, и будут территории, на которых будет преобладать старое сознание и старое мышление.

И постепенно территории, на которых будет преобладать старое мышление, будут одна за другой уходить под воду. И появятся новые земли, на которых будут селиться люди, принадлежащие к новой Расе. И отличие этих людей от той Расы, которая живёт ныне, будет пока только одно – совершенно новый уровень сознания этой Расы и неприемлемость для этой Расы любого чувства борьбы и насилия.

Наступило время нового Исхода, который вы должны совершить в своём сознании.

И это новое сознание даст вам возможность в скором времени освободиться от большинства ваших привязанностей к старому миру и освободит вас в скором времени от оков самой плоти.

И не нужно будет никого наказывать из людей, которые упорствуют в своём нежелании следовать веяниям нового времени. Эти люди сами обрекают себя на наказание, а Мать-Земля позаботится об очищении самой себя от этих людей.

Я ЕСМЬ Моисей, и я вновь пришёл,
чтобы указать вам Путь вашего Исхода.

Два цикла изложены мной в Апокалипсисе. Цикл схождения в материю и цикл восхождения из материи

Иоанн Возлюбленный
4 апреля 2005 года

Я ЕСМЬ Иоанн Возлюбленный. Вы должны вспомнить меня. Я известен как человек, написавший Апокалипсис, Откровение Иоанна Возлюбленного.

Я написал то, что получил как откровение во время моих духовных прозрений на острове Патмос.

Я написал это в форме, которая позволила сообщить суть Откровения и в то же время завуалировать эту суть.

Многие люди пытались понять смысл моего Откровения, и им не дано было. Не потому что не написано, а потому что не понято.

Я использовал много символов и много значений одного и того же символа. Я использовал слова, имеющие разный смысл. Я использовал образы, которые имеют отрицательный смысл, но являются положительными, и я использовал хронологию, которая не поддаётся трактовке с помощью земной системы летоисчисления.

Потому что я говорил о событии, которое относится не к этой тысяче лет, и не к предшествующей тысяче лет, и не к будущей тысяче лет. Я говорил о событии, которое происходит на Земле за весь период развития жизни человека на Земле. И тысяча лет для человека имеет то же значение, что миллион лет, если мы будем рассматривать эту тысячу и этот миллион относительно срока жизни человека, то это одинаковые единицы по сравнению с менее чем 100 годами, которые живёт человек.

Я говорил о периоде развития человечества, и я имел в виду весь цикл существования человека в физическом теле.

Дракон и зверь имеют в моей аллегории разное значение. Дракон имеет смысл Добра, и зверь имеет смысл зла. Дракон сходит на Землю с Небес и в ярости преследует жену, которая зачала младенца мужеского пола.

Жена – это человечество. Дракон – это Божественная Мудрость, сошедшая в человека. Младенец – это плод этой Мудрости, Высшее Я человека, которое будет сокрыто тысячу лет и ещё сроки. Разумейте миллионы лет существования земного человечества. А в это время бушует зверь. Зверь, который представляет собой страсти человека, его эго.

Зверь должен быть повержен точно так же, как повержен был Дракон в начале времён с Небес и сошёл в материю, матерь, жену.

Два цикла изложены мной в Апокалипсисе. Цикл схождения в материю и цикл восхождения из материи.

И во время пребывания в материи проходят ещё семь циклов, которые обозначены звуками ангельских труб.

Каждый цикл приносит беды и несчастья, сквозь которые проходит человечество для того, чтобы освободиться от зверя, животного, которое слилось с человеком и мешает проявлению Божественной природы человека.

И все беды, и все несчастья, сквозь которые проходит человечество, необходимы ему для осознания своей Божественной природы, освобождения от зверя плотских желаний и плотского ума и возвышения своего сознания на уровень Божественной

Мудрости, которое символизируется схождением града четвероугольного в конце циклов.

Семь циклов символизируют семь Рас человеческих, и семь голов у дракона символизируют семь Рас человеческих.

И, пройдя эти семь циклов, человек должен очиститься от животного сознания и стать Божественным человеком.

Я дал аллегорию, символизирующую схождение в материю Высших Духов, и я дал аллегорию восхождения из материи этих Духов вместе с подъёмом сознания всего человечества. Мне очень жаль, что образы и символы, которые я применил, были не поняты и искажены.

И если вы прочитаете эту мою диктовку вместе с диктовками Моисея[239] и Заратустры[240], то смысл древней Истины откроется вам, тем из вас, кто желает узнать Истину, и тем из вас, кто готов к познанию этой Истины.

Много лет пройдёт, пока эта Истина овладеет умами многих людей. И много лет пройдёт, пока сознание многих приобретёт прозрачность хрусталя и способно будет пропускать через себя всю полноту Божественной Истины.

Сейчас же ваше сознание подобно мутному стеклу, вы смотрите через него и не можете разглядеть Истину, как ни стараетесь. Кто-то видит лишь общие контуры Истины, а кто-то вообще ничего не видит и вынужден полагаться на мнение тех, кто что-то видит.

А бывает так, что, сам ничего не видя, человек не может поверить тому, кто что-то видит, и обвиняет этого человека во лжи или завидует зрячему.

---

[239] См. диктовку Моисея от 1 апреля 2005 года, с. 206.

[240] См. диктовку Возлюбленного Заратустры от 30 марта 2005 года, с. 199.

Долго ещё зверь человеческого невежества будет владеть умами людей. И многие люди напоминают собой зверей и не слышат голос Разума ни в себе, ни в других, и только беды, несчастья и страдания способны научить этих людей быть людьми. И эти беды они сами призывают на себя тем, что они творят, своими действиями по отношению друг к другу, к природе и к самой Матери Земле.

Страшное время, в которое вы живёте. Самые тёмные страсти бушуют в людях. И не хотят они слышать голос Разума, и не хотят обернуться на Путь познания Божественной Истины.

И всё будет так, как я описал. И ни одна из чаш не минует людей.

Так было, и так будет.

Но рано или поздно циклы закончатся, и человек избавится от своей животной, звериной природы и будет вознаграждён пребыванием в царстве Божьем, которое он заслужил и которого он непременно достигнет в своём сознании.

Будет так, как я описал. Прочти.

Я дал вам сегодня ключи, необходимые для понимания моего Откровения.

И я сказал вам ровно столько, сколько должен был сказать. И для тех, кто понимает, я сказал слишком много, а для тех, кто не способен понять, я ничего не сказал.

Я ЕСМЬ Иоанн Возлюбленный
был с вами сегодня.

Основная задача, которую вы выполняете на Земле, это поднятие сознания землян

Будда Рубинового Луча
20 апреля 2005 года

Я ЕСМЬ Будда Рубинового Луча, пришедший через этого Посланника. Я ЕСМЬ занимающий пост Будды как должность на Рубиновом Луче.

Я пришёл дать вам некоторые знания, связанные с Иерархией Рубинового Луча.

Вы знаете, что много лет назад, миллионы лет по земным меркам назад, Владыки, принадлежащие к Иерархии Рубинового Луча, сошли на физический план планеты Земля. Мы воплотились в телах людей. Каждый из нас получил возможность пребывать во многих телах в виде части, входящей в Высшие тела людей.

Были индивидуумы, которые по своему развитию и по своим вибрациям не могли принять нас. Были индивидуумы, которые получили значительную часть Существ Света как составную часть самих себя. И были те, которые получили очень маленькую искру.

Так устроена эта Вселенная и таков путь эволюции всего живого в этой Вселенной, что наступают сроки, и Высшие Существа отдают свой моментум достижений в виде служения жизни и сливаются с низшей формой жизни, чтобы дать ей необходимый для развития Божественности импульс.

Вы знаете, что главой Иерархии Рубинового Луча является Санат Кумара, и он пришёл к вам с планеты Венера в трудное для планеты Земля время. Отсюда связь между планетой Венера и Землёй. Наши эволюции очень тесно переплетены. Практически каждый коренной землянин имеет в составе своего Высшего тела частицу венерианцев. То новое знание и понимание, что я вам сейчас даю, просто поясняет известный вам факт схождения 144000 венерианцев в тела людей. Вы знаете или слышали об этом ранее. Я немного расширю и конкретизирую ваше знание.

Воплощение Владык в тела людей происходило по-разному. Очень редко и в очень далёкие времена Высокий Владыка мог пребывать в теле человека всей мощью своего Света. Как правило, один Владыка с Венеры давал свой Свет и свои достижения очень многим землянам. Этот процесс подобен тому, как вы берёте кусок масла и разрезаете его на кусочки, чтобы положить в разные порции каши. Поэтому те Владыки, которых вы знаете как Вознесённых Владык, имеют значительную часть самих себя, пребывающую в воплощении в разных людях.

И до тех пор, пока человек, имеющий в своём составе частицу Владыки, подвержен Закону Кармы и вынужден приходить в воплощения на Землю, Владыка не может покинуть планету Земля и стать Космическим Существом. Он привязан к вашей планете и вашим телам.

Вы знаете, что вы, каждый, принадлежите к какому-либо Лучу, и вы, каждый, чувствуете связь с каким-либо Владыкой. Теперь вы знаете, почему вы имеете эту связь. И до тех пор, пока последний человек, находящийся в воплощении, не преодолеет своё эго, свою карму и не достигнет уровня сознания Вознесённого Существа, до тех пор Вознесённые Владыки будут находиться на Земле и служить человечеству.

Это очень тайные знания и очень специфичные знания.

Вы знаете, что на самом деле в этой Вселенной всё есть Бог. И каждый из вас представляет собой лишь частичку, клеточку, атом этого Божественного тела. По мере того как вы возвышаете своё сознание, вы понимаете, что нет разницы между вами и всеми живыми существами, и вы готовы пожертвовать собой для блага всех живых существ. Чем более высокий уровень достижений вы имеете, чем большую ступень в космической иерархии вы занимаете, тем проще для вас принести в жертву себя ради жизни во Вселенной.

Таков Закон этой Вселенной. Высшее жертвует собой ради низшего, чтобы дать возможность низшим проявлениям жизни развиваться и достигать более высокого уровня сознания. Поэтому, когда Великие Учителя приходят в воплощение на Землю, они учат тому, что тот, кто обладает большими достижениями, является большим служителем для всех.

Качество сердца заставляет человека, обладающего более высоким уровнем сознания, приносить себя в жертву ради развития сознания тех, кто стоит ниже на ступенях эволюционной лестницы. И когда вы достигаете ступени Будды, вы можете дарить себя, дарить своё присутствие миллионам живых существ.

И есть Вознесённые Владыки, которые привязаны к планете Земля, а есть Космические Существа, домом которых является весь космос, вся Вселенная; и они могут по своему желанию и в соответствии с Космическим Законом проецировать части себя во многих живых существ, чтобы осветить дополнительным импульсом Света, дополнительным разумом существа, находящиеся на низших этапах эволюционного развития.

И я, Будда Рубинового Луча, имею возможность пребывать в телах многих землян. Я обладаю делимостью сознания, и я могу одновременно находиться в воплощении в телах тысяч и миллионов и пребывать в вознесённом состоянии сознания.

Это то качество, которое вам предстоит приобрести. Вы постоянно должны осознавать, что ваше пребывание на Земле временно, и основная задача, которую вы выполняете на Земле, это поднятие сознания землян. Доведение сознания жителей Земли до уровня Вознесённого состояния сознания.

А дальше, когда вы не будете скованы земными догмами и ограничениями, перед вашим сознанием откроются совершенно завораживающие перспективы.

Эволюция беспредельна.

Я сегодня попытался чуть-чуть расширить горизонты вашего восприятия мироздания. И, может быть, кто-то из вас с удовольствием, как уже давно известный вам на подсознательном уровне факт, воспримет знание о присутствии в вас Вознесённого Владыки, а для кого-то это покажется слишком фантастичным. Вы все находитесь на разных этапах развития своего сознания.

И поскольку эти диктовки даются на очень широкую аудиторию, то я дал вам эту новую крупицу знания на очень доступном уровне.

Когда вы продвигаетесь по вашему пути, вы связаны на внутренних уровнях со многими, и ваши достижения передаются на тонком плане сразу тысячам и миллионам. И когда вы скатываетесь в своём сознании до уровня пещерного человека, то это также оказывает влияние на тысячи и миллионы живых существ.

Вам никогда не следует бояться, что вы зайдёте не туда. Не бойтесь экспериментировать. Не бойтесь допускать ошибки.

Вы всегда получите помощь на своём пути, и вы всегда можете просить об этой помощи.

Вы не одиноки. Вы находитесь под надёжной опекой и защитой. Но только до тех пор, пока вы желаете следовать по Пути и подчиняетесь Закону, который существует в этой Вселенной.

Если же вы по своей свободной воле желаете отделить себя от этой Вселенной и жить по своим собственным законам, то и этого вам никто не запрещает.

Однако в этом случае ваша свобода будет распространяться до определённого предела, за которым вам грозит состояние небытия. Поймите меня правильно, я не хочу вас напугать и нагнать на вас страх. На самом деле даже тогда, когда вы становитесь настолько опасны для планов Бога для этой Вселенной, что вам грозит небытие, то вы никуда не исчезаете. Вы, как энергия, продолжаете существовать, исчезают только записи из вашего сознания, которые не соответствуют Божественному плану. И вы начинаете свою эволюцию с самого низшего уровня, вновь поднимаясь по ступеням эволюции, которые уходят в беспредельность.

Я ЕСМЬ Будда Рубинового Луча, и я посылаю свой Рубиновый Луч тем из вас, кто готов его принять.

Рубиновый Луч, являясь концентрированным выражением Любви, способен разбудить ваше сознание и раскрыть вам перспективы вашего дальнейшего Пути.

Я ЕСМЬ Будда Рубинового Луча.

Учение о Будде и приумножении сознания Будды

Возлюбленный Кутхуми
14 июня 2005 года

Я ЕСМЬ Кутхуми, пришедший вновь.

Согласно традиции, я дам Учение. Однако ваше восприятие этого Учения может составить трудность для вашего внешнего сознания. Это Учение о Будде. О том этапе вашего Пути, которого вы неминуемо должны достичь и который будет вами достигнут рано или поздно.

Каждый из вас в своём потенциале может стать Буддой. Точно так же, как каждое семя в своём потенциале может стать растением и, в свою очередь, приносить семена.

Уровень сознания – это всё, что отличает вас от Будды.

Одни семена попадают в благоприятные условия и прорастают очень быстро. Другие семена требуют значительных усилий для прорастания. Однако никогда не нужно забывать, что вы все находитесь в саду, где садовником является сам Господь Бог. И Он является весьма заботливым садовником. Поэтому, даже если ваше становление Буддой требует от вас очень больших усилий, вы всё равно станете Буддой. Вы не можете не стать Буддой, потому что это естественная и закономерная ступень вашего развития. Сейчас я не хочу останавливаться на тех душах, которые не хотят развиваться и не хотят следовать по тому Пути, который запланирован для них. Вы знаете, что на самом деле не все семена прорастают. И есть определённый процент семян, которые не становятся взрослыми растениями. Есть определённый процент среди растений, которые погибают, так и не достигнув стадии плодоношения.

Но вы должны знать, к чему вам устремляться. И вы должны стремиться стать Буддой.

На самом деле уровень сознания Будды, когда вы его достигаете, сродни растению, которое вступает в стадию плодоношения. И когда человеческое существо достигает уровня сознания Будды, оно способно наделять своим сознанием миллионы существ, находящихся на более низких стадиях эволюционного развития. Это очень похоже на разбрасывание семян взрослым растением. Будда сеет семена сознания Будды в человеческих существах. И эти семена какое-то время находятся в скрытом состоянии внутри человеческого существа. Но наступает период времени, который обусловлен космическими сроками, и семена Будды начинают прорастать в этом человеческом существе.

Будда сеет искры своего Разума в человеческих существах. Подходит срок, и эти искры Разума начинают прорастать и становиться заметными. В каждом из вас сокрыто семя Будды, искра Разума, которая посеяна в вашем существе миллионы лет назад по земным меркам. И сейчас наступает срок, когда эта искра сознания Будды начинает проявлять себя.

Это не похоже на интеллект. И это не похоже на ваши способности, которые позволяют вам существовать в физическом мире. Это разум, который пребывает в вас и который тождествен с Божественным Разумом. Это то в вас, что даёт вам возможность достичь Божественной стадии развития и стать Богочеловеком.

Точно так же, как семя жертвует собой, чтобы дать возможность появиться растению, точно так же Будда жертвует собой, чтобы дать возможность прорасти семенам Разума в миллионах живых существ. Это высшее самопожертвование, на которое вы становитесь способными, когда достигаете уровня сознания Будды.

Именно самопожертвование величайших Существ Света миллионы лет назад привело к тому, что человечество обрело разум и благодаря этому разуму стало отличаться от животных.

Вы получили ваш разум в акте безграничного самопожертвования, который был осуществлён величайшими Существами Света, которые растворили себя в человечестве Земли в надежде на то, что когда-то посеянные ими семена прорастут и дадут умножение сознания Будды. И вместо семи величайших Существ Света Вселенная получит миллионы Будд.

Таким образом происходит развитие, так приумножаются заслуги.

Однако между тем этапом, когда семена посеяны, и тем этапом, когда растение становится способным плодоносить, проходят сроки, естественные сроки. Для человечества Земли эти сроки составляют многие миллионы лет.

Божественная Алхимия такова, что Существа Света, которые изначально пожертвовали собой, чтобы наделить человечество Земли Разумом, растворили себя в человечестве Земли, в миллионах жизнепотоков. И они смогут восстановить свою идентичность полностью только после того, как все человеческие существа, которые к тому времени останутся на Земле, достигнут уровня сознания Будд.

В каждом Вознесённом Владыке присутствует искра от более высокого Существа Света, и когда человек достигает уровня вознесённого состояния сознания, то он способен вернуть ту искру разума, которая послужила закваской в недрах его существа и благодаря которой произошло его развитие. С каждым вознесением Небеса ликуют. Каждое вознесение даёт возможность обрести всё большую и большую целостность тем Великим Духам, которые наделили человечество Разумом миллионы лет назад.

Однако когда человеческое существо достигает стадии развития Будды, то оно само повторяет тот пример, который подали великие Существа Света. И каждый Вознесённый Владыка, достигший уровня сознания Будды, имеет возможность наделить частицей себя тех индивидуумов, которые ещё находятся в воплощении и с которыми этот Вознесённый Владыка был кармически связан, и с жизнью которых его история существования на планете Земля была очень тесно переплетена.

Конечно, ваш жизнепоток должен дать согласие на присутствие в вас частицы Вознесённого Владыки.

Я скажу вам больше. Каждый пророк, посланник, мессия имел внутри себя присутствие более Высоких Существ. Иногда это было не одно Существо Света, а несколько Существ Света. Присутствие Существ Света внутри храма индивидуума, находящегося в воплощении, обусловлено степенью достижений этого индивидуума. Вы не сможете выдержать внутри себя Свет присутствия Высокой Сущности, если вы не готовы, если вы не достигли определённого уровня чистоты ваших четырёх нижних тел и, соответственно, если вы не имеете высокий уровень вибраций, соответствующий высокому достигнутому уровню сознания.

Это знание, которое я сегодня вам даю, не является новым знанием. И оно было известно и преподавалось во всех известных Школах Мистерий и нашло отголоски во многих книгах и научных трудах.

Всё изменяется, и наступает этап, когда то, что было доступно очень немногим продвинутым ученикам, сейчас становится доступно очень многим. И только уровень вашего сознания отделяет вас от возможности понять и в полной мере оценить величие Творца. Его заботу о каждом живом существе и те возможности, которые предоставляет Закон этой Вселенной для развития всех населяющих Вселенную душ.

Я сегодня поведал вам красивую легенду о Буддах и приумножении сознания Будды.

Когда семя прорастает и когда растение развивается, оно сталкивается со множеством препятствий на своём Пути развития. Это и засуха, и наводнение, и жгучее солнце, и насекомые-вредители. Каждый индивидуум в своём развитии на планете Земля сталкивается со многими препятствиями. Каждый индивидуум вынужден преодолевать множество препятствий. Однако для того чтобы вам расти в вашем сознании, препятствия вам необходимы. Вы становитесь Буддой только тогда, когда преодолеваете все препятствия. Вы становитесь Буддой только тогда, когда выходите в своём сознании за рамки иллюзорного мира.

А теперь самое главное, о чём я должен вам сказать. Это Учение, которое вы получили только что, является другим взглядом на падение Люцифера и на падение ангелов.

И на примере этих двух взглядов на одно и то же событие вы можете судить о том, насколько человеческий ум способен неузнаваемо исказить даже самый высокий подвиг Духа.

Поистине, каждый судит обо всём по себе, и каждый видит во всём свои собственные недостатки.

Поэтому то, какую из двух легенд примет ваш внешний ум, будет подсказывать вам очень многое о вас самих.

Каждое событие, которое происходит в материальной Вселенной, имеет качество двойственности, дуальности. И чем более высокого уровня достигает ваше сознание, тем вы всё меньше и меньше видите отрицательного в окружающей вас действительности и всё больше и больше видите позитивного, Божественного.

И когда ваше сознание очистится до достаточно высокой степени чистоты, то вы с удивлением обнаружите, что всё вокруг вас изменилось. И вместо падших ангелов, которые вас окружали и с которыми вы неустанно боролись, вы увидите человеческие существа, которые страдают и нуждаются в вашей помощи.

Но для того чтобы произошло преображение вас и вашего сознания, вы должны желать продвигаться по Пути, вы должны подставлять себя под ветры перемен и не бояться ничего. Вам ничего не угрожает в вашем мире, кроме нереальной части вас самих, которая притягивает в ваш мир все негативные ситуации и обстоятельства.

Я желаю вам достичь просветления уже в этой жизни. Я и все Вознесённые Сонмы готовы служить вам и оказывать всю требуемую помощь.

Но никогда не забывайте: невозможно оказать помощь индивидууму, который не просит об этой помощи и который считает, что он не нуждается в нашей помощи.

Всегда помните, что вы только дети в вопросах познания Божественной Истины, и на данном этапе развития вашего сознания даже та Истина, которую я вам дал сегодня, будет казаться вам непонятной и настораживающей. Но пройдёт всего лишь несколько лет, и об этой Истине будет знать каждый школьник.

Я ЕСМЬ Кутхуми.

Учение о змее-искусителе и о змее мудрости

Господь Майтрейя
17 июня 2005 года

Я ЕСМЬ Майтрейя, пришедший к вам.

Сладостный момент нашего общения наступил. И я пришёл разделить с вами моё знание и мои мысли.

Всегда можно найти в том, что вас окружает в вашем мире, Божественные проявления. Всегда можно найти и то, что не от Бога. Того, что не от Бога, пока в вашем мире больше. Ваш мир не относится к Божественным мирам. Когда-то давно ваш мир не был плотным, и вибрации вашего мира были близки к Божественным вибрациям. То было миллионы лет назад.

Человек не имел плотного тела. И всё, что его окружало, было подобно райскому саду.

Человек жил подобно растению. Сознание человека было беспорочно.

И всё было хорошо. За исключением одной малости. Человек не имел разума. И так как человек не имел разума, то он не мог творить. Он не мог созидать, и он не мог развиваться. Существование человека было подобно существованию животных.

Не было возможности у Высших Космических Сил дольше поддерживать существование человека, который не имел разума и, следовательно, не имел возможности для своего развития.

Поэтому Сыны Солнца, Сыны Мудрости, спустились в тела людей и дали им возможность обрести разум. Огонь разума, огонь, с помощью которого человек приобрёл способность творить подобно Богам.

Я даю вам легенду в том виде, в каком она наиболее верно может на данном уровне сознания помочь вам приобрести осознание вашей истории. Того момента, который послужил началом вашего падения в материю.

По мере того как человек смог использовать возможности своего разума, он приобрёл способность избирать, как направить ту энергию, которая струилась в его тела из Божественного Источника.

Вы знаете легенду об Адаме и Еве. Вы знаете о змее, который соблазнил Еву.

Однако вы думаете, что это был кто-то вне вас. Фактически, так и было. Человек получил свой ум извне себя. Владыки Мудрости, Владыки Разума спустились в тела людей для того, чтобы наделить разумом. До этого события человек был неразумен. Но после этого события человек обрёл осознание себя. Он стал делать выборы осознанно. И вместе с приобретением разума человек стал творить карму.

Нет кармы у растений, и нет кармы у животных. Карма, как последствие действия, присуща только существам, обладающим разумом. Поэтому, как только человек приобрёл разум, он стал ответственен за все свои поступки. За всё, что он делал на Земле.

Поэтому разум человека стал его величайшим счастьем и величайшим несчастьем одновременно.

Интуитивно человек всегда подозревал, что кто-то извне его несёт ответственность за всё, что с ним происходит. Это и верно, и неверно. Потому что после того, как человек обрёл разум, этот разум стал его неотъемлемой частью. И он уже не мог винить никого в том, что с ним происходит.

Направляя Божественную энергию по пути, не совпадающему с Божественным замыслом, человек творил карму. Божественная энергия приобретала плотность и формировала окружающий человека мир.

Так творился материальный мир, и так создавалась карма.

И человек может обвинять во всех бедах, которые с ним произошли, внешние силы, Люцифера и падших ангелов (в других легендах можно найти другие названия).

Однако если бы человек не обрёл разум, он не смог бы соответствовать тому замыслу, который Бог заложил при создании человека. И вставал вопрос даже об уничтожении земной эволюции, как не соответствующей Божественному замыслу.

Поэтому нелогично обвинять тех, кто дал вам возможность продолжить свою эволюцию, во всех своих грехах. Действительно, после того как произошло наделение человека искрой разума, карма при неправильных поступках стала ложиться и на человека, и на того Владыку, который дал свою частицу человеку. Поэтому всё переплелось, и всё может быть распутано только после того, как человек наиграется вдоволь в созданной им иллюзии и сможет осознать Высший Путь, который есть и который ему предназначен.

Ум человека является величайшим наказанием, и одновременно ум человека является для него возможностью, пройдя через физический мир как через чистилище, очиститься от всего небожественного и стать, наконец, тем, кем он должен стать, – Богочеловеком.

В вашем сознании заложен ключ к вашему продвижению. До тех пор, пока вы будете искать тех, кто вне вас виновен в ваших бедах и ваших несчастьях, вы будете занимать позицию, не ведущую к позитивным изменениям.

Вы можете очень долго рассуждать, кто виноват в том урагане, который был совсем недавно и унёс сотни тысяч человеческих жизней. Но до тех пор, пока вы не засучите рукава и не начнёте работу по ликвидации последствий этого урагана, ничего не изменится.

Поэтому самое главное для вас сейчас – понять, что позиция поиска виновных за пределами вас самих не является конструктивной позицией. Вы должны понять, что никто, кроме вас самих, не несёт ответственность за всё, что происходит в вашей жизни. И после этого вы должны начать распутывать клубок всей той кармы, которая вами создана за сотни и тысячи воплощений.

Вы отрабатываете карму каждую секунду своего пребывания на Земле, когда вы преодолеваете внешнюю ситуацию в своём сознании и вырабатываете правильное внутреннее отношение ко всему происходящему вокруг вас.

Поэтому, чем быстрее вы перестанете искать виновных за пределами вас самих, тем быстрее вы сможете преодолеть те ограничения пространства и времени, которые вы на себя наложили.

Земля подобна большому муравейнику. И каждый отдельный индивидуум на Земле связан с каждым живым существом на планете.

Наша задача похожа на задачу солнца, которое освещает ваш муравейник и посылает живительные лучи. И эти лучи заставляют вас просыпаться, разминать окоченевшие за ночь члены и двигаться и заниматься той работой, которую вы должны выполнять.

И ваш совершенно уникальный инструмент, который вы отточили за период вашей эволюции на планете Земля, становится вместо вашего наказания вашим благословением. Потому что именно благодаря вашему разуму вы способны подняться к тем величайшим высотам Божественного сознания, к которым невозможно подойти, не обладая тем совершенно уникальным опытом, который вы приобрели за время своих воплощений на планете Земля.

Ваш ум является тем, что погрузило вас в пучину материальности, и ваш ум является тем, что поможет вам выбраться из пучины материальности.

И Божественные качества вашего ума, которые вы приобрели за период вашего странствования в материальном мире, останутся и перейдут вместе с вами в другой – Высший Мир. А от низших качеств вашего ума, от вашего плотского ума вы должны отказаться сами.

Поэтому ваша задача – научиться различать в себе всё то, что от Бога, от того, что вы сами создали и что принадлежит этому миру. Ваш физический мир подобен родительскому гнезду, в котором вам было уютно. Но рано или поздно наступает момент, когда вы должны расстаться с вашим гнездом. Потому что вы выросли, и вы готовы расправить крылья и полететь.

Пусть любая догма, которую вы имеете в вашем сознании, будет преодолена.

Каждый птенец, перед тем как вылупиться из яйца, должен собственными усилиями пробить скорлупу. Поэтому ваша задача, и ваша первейшая задача – вашими собственными усилиями пробить скорлупу догм и приобрести способность непредвзятого взгляда на любую легенду.

Ваш ум, ваш разум является тем змеем-искусителем, который соблазнил вас на тот путь, который вы выбрали пройти на планете Земля.

И ваш разум является тем змеем мудрости, который наставит вас в том, чтобы вы выбрали более Высший Путь.

Подумайте, не наступил ли для вас срок, и не пора ли вам начать прикладывать усилия к тому, чтобы разбить скорлупу догм и невежества.

Подумайте над двояким смыслом символа змея. Змея-искусителя и змея мудрости.

Вы шли вниз, и настала пора подниматься вверх.

Я ЕСМЬ Майтрейя, ваш Гуру.

Наработки вашего Духа – это то, что останется с вами

Я ЕСМЬ ТО ЧТО Я ЕСМЬ
18 июня 2005 года

Я ЕСМЬ ТО ЧТО Я ЕСМЬ. Я ЕСМЬ в тебе, и Я ЕСМЬ везде. Всюду Я ЕСМЬ.

Я ЕСМЬ присутствую в каждом живом существе. Я ЕСМЬ ТО, из чего создана вся Вселенная. Я ЕСМЬ всё это.

Когда твоё сознание способно будет оторваться от земных мерок, ты сможешь вместить то знание, которое охватывает всё проявление. Поэтому сейчас, до тех пор, пока твоё сознание ограничено, Я ЕСМЬ даю тебе только то, что может способствовать росту твоего сознания и преодолению ограничения.

Создание этой Вселенной никогда не было подчинено ограниченному разуму, но только ограниченный разум мог сотворить ту часть Вселенной, которая имеет ограничение пространства и времени.

Если вы попытаетесь подвесить розу в воздухе, то она упадёт. Если вы положите розу на землю, то она будет лежать.

Поэтому каждая стихия соответствует своему предназначению. И каждая вещь используется в соответствии со своим назначением.

Плотный мир имеет свои законы. Невозможно к плотному миру применить Законы Высшего Мира. Это будет подобно розе, которую вы захотите подвесить в воздухе.

Однако низшие миры подчиняются Законам Высших Миров. И если роза расцвела, то она должна завянуть. Ваш мир подобен этой розе.

Вы создаёте ваш мир, и вы же будете уничтожать ваш мир. Сначала вы создаёте то, что соответствует вашему неразвитому сознанию, потом вы сворачиваете иллюзию через ваше сознание. И по мере того как вы достигаете всё новых и новых ступеней в познании мира, вы всё более и более приближаетесь к познанию Истины, и ваш мир постепенно приближается по своим вибрациям к Божественному миру.

Каждый раз, когда наступает этап, создаются искры. Каждая из этих искр, или монад, служит зародышем будущего существа. Каждое существо проходит в своём развитии множество стадий, постепенно уплотняясь и совершенствуясь.

Сначала вы были непроявленным минералом, потом вы стали камнем. Вы стали растением, и вы стали низшим животным.

Вы меняли свои низшие тела, но оставалась ваша бессмертная частица.

Прошли эоны лет, прежде чем вы получили человеческие тела, мало похожие на ваши теперешние тела.

Потом вы обрели физическое тело, разум. И теперь вы стоите на той стадии своей эволюции, когда вы должны отказаться от физического тела благодаря возвышению вашего сознания.

Вы были всем, вы прошли все стадии развития, прежде чем вы достигли человеческой стадии развития. И на каждой стадии развития вы имели внутри себя частицу меня.

Я ЕСМЬ всегда с вами на всём протяжении вашего пути.

Я подобен кристаллу, который опускается в раствор и постепенно берёт из раствора всё, что необходимо для роста.

Сначала вы были просто Божественной искрой, и вы не имели формы. Потребовались миллиарды миллиардов лет, прежде чем вы достигли человеческой стадии эволюции. И потребуются ещё миллиарды миллиардов лет, прежде чем вы достигнете стадии развития высочайших существ этой Вселенной.

Как часто вы в вашей жизни задумываетесь об этих вещах?

Ваша жизнь так насыщена событиями, что вам некогда остановиться и задуматься. И до тех пор, пока вы не сможете размышлять над вопросами мироздания, вы не сможете получить знания об устройстве мироздания.

Вы должны устремляться, для того чтобы получить.

Если вы не имеете устремления внутри вас, то вы не сможете примагнитить из пространства нужные знания.

Процесс развития сознания очень постепенный. Вы подобны детям, и вы требуете заботы, и вы получаете эту заботу от невидимых Существ Света, которых вы называете Ангелами, или Вознесёнными Владыками, или Богами. Вы всегда в вашем сознании знаете, что есть кто-то, кто заботится о вас и наблюдает за вашим развитием. Но, как всем детям, вам свойственно увлекаться вашими играми. Вы играете, и вы даже не слышите, как ваши родители вас зовут домой, потому что время пришло.

Зов Божественного мира не слышен физическим слухом. Солнце, когда посылает свои лучи весной на Землю, не кричит траве, чтобы она начинала пробиваться сквозь землю. Но приходит срок, и ростки пробиваются из-под земли. Приходит срок, и появляются листья, и распускаются цветы.

Подобно лучам солнца, вы получаете невидимые лучи, которые будят ваше сознание и заставляют ваше сознание распуститься подобно цветам весной. Это зов того мира, в который вы должны прорасти. Прорасти вашим сознанием.

А сейчас вы подобны зародышам будущего существа. И точно так же, как бабочка не похожа на куколку, точно также и вы в вашем новом качестве не будете походить на себя, как вы выглядите сегодня.

Ваше сознание имеет способность расширяться и приобретать способность вмещать в себя новые знания и новые представления. Но если вы не будете устремляться к новым знаниям и закроетесь от тонких энергий, пронизывающих Землю, то вы не сможете прорасти.

Многие семена гибнут, так и не пробившись на поверхность земли. Но жизнь продолжается, и энергия этих семян продолжает участвовать в построении мира.

Ваша вечная часть не может быть уничтожена, но она может потерять индивидуальность, ваш опыт, который вы наработали за миллионы и миллиарды лет, когда были камнем и стали растением, низшим животным, высшим животным и стали людьми.

Ваше сознание и ваш индивидуальный опыт являются для вас самыми главными. Это то, что останется с вами после того, как закончится ваша человеческая эволюция, и это то, что перейдёт с вами в Высшие миры и поможет вам существовать в этих мирах. Когда ваше сознание перерастает тот мир и ту форму, в которой вы временно пребываете, заботливые руки пересаживают вас в другие тела, которые будут обитать в других мирах.

Это подобно тому, как заботливый хозяин пересаживает цветок, переросший свой прежний горшок, в более просторный горшок, чтобы он продолжал свой рост.

Своим сознанием вы пробиваетесь во всё новые и новые миры. И каждый раз вы имеете возможность получить именно тот мир, который соответствует уровню вашего сознания.

Сейчас вы находитесь в вашем мире. И вы ещё долго будете находиться в вашем мире, пока не перерастёте ваш мир и не устремитесь в своём сознании в Высшие миры.

Однако не будет верным испытывать угнетение от бесконечной вереницы миров, которые вам предстоит посетить. Вы должны научиться испытывать радость от пребывания в каждом из миров. И эта радость не похожа на радость от удовлетворения ваших желаний и страстей. Есть другая радость. Радость Божественная, Радость без причины. Радость от того, что светит солнце, Радость от того, что вы живёте, дышите. Радость от журчания ручья, от шелеста трав, от вида облаков.

Вы гораздо больше тех форм, которые вы сейчас носите. И наступит время, когда вы смените эти формы. Но ваша Радость и другие чувства, которые вечны, перейдут с вами в новые миры и будут жить внутри вас постоянно. И одно из важнейших чувств – это чувство Любви, которое приобретает всё более и более утончённые свойства и проявления по мере возвышения вашего сознания.

Есть качества и свойства, которые присущи всем мирам. И одно из этих качеств – это качество Любви, чувство Любви.

То, что скрыто от вас за теми предметами, которые вас окружают, то, что не видно из той точки времени и пространства, в которой вы находитесь сейчас, раскроется с новой силой, по мере того как вы сможете возвысить ваше сознание и вырваться за пределы вашего мира.

Мир. Гармония. Красота. Много качеств, которые не кажутся вам ценными сейчас, но которые имеют ценность в Высших мирах такую же, как в вашем мире имеют золото и алмазы.

Качества Духа, наработки вашего Духа – это то, что останется с вами.

Вы забудете вашу профессию. Она вам будет не нужна в другом мире. Вы забудете о своих привычках, они покажутся вам ненужными. Но вы сохраните те качества, которые имеют непреходящую ценность во всех мирах.

Поэтому найдите время и подумайте, какие ваши качества могут быть вам полезны в Высших мирах. Развивайте в себе эти качества, и не позволяйте окружающей вас суете заглушить эти качества в вас.

Я ЕСМЬ ТО ЧТО Я ЕСМЬ.

Заповеди

Я ЕСМЬ ТО ЧТО Я ЕСМЬ
8 января 2008 года

Я ЕСМЬ ТО ЧТО Я ЕСМЬ, Я ЕСМЬ Сущий, который говорил из горящего, но не сгорающего куста для Моисея[241].

Я ЕСМЬ сейчас говорю для вас, кто воплощён на Земле.

Я ЕСМЬ пришедший для того, чтобы дать вам Завет, и для того, чтобы обновить Завет, данный во времена Моисея.

Вы знаете, что всегда были люди, которые придерживались истинной Веры, и через этих людей говорил сам Бог. Бог говорит тогда, когда есть необходимость скорректировать эволюцию. Тогда, когда неразумные дети не внемлют указам свыше.

Вот и сейчас Я пришёл, чтобы дать вам понимание того, что вы не можете дольше злоупотреблять вашим Божественным огнём, пламенем, энергией, которая находится в ваших сердцах.

Доколе можно ждать?

Нет, Я говорю вам, время ожидания закончилось, и сейчас вы все должны пересмотреть свои взгляды на вашу жизнь и определить в вашей жизни главное, ради чего вы существуете.

Перестаньте отвлекаться на мишуру дня. Я пришёл, чтобы говорить с вами серьёзно.

---

[241] Исх. 3:1-4.

Я ЕСМЬ огонь поядающий²⁴², и Я говорю вам, что каждое ваше действие отныне, совершённое вами не по Закону Божьему, вернётся вам обратно десятикратно умноженное.

Таким образом, ваша карма за все совершённые вами неправедные поступки с сегодняшнего дня будет увеличена десятикратно.

Я напомню вам, как вам следует себя вести.

На первом месте в вашей жизни должен быть Бог и соблюдение Его Закона.

У вас не должно быть в жизни никаких других кумиров, кому вы поклонялись бы больше, чем Богу.

Вы не должны поступать с другими так, как не хотите, чтобы они поступали с вами.

Вы не должны совершать никаких поступков, которые идут вразрез с Божественным Законом, существующим в этой Вселенной.

И первая, главнейшая заповедь – это Любовь к вашим ближним, и не только к близким вам людям, но и Любовь ко всему Творению, ко всему, что создано Богом: к камню, растению, всякому зверю и животному. Вы не должны причинять вреда природе. Вы не должны причинять вреда Земле.

Вы должны Любить всё Творение.

И наиболее всего вы должны хранить в своих сердцах нравственный Закон: не допускать прелюбодеяния, не желать добра вашего ближнего²⁴³, не лгать, не завидовать, быть искренними и правдивыми.

---

²⁴² «Бог наш есть огнь поядающий» (Посл. к евр. 12:29).

²⁴³ Имеется в виду: не желать ничего из того, что принадлежит другому человеку, включая всё, чем он владеет по праву собственности, его личные вещи, имущество, а также какие-либо достоинства человека, например, удачливость в делах и прочее.

Такие грехи, как убийство человека или животного, Я запрещаю вам делать всегда. Нельзя убивать живое ни под каким предлогом.

Помните о карме, которая с этого дня, после этого моего предупреждения, возрастёт десятикратно.

Однако и ваша благая карма, ваши благие дела будут приумножены десятикратно.

Я пришёл, чтобы напомнить вам о Завете, данном мною Моисею и всем пророкам прошлого.

Я сейчас говорю вам Своё Слово для того, чтобы вы могли лучше понять то, что писалось и переписывалось в Писании и искажалось переписчиками.

Сейчас – новое время, и ваши обязательства перед Богом и перед всем Творением возрастают многократно.

Не забывайте того, что сказано Мной. Храните текст этого Послания на видном месте и перечитывайте его.

Вы должны на память знать Заповеди Мои.

Нельзя более заниматься небогоугодными делами. Наступил предел терпению Моему.

Я ЕСМЬ ТО ЧТО Я ЕСМЬ. ОМ.

Тот вывод, к которому вы придёте в ходе этой беседы, возможно, будет для вас самым главным шагом за всё воплощение

Я ЕСМЬ ТО ЧТО Я ЕСМЬ
29 июня 2008 года

Я ЕСМЬ ТО ЧТО Я ЕСМЬ. Присутствие моё в тебе является максимально возможным, для того чтобы передать то, что необходимо.

Присутствие моё в тебе является максимально полным, для того чтобы передать не только слова, но и энергию.

Что такое энергия, которая приходит во время диктовок? Это то изменение состояния вокруг, которое происходит благодаря работе чакр. Максимальное раскрытие чакр способствует максимальному обмену энергией между октавами. И тогда, когда чакры максимально проводят Божественную энергию, происходит осаждение Света в радиусе многих километров от места приёма Послания. И это осаждение Света способно со временем притянуть возможности из пространства.

Изменение вибраций какого-либо места на земном шаре происходит именно подобным образом. Находится человек, способный служить проводником Божественной энергии. И через него происходит изменение вибраций места, где он проживает.

Со временем вибрации этого места притягивают людей, обладающих сходными вибрациями. Таким образом происходит изменение истории. Таким образом изменяется порой судьба целой нации.

Проявление высоких вибраций для планеты приводит к созвучию с Высшими мирами. И в этом месте образуется пространство, созвучное Высшим мирам. Если один человек способен наполнять пространство вокруг себя Светом, то можно представить, насколько эффективнее будет происходить изменение физического плана, если многие светоносцы будут служить проводниками Божественной энергии в мир.

Устремление Вознесённых Сонмов связано именно с тем, чтобы на Земле были созданы такие места или поселения, в которых можно было бы установить те стандарты поведения и моральные нормы, которые были в те давние времена, когда человечество ещё находилось в младенчестве, и не было греха.

Сейчас наступило время, когда человечество осознанно должно вернуться на тот вибрационный уровень, с которого произошло падение.

И дело не в том, что падение несло в себе зло. Падение было тем этапом в истории человечества, который имел место. И благодаря этому этапу человечество смогло осознать себя. И благодаря этому этапу человечество получило толчок к развитию своего сознания.

Теперь дело за малым. Нужно осознанно, ощущая эволюционную необходимость, вернуться в то состояние сознания, которое имели Адам и Ева до падения, до того момента, когда произошло снижение вибраций.

Наступил этап, когда сознание человечества должно возрасти и достигнуть того уровня, при котором произойдёт естественное повышение вибраций всего того энергетического слоя, в котором существует человеческая цивилизация на Земле. Чем более плавно и равномерно произойдёт этот процесс, тем большее количество человеческих индивидуумов сможет продолжить своё развитие на новом энергетическом уровне. Поэтому сейчас идёт буквально битва за каждую душу.

И есть души, которые способны к дальнейшему эволюционному развитию, а есть те, кто отказываются следовать по пути эволюции.

Задача отделения зёрен от плевел не под силу человеческому сознанию. Потому что человеческое сознание судит о развитости человеческого индивидуума по количеству денежных и материальных богатств, которыми он владеет.

Божественная логика не имеет ничего общего с человеческой логикой. Для Бога все равны: и богатый, и нищий, и скудный умом, и самый развитый в интеллектуальном смысле индивид. Все равны перед Богом. И тогда, когда наступит тот час, о котором написано во многих священных книгах, произойдёт то, что называется судом. Или отделением зёрен от плевел. И судимы все будут по тем делам, которые делались. И если единственным мотивом для вас из жизни в жизнь, из воплощения в воплощение было достижение славы, богатства и почестей, если вы делали всё для того, чтобы возвыситься за счёт ближнего, то вряд ли вы будете признаны пригодными для дальнейшей эволюции. И если вы делились последним куском хлеба с нуждающимися, если не думали о себе, а радели об общем деле, если трудились на Общее Благо и не щадили живота своего, то те Божественные качества, которые вы при этом наработали, будут признаны достаточными для того, чтобы ваша душа продолжила эволюцию на новом энергетическом уровне.

Никто не знает того часа, когда произойдёт этот суд. Поэтому всегда предупреждается о том, чтобы были готовы.

Потому что подготовка ваших душ совершится не когда-то в далёком будущем, а идёт полным ходом уже сейчас.

Не имеют значения мелкие промахи и ошибки. Имеет значение общий вектор устремлений индивидуума. И некоторые из вас очень удивятся, когда всё произойдёт. Потому что неудачники и, с вашей точки зрения, совсем никудышные люди будут ходить в белых одеяниях, усыпанных драгоценными камнями. А те, кто в земных жизнях имел дорогие одежды и унизывал свои пальцы бриллиантами, вряд ли вообще получат доступ в то Царство, которое грядёт.

Сегодня состоялась беседа очень важная. И тот вывод, к которому вы придёте в ходе этой беседы, возможно, будет для вас самым главным шагом за всё это воплощение.

Подтолкнуть души к изменению взгляда на те критерии, которые существуют в обществе, призвано данное Послание.

Я ЕСМЬ ТО ЧТО Я ЕСМЬ
всегда с вами на вашем Пути.

Наступило время проведения грандиозных изменений в вашем сознании

Господь Шива
27 декабря 2008 года

Я ЕСМЬ Шива!
Я пришёл!

В этот день я пришёл для того, чтобы разрушить в вашем сознании некоторые стереотипы, которые там надёжно укрепились за последние тысячелетия.

И самый главный стереотип, который я пришёл разрушить сегодня, касается того, что вы сами способны принимать решения в ваших жизнях и свободны действовать так, как вам заблагорассудится. Да, существует Закон свободной воли в вашем мире. И мы не вмешиваемся в ваши решения до той поры, пока ваши решения, и ваше поведение, и ваш образ жизни не угрожают существующей цивилизации на вашей планете.

Но наступает момент, когда ваша свободная воля заводит вас в кармический тупик. И всё, что вы делаете, порождает вакханалию вседозволенности, пир во время чумы.

Этому должен быть положен конец. И сейчас я пришёл для того, чтобы ваши души вспомнили другие времена, которые

были на Земле. В эти времена существовало главенство Космического Закона. И человечество Земли подчинялось своим Наставникам, стоящим на более высоких ступенях эволюционного развития. Злоупотребление свободной волей привело к тому, что завеса уплотнилась, и Наставники человечества не смогли больше присутствовать среди людей.

Текущий период называется Кали Югой, веком тьмы и невежества.

Поэтому мы приходим сейчас, чтобы сказать, что приходит конец вашему пребыванию в гунне невежества. Приходит время, когда ваши наставники должны вернуться и ходить среди вас. Но для этого вы сами должны создать на Земле соответствующие условия. И эти условия должны вернуться в ваш мир путём изменения вашего сознания. Потому что тогда, когда человечество упорствует и пытается отстоять позиции своего эго, тогда наступает время великих катаклизмов, сносящих с лица Земли целые города и даже материки.

Поэтому я вас не пугаю, но говорю, что время коротко. И ваше смирение перед Высшим Законом необходимо сейчас как никогда.

Перестаньте разыгрывать из себя богов. Просто будьте богами. Станьте равными среди нас, но для этого вам необходимо чем-то поступиться. И придётся вам поступиться вашей нереальной частью, вашим эго, которое привыкло править бал на физическом плане планеты Земля.

Я говорю вам, заканчивается период Кали Юги. И наступило время проведения грандиозных изменений в вашем сознании.

Во главу угла вы должны поставить смирение перед Высшим Законом.

Ваше эго заставляет вас метаться и сомневаться, и искать чего-то для удовлетворения своих прихотей и желаний.

Вам следует понять, что приходит конец нереальной части вас самих. И те индивидуумы, которые не готовы приспособиться к новым условиям, которые слишком срослись со своей нереальной частью, для вас наступают тяжёлые времена. Ваша карма, которую вы продолжаете творить по своему неразумию или из-за невежества, превышает все разумные пределы. И не хватает даже мощи Вознесённых Сонмов, чтобы держать вашу карму в определённых границах, чтобы она не вышла из берегов и не снесла с лица Земли большую часть материков.

Я ЕСМЬ Шива – разрушитель иллюзии. И моя мощь не сравнится с мощью всех книжных колдунов, мнящих себя богами во плоти.

Одумайтесь. В ваш век, когда Божественная мощь, нисходящая в ваше существо по кристальной струне, разумно уменьшена, вы не способны произвести каких-либо серьёзных действий и не способны вызвать какого-либо значительного противостояния Божественной мощи. Вы способны только усугубить свою карму и сделать её непомерно большой.

Я прихожу для того, чтобы вы поняли, что сопротивлению вашей нереальной части приходит конец.

Есть ещё небольшой промежуток времени, когда вам даётся возможность к изменению вашего взгляда на эволюцию.

Неразумно, в крайней степени неразумно отделять себя от Бога, от Божественной Иерархии, которая существует во Вселенной. Кажется, уже много раз говорилось вам, и я с удивлением осознаю, что большая часть информации, которую мы даём, не усваивается вами. Вы хватаете вершки, но не идёте вглубь даваемого Учения.

Кажется, так просто смириться перед Высшим Законом и перестать сопротивляться, однако ваше эго вновь и вновь поднимается и продолжает вести свою битву. С кем вы боретесь?

Не кажется ли вам странным, что вы боретесь против истинного Бога, загораживаясь от нас придуманными вами богами, которых вы создали по своему образу и подобию?

Не настала ли пора обратиться к Единому Богу этой Вселенной, а не молиться тем богам, которых придумало ваше несовершенное сознание?

Я приходил этим днём, чтобы ещё раз наставить вас на Пути познания Божественной Истины и обратить ваше внимание на то, что вам мешает на Пути познания этой Истины.

Я ЕСМЬ ШИВА! ОМ НАМАХ ШИВАЙЯ!

Мой Божественный огонь всегда с вами!

Заратустра
8 декабря 2009 года

Я ЕСМЬ Заратустра. Я пришёл вновь, чтобы поговорить с вами о вопросах, которые, возможно, будут вам интересны.

Как вы думаете, что может произойти на Земле, если очень много людей будет внимать тому, о чём говорят Вознесённые Владыки? Будет ли это хорошо для планеты в целом?

Я думаю, чем большее количество людей будет читать наши Послания, тем благоприятнее и благоприятнее будет становиться ситуация на Земле, тем лучшие условия создадутся на Земле для развития душ людей. Что же мешает людям внимать нам, Вознесённым Владыкам? Что мешает вам?

Большинство людей по своему уровню развития просто не способны воспринимать то, о чём мы говорим.

Их сознание полностью занято только физическим планом и не способно оторваться от физического плана.

Есть другой тип людей, которые подозревают о существовании чего-то, что не воспринимается их физическими органами чувств. И они прибегают ко всяким способам, чтобы заставить это что-то служить себе с помощью магии, колдовства, различных практик. Это самый низший уровень сознания, который способен воспринимать наши Послания. Но эти люди, к сожалению, не способны увидеть Истину, которая содержится в наших Посланиях, они способны лишь использовать информацию, которая содержится в наших Посланиях, для служения своему эго. Таких людей очень много. Однако наши Послания не предназначены для них.

Наши Послания рассчитаны на уровень сознания людей, которые способны не только думать о себе, своих близких и удовлетворении чисто физических потребностей себя и своего окружения. Наши Послания рассчитаны на людей, которые задумываются о таких вечных понятиях, как Служение, самопожертвование. С точки зрения большинства людей, проживающих на планете, эти люди представляют собой белых ворон. Как можно верить в то, что нельзя пощупать? Как можно ради этого жертвовать своим временем, действовать во благо чему-то абстрактному, что невозможно увидеть, жить представлениями, выходящими за рамки одной жизни.

К сожалению, таких людей меньшинство среди проживающих на земном шаре, но ради этих людей мы приходим и даём наши Послания.

Все вы наблюдаете весной, как цветут деревья, травы. Все наблюдаете, как к осени постепенно образуются плоды, семена.

Проходит какое-то количество времени, и из семян вырастают новые растения. Однако большинство семян не даёт новых побегов. Большинство семян гибнет. То же самое относится и к людям. В каждом из вас есть потенциал к развитию, к проявлению своего Божественного потенциала. Однако не во всех человеческих индивидуумах этот потенциал способен проявиться.

Владыки Мудрости многие сотни тысяч и миллионы лет назад наделили человечество разумом[244]. И благодаря этому акту самопожертвования человечество смогло развиваться и совершенствоваться. Однако те семена, которые посеяны в вас, не все могут прорасти. Многие из них гибнут. И процент нереализованных возможностей точно такой же, как процент гибнущих семян растений.

Вы никогда не рассматривали развитие человечества под этим углом зрения? Вам никогда не приходило в голову, что время, отпущенное для прорастания вашего Божественного потенциала, ограничено и может подойти к концу?

Я говорю суровые вещи. И я рассчитываю на то, что те люди, которые способны воспринимать слова Вознесённых Владык, найдут в себе силы преодолеть силы иллюзии, словно канатами притягивающие их к Земле. Я очень надеюсь на то, что то пламя, которое присутствует в вас, сможет получить импульс для

---

[244] См. Послание Возлюбленного Заратустры «Плотский ум должен уступить место Божественному разуму» от 30 марта 2005 г., с. 199.

своего развития. И тогда, когда Божественное пламя охватит ваше существо, вы не сможете не давать, не жертвовать собой. Вы будете гореть и освещать Путь тем людям, которые ещё находятся в сумерках сомнений и безверии. Вы сможете давать свой Свет. И вы будете делать это бескорыстно, не рассчитывая на награду или почести. Вы станете пробуждёнными к Жизни вечной. Жизни, которая не ограничивается одной жизнью, одной планетой. Жизнью, которая охватывает своим сознанием всю Вселенную и объединяет своё сознание с каждым существом во Вселенной.

Я говорю о высших состояниях сознания, которые должны быть вам доступны. Вы находитесь в тюрьме из ваших несовершенных мыслей, чувств. Вы должны найти в себе силы, чтобы вырваться из ограничений, присущих вашему сознанию! Вы должны преодолеть в себе все несовершенные состояния сознания!

Только тогда, когда вы испытываете Любовь, радость, возвышенное состояние сознания постоянно, вы находитесь в Божественном состоянии сознания. Я поздравляю тех из вас, кто способен испытывать такие состояния сознания хотя бы кратковременно!

Не количество произнесённых вами молитв, не количество раз, которое вы посещали храмы и святые места определяют уровень вашего сознания. Уровень вашего сознания определяют совершенные состояния радости, внутреннего покоя и умиротворения.

Но для того чтобы вам достичь таких состояний, вам нужно и молиться, и преодолевать негативные состояния сознания, и отказываться от вредных привычек.

Есть достаточное количество настоящих исполинов духа, которые находятся в воплощении сейчас. И я буду рад, если это моё Послание будет прочитано ими. Я закладываю в это Послание импульс поддержки, импульс к развитию и преодолению некачественных состояний сознания.

Божественный огонь, мой Божественный огонь всегда с вами! Призывайте моё присутствие в те минуты, когда вам особенно тяжело, и я смогу доставить огонь своего сердца в самое тягостное место на Земле, чтобы оказать вам свою помощь и поддержку!

Во многих, очень во многих душах, воплощённых сейчас на Земле, есть моя частица. И вас я не оставлю до тех пор, пока Божественное пламя внутри вас самих не достигнет такой силы, что не сможет потухнуть под воздействием любых невзгод вашего мира.

Я ЕСМЬ Заратустра,
с Любовью к вашим душам!

Учение о Божественной Свободе

Богиня Свободы
21 декабря 2009 года

<...>

Если уйти вглубь веков и вспомнить очень давнюю историю человечества, то человечество не было ещё погружено в материю. Оно существовало на более тонких планах бытия. Это было многие миллионы лет назад.

Но каждый из вас, кто читает это моё Послание, жил в те времена. Это был младенческий возраст для человечества Земли.

И в этом младенчестве человечество было безгрешно. Оно обладало способностью телепортации, осаждения, оно постоянно пребывало в состоянии блаженства и единства с Творцом.

Но не было одного элемента, который позволил бы человечеству эволюционировать и быть осознанными творцами. Человечество не имело разума. Что было потом, вы немного знаете. Это нашло отражение во многих мифах, легендах и учениях мира. Человечество было наделено разумом благодаря добровольной жертве Великих Духов, Святых Кумар.

И, получив в своё распоряжение этот мощный инструмент, человечество стало им пользоваться. А поскольку человечество изначально обладало свободной волей, то оно имело возможность использовать этот дар по своей свободной воле.

И тогда, когда разум использовался в соответствии с волей Творца, человеческие индивидуумы добавляли радужные оболочки к своему каузальному телу. А тогда, когда разум использовался для удовлетворения прихотей эго, то Божественная энергия оседала и уплотняла пространство. Прошли многие миллионы лет, когда мир стал таким плотным, каким он представляется вам сейчас. И дар разума, и дар свободной воли, неверно используемые человечеством на протяжении миллионов лет, фактически создали темницу для души. Потому что созданный вами плотный мир всё более и более сковывал присущую вам изначально свободу. И сейчас вы находитесь среди плотного мира, привязанные к нему многими связями. Это кармические связи, созданные вами. Ваши привязанности к этому миру, к увлечениям и вещам этого мира.

<...>

Я ЕСМЬ Богиня Свободы.

Я зову вас в путешествие в реальный мир

Гаутама Будда
22 июня 2011 года

Я ЕСМЬ Гаутама Будда.

Я пришёл в один из этих дней летнего солнцестояния, когда сама природа и положение планет благоприятствуют передаче наших Посланий. И какие бы препятствия мы ни встречали в умах людей, мы прежде всего обращаемся к их сердцам. К той части вашего существа, которая помнит своё Божественное происхождение и стремится вырваться из плена иллюзии на простор вечного существования.

Невозможно вам больше следовать тем путём, которым человечество пытается идти по своей воле последние десятилетия. Ваше существование в физическом мире представляет собой пребывание в темнице. И это действительно темница для Духа. И единственная свобода, которая у вас есть, это свобода нарушать Волю Бога. И всё, что вы делаете в ваших жизнях день за днём, представляет собой только нарушение Божественного Закона.

Бог столь милостив, сострадателен и терпелив, что позволяет вам нарушать Закон. Однако установлена граница, коридор, за рамки которого вы не можете выйти. Сейчас вы находитесь на границе этого коридора отпущенной Божественной возможности.

Время пришло для осознания того факта, что без Божественного руководства, без следования Закону невозможно дальнейшее существование человечества. И каждый индивидуум сам делает выбор, чему отдать предпочтение. И если он настаивает, и упорно настаивает, остаться в иллюзорном мире, если он так прикован цепями многотысячелетних выборов к окружающей иллюзии, что не желает больше развиваться, то Бог удовлетворит его желание. Не слишком вдаваясь в подробности, скажу лишь, что душа этого человека сможет продолжить эволюцию, но в более низших мирах и на более низком энергетическом уровне.

Вас же, кто устал от пребывания в плену иллюзии, я зову в дальнейшее следование по Пути эволюции, к горним вершинам Божественного сознания.

Вам надлежит стать проводниками Божественного сознания в плотные миры. И для начала я предлагаю вам стать проводниками Божественного сознания в ваш плотный мир. Это очень легко. Нужно сделать выбор в пользу Бога и следовать этому выбору изо дня в день. Отказаться от желаний, которые привязывают вас к иллюзорному миру.

Каждое ваше желание и привязанность, в соответствии с Законом, создают карму, которая проявляется как страдания. Поэтому этот физический мир называется миром страданий.

Причины порождают следствия. Уберите причины из своей жизни, и вы не будете получать следствия.

Закон должен быть удовлетворён. И единственный путь выйти из колеса сансары – череды перевоплощений – это перестать порождать причины как добра, так и зла. Это значит стать хозяином своей судьбы. Это значит стать Богом, богочеловеком, перейти на следующую ступень эволюционного развития.

Сейчас это сделать легко. Несмотря на кажущееся буйство иллюзии, вам предоставляется помощь, многократно усиленная

Небесами, встать на Путь эволюционного развития. Тогда, когда ситуация в окружающем вас мире всё менее и менее поддаётся контролю и когда многие вещи, доведённые до абсурда, бросаются в глаза всё большему и большему количеству людей, становится очевидным, что должен быть другой путь развития человечества. И этот Путь готов, он ждёт вас. Этот Путь находится внутри вашего существа.

Преодолевая себя, свои желания, свои несовершенства, вы освобождаетесь от иллюзии и кармы прошлого. Вы движетесь обратной дорогой в тот мир, откуда когда-то ваши души начали своё путешествие по иллюзорному миру.

Для вас, в первую очередь, мы даём наши Послания. И к вам устремлён весь моментум моих достижений. Я готов оказывать помощь каждому, стоящему в начале Пути, и руководить его дальнейшим продвижением. Требуется малое – проявление вашей свободной воли и устремлённость.

Без дисциплины и устремлённости нет возможности преодолеть те участки Пути, которые связаны с тяжёлым подъёмом к вершине Божественного сознания.

Когда вы поднимаетесь в горы, вы преодолеваете себя, превозмогаете боль в ногах и суставах. Вы испытываете колоссальное напряжение всех ваших сил. При подъёме на Вершину Божественного сознания вы точно также будете испытывать напряжение всех ваших сил. Вам требуется преодолеть силу притяжения иллюзии. Для этого вам потребуется всю свою жизнь подчинить одной цели – исходу из мира иллюзии на новый уровень сознания.

Подъём на вершину горы труден, но он сопровождается отдыхом на привалах, и иногда с горного плато, на котором вы останавливаетесь для отдыха, открывается совершенно завораживающий вид на долину внизу, на вершины соседних гор.

И в вашем подъёме к Вершине Божественного сознания будет много моментов, когда вы будете испытывать внутренний подъём и воодушевление. Однако нужно всегда помнить о цели вашего путешествия. Вы должны постоянно помнить о том, что вам надлежит идти дальше. Иначе вы остановитесь в своём развитии.

Иллюзия будет становиться всё тоньше. И на каждом этапе вам следует отказываться от магии иллюзии и устремляться к реальности. В этом заключается сложность. И те, кто устремляется к получению более тонких удовольствий и наслаждений, попадают в сети астрального плана и остаются в них на долгие-долгие воплощения.

Поэтому ваши устремления должны быть выше любого иллюзорного плана, любых завораживающих картин астрального плана.

Компасом и картой для вас будет служить вибрация вашего сердца, устремлённость к непреходящим, более возвышенным мирам.

Поэтому не останавливайтесь на вашем Пути. Смелее подставляйте ваше существо ветрам изменений и перемен. Не бойтесь ничего! Ваши страхи рассеются вместе с сумерками вашего человеческого сознания, когда вы выйдете на солнце вашего Высшего Я.

Смелее вступайте на Путь! Я зову вас в путешествие в реальный мир. И это – самая главная задача, для которой вы проделали весь этот путь длиною в миллионы лет в иллюзорном мире.

Я ЕСМЬ Гаутама Будда,
я приходил укрепить вашу веру и устремление.

Мистический момент

Я ЕСМЬ ТО ЧТО Я ЕСМЬ
31 декабря 2011 года

Я ЕСМЬ ТО ЧТО Я ЕСМЬ. И я прихожу изнутри тебя.

Сейчас, когда подошёл к концу один годичный цикл и наступает другой, – самое время подумать о вечном.

Наступает мистический момент смены года и смены эпох.

Это не значит, что эпоха сменяется прямо сейчас. Это означает, что момент вечности, когда происходит смена эпох, наступил.

И в этот момент следует как никогда обратить взор на вечное, непреходящее, мистическое, тайное.

Сейчас очень мало людей, которые чувствуют Высшие миры. Предчувствие вечности является даром, который человек получает не за одно воплощение. И чем большее количество людей, находящихся в воплощении, обладает этим даром – чувствовать Высшие миры, тем более гармонично проходят все события физического мира.

Потому что именно внутренняя связь, мистическая связь, которая открывается внутри вашего существа, позволяет проводить Божественные изменения в вашем мире.

Не правительства, не страны, не отдельные личности делают великие изменения в мире. Все великие изменения в мире всегда происходили путём проникновения в мир высших энергий. И тогда, когда энергии Высших миров способны проникнуть в физический мир, всё начинает очень быстро изменяться, буквально у вас на глазах.

И сейчас мы стоим на пороге того времени, той эпохи, когда произойдёт соединение миров внутри всё большего и большего количества человеческих индивидуумов, находящихся в воплощении.

Задачей, целью и смыслом жизни многих жизнепотоков является именно удерживать и поддерживать в своём сознании связь с Высшими мирами, связь между мирами.

Тогда, когда достаточное количество человеческих индивидуумов способно в своём сознании восходить к Высшим мирам, все изменения – Божественные изменения мира – свершаются.

Таким образом, я настаиваю на том, чтобы каждый из вас выбрал время для того, чтобы провести ваш собственный мистический опыт, мистический эксперимент.

Вы должны выбрать время для того, чтобы задуматься о вечном и приходящем. О вечных ценностях и сиюминутных увлечениях. Ощутить разницу между ними и понять, в каком направлении вы желаете двигаться.

В настоящее время каждого человека, способного к мистическому опыту, считают странным и неприспособленным к жизни. Однако так будет не всегда. Всё больше и больше человеческих индивидуумов, хранящих в своём сознании память о Высших мирах, будет приходить в воплощение. И очень скоро эти индивидуумы займут господствующее положение в мире. Потому что время пришло. Время пришло, и пространство изменяется. Миры приблизились и готовы к взаимопроникновению.

Тогда, когда иллюзия в последних конвульсиях пытается удержать свои позиции, не лишним будет моё напоминание вам о вашем Божественном происхождении. И о той внутренней сути, которая присутствует в вас и не даёт продолжить сладкий сон в иллюзии.

Пора пробуждаться к Высшей реальности. Срок настал.

Вы медлите и не хотите расставаться со сладкими снами в иллюзии. Однако Божественная реальность превосходит по своей силе и красоте любые самые лучшие проявления вашего физического мира.

Поэтому устремляйтесь к вашей истиной природе. Божественной природе. Ищите внутри себя эти тихие мистические знаки. И тогда, когда вы войдёте в сонастрой с Высшей реальностью, изменения физического мира будут происходить сами собой.

Много ли вы видите вокруг себя людей, которые думают о Высшей реальности и сонастроены с Высшей реальностью?

Я думаю, что нет. Таких людей мало находится в воплощении. И это является причиной любой несправедливости, которая существует в вашем мире, любых негармоничных проявлений природных явлений и массовых беспорядков в человеческом обществе.

Переполюсовка вашего сознания, ориентация на вечные ценности, – это тот этап человеческой эволюции, на пороге которого находится человечество сейчас.

Вам необходимо осознать эту простую истину, на пороге которой вы стоите. Просто допустить в своё сознание существование Высшей реальности.

И это явится тем необходимым и достаточным шагом, который будет способен преобразовать всё вокруг вас.

Вознесённые Сонмы готовы оказать вам помощь. Но для того чтобы помощь была оказана, вам необходимо верить в ту реальность, в которой существуют Вознесённые Сонмы. Вера в Высшую реальность, устремлённость к Высшим мирам – это то, что способно вытащить человечество из сладкого сна в иллюзии.

Наступило время пробуждения.

Восходит солнце Вечной Реальности.

Я зову вас в эту непреходящую реальность. Сейчас.

Я ЕСМЬ ТО ЧТО Я ЕСМЬ.

У вас внутри сокрыт гигантский потенциал самонастройки на Высшие миры

Будда Вайрочана
26 декабря 2012 года

Я ЕСМЬ Вайрочана.

Я ЕСМЬ желаю сегодня дать своё Послание тем, кто готов выслушать меня и принять моё Учение.

Не торопитесь приступать к моему Посланию. Сначала сосредоточьтесь на своём сердце, на своих ощущениях. И если суета мира, суетные мысли, любые несбалансированные проявления мира владеют вами, отложите чтение моего Послания. Оно не принесёт вам пользы.

Наши вибрации должны выровняться, прийти в сонастрой. Только в этом случае вы сможете воспринять моё Послание, и нектар моего Послания проникнет в самые сокровенные уголки вашей души и принесёт вам ни с чем не сравнимое блаженство.

Наши Послания проникают в ваше существо и оказывают тонкое воздействие на вашу энергетическую систему. Может показаться, что ничего не происходит, а может, напротив, ощущаться энергия, проникающая в ваше существо. И в том, и в другом случае польза, которую получат ваши души, будет огромна. Потому что взаимодействие наших миров происходит внутри вашего существа, когда вы сонастроены с Высшими мирами и готовы к восприятию энергий Высших миров.

Сейчас, когда я подготовил ваше сознание, я готов приступить.

Вы знаете, что вы являетесь не только физическим существом, состоящим из мышц и костей. Вы являетесь тонкоорганизованным энергетическим существом. И до тех пор, пока вы не обращаете внимания на вашу тонкую природу, она может не проявлять себя. Но в жизни каждого живого существа наступают моменты, когда оно готово к восприятию тонких миров. Это подобно тому, как ваша энергетическая система расцветает. Все ваши чакры раскрываются и напоминают чудесные цветы, раскрашенные самыми нежными оттенками, с очень тонкими и определённым образом ориентированными лепестками. Ваши чакры представляют собой очень тонко настроенный механизм, способный взаимодействовать с Высшими мирами. Это те антенны и локаторы, которые дают вам возможность проникать своим сознанием в Высшие миры.

И тогда, когда ваша энергетическая система настроена, вы получаете возможность беспрепятственного общения с более тонкими мирами и системами миров.

К сожалению, когда я наблюдаю человечество со своего плана бытия, я чрезвычайно редко вижу расцветшие цветы ваших чакр, которые говорят о вашем духовном уровне и способности воспринимать Высшие миры. Как правило, человеческие индивидуумы имеют раскрытыми лишь одну, две или три нижние чакры. А некоторые индивидуумы подставили себя на растерзание своим желаниям и страстям, и их светильники – чакры – потухли и представляют собой чёрные дыры в пространстве, куда течёт энергия их ненасытных желаний.

Страшно наблюдать, что некоторые люди сделали с собой. Вместо проявления себя как Божественного существа они стали поглотителями Божественной энергии.

Весь вопрос вашего дальнейшего эволюционного развития заключается в том, насколько вы сможете раскрыть ваши энергетические центры, ваши чакры. Причём не только низшие чакры, но и всю энергетическую систему вашего существа. Чем более сбалансированы ваши чакры, тем вы более приближаетесь к идеалу Божественного человека.

Очень многие из вас занимаются различными духовными практиками. Однако иногда ваши занятия просто бессмысленны, иногда – бесполезны, а иногда приносят вред вашей душе и вашему развитию.

Как определить, нужна вам эта практика или нет? Как найти именно то, что необходимо вашей душе в данный момент?

Конечно, если бы я давал лекцию ученикам на Востоке, я бы посоветовал обратиться к Учителю, преданному той или иной древней традиции. За тысячелетия практика многих духовных традиций подтвердила своё право на преподавание и принесла свои плоды в виде духовных достижений учеников, следующих этим традициям.

Что же делать западному человечеству, которое утеряло истинные традиции, а те шарлатаны, которые приезжают, чтобы учить, не слишком владеют духовными традициями сами и сбивают с толку тех, кто пытается им следовать?

Однако есть в вашем мире крупицы древнего знания, есть традиции и практики, которые ещё не растеряли Знания Высоких Учителей прошлых эпох.

Именно тогда, многие тысячелетия назад, мудрецы были способны воспринимать истинные методики и знания об энергетической системе человека. Это были остатки древних мудрецов и йогов, которые хранили Знание. Задачей и целью воплощений многих духовных Учителей было дать человечеству понимание о тонкой энергетической структуре человека. Потому что предполагалось, что во времена Кали Юги человечество утеряет основные знания древности. Так и произошло. Самые основные знания человечество утеряло. И лишь искорки старого знания тут и там вспыхивают на планете как достижения учеников древних школ.

Ваш уровень сознания не позволяет вам даже дотронуться до древних истин. Однако в той или иной степени мы даём вам необходимые ключи в наших Посланиях, которые при внимательном рассмотрении способны раскрыть ваше сознание и ваши спящие способности и указать вам верное направление ваших духовных поисков.

Мы начинаем с малого. С правильных образцов, которыми вы должны неизменно себя окружать. Каждый предмет или образ, который попадает в поле вашего зрения, оказывает воздействие на всю вашу энергетическую систему. И если вы постоянно смотрите рекламу с неверными образами, то это заставляет вашу энергию сосредотачиваться на нижних чакрах и не даёт возможности подняться Священному Огню в высшие чакры вашего существа. Вы сами добровольно блокируете поток высших энергий по вашему позвоночному столбу.

Некачественная музыка, мясная пища, наркотики, алкоголь, никотин, порнография – затягивают вас на низшие энергетические уровни и не дают возможности вашей душе развиваться.

Откажитесь от неверных образцов и проявлений, и ваше Высшее Я способно будет вывести вас на верный Путь. Вы обретёте способность делать различение и уже не будете напоминать слепых котят, которые тычутся от одного духовного направления к другому.

Весь Путь находится внутри вас. И ваша энергетическая система, когда она освободится от образцов массового сознания, способна будет настроить вас. У вас внутри сокрыт гигантский потенциал самонастройки на Высшие миры.

И если вы сможете освободиться от оков массового сознания, неверных образцов, которые вас окружают, в считанные годы вы обретёте духовные дары, в том числе дар различения.

Массовое сознание и те структуры, которые за ним стоят, являются олицетворёнными силами зла. И человечество на следующем этапе призвано освободиться от всего, что не даёт подняться из чакры основания позвоночника вашей энергии Кундалини.

Мать Мира сокрыта под покровом иллюзии сейчас, но следующая эпоха явит миру лицо Матери Мира. И после этого ничто не остановит продвижение человечества к периоду Золотого Века.

Сегодняшняя наша беседа содержит многие скрытые ключи. Я дотронулся до вашего спящего сознания отеческой заботливой рукой. И я терпеливо жду, когда лучшие представители человечества пробудятся от сладкого сна и устремятся к солнцу Божественного знания.

Я ЕСМЬ Вайрочана.

Вы обязаны проникнуться благоговением перед великой жертвой, которую Санат Кумара принёс для ваших жизнепотоков

Заратустра
27 декабря 2012 года

Я ЕСМЬ Заратустра!

Я пришёл вновь!

Сегодня мы рассмотрим ещё одну грань Божественной Истины.

В то время, когда я находился в воплощении, я был пророком религии, которая сейчас не очень известна на Земле. Однако в то время это была самая передовая религия того времени. И если провести сравнение с ныне существующими религиозными системами, то в чём-то я намного опередил как своё время, так и все ныне существующие системы религиозного мировоззрения. Именно я заложил понимание основы человеческой природы, как огня, пламени. И я утвердил культ огня и культ огненного, солнечного Божества, которому человечество обязано даром разума. Я утвердил культ Ахура Мазды. Под многими именами эта великая Индивидуальность известна в истории человечества. Сейчас вы знаете эту индивидуальность как Санат Кумару.

Да, я был пророком Санат Кумары. И я до сих пор преклоняюсь перед Его величием, перед величием этого Высокого Духа.

Благодаря этому Духу всё человечество Земли смогло продолжить свою эволюцию. И слишком несправедливо – забыть подвиг Духа этой высокой Индивидуальности. Слишком недостойно – предать забвению то Существо, благодаря которому человечество до сих пор продолжает свою эволюцию.

Я должен вам рассказать эту историю. Которую вы, возможно, много раз слышали, а некоторые из вас, возможно, услышат эту историю впервые.

В незапамятные времена ситуация на планете стала ухудшаться. Ни один человек не мог больше хранить и поддерживать свою Божественную природу. Даже нижние чакры не поддерживали более вибрации Духа.

Всё человечество надёжно заблокировало доступ к Божественной энергии.

Это было много миллионов лет назад. И тогда ситуация на планете очень напоминала ситуацию, которая сложилась в ваше время.

Не было никого на всей планете, кто мог бы поддерживать Пламя Жизни, Божественный огонь в своих чакрах. Не было ни одного существа на планете, которое бы проводило Божественную энергию в мир.

Согласно Закону, мир, который оторвал себя от Бога, подлежал уничтожению как неудавшаяся цивилизация.

Бог уже задумал новую лилу для планеты Земля.

Однако нашлась очень высокая Индивидуальность, которая поручилась за планету и её эволюции.

И буквально в последний момент было принято решение: эволюциям планеты Земля продолжить своё существование, но только до тех пор, пока на Земле сохранится хотя бы один человек, находящийся в воплощении, который сможет удерживать уровень Божественного сознания.

Первым, кто принял на себя крест воплощения на тёмной планете, был Санат Кумара. Он пожертвовал всеми своими достижениями для того, чтобы прийти в воплощение и дать эволюциям планеты Земля Божественные принципы управления и понимание Божественного Закона.

Благодаря этому подвигу Духа миллионы жизнепотоков смогли продолжить эволюцию на планете Земля.

Я должен вам заметить, что все вы когда-то воплощались на планете в то тёмное для неё время. Все вы обязаны Санат Кумаре тем, что продолжаете свою эволюцию сейчас.

Многие ли из вас помнят это? Многие ли из вас хранят благодарность Господу Санат Кумаре в своих сердцах?

С тех пор прошли миллионы лет. Санат Кумара вновь и вновь приходил на планету для поддержания необходимого уровня сознания. И я горжусь тем, что мне выпала честь быть Его пророком.

Санат Кумара – Ахура Мазда – дал понимание Закона через меня, как его пророка.

С тех пор прошло много времени. Но в каждом основателе всех религий мира, которые с тех пор образовывались тут и там на земном шаре, всегда присутствовала эта великая Индивидуальность – Санат Кумара. Были другие великие души, которые присутствовали в том или ином пророке или основателе религий, но хотя бы кратковременно, хотя бы ненадолго Санат Кумара присутствовал в каждом истинном пророке. И то внутреннее направление, которое получал воплощённый посланник Небес, позволяло провести для человечества в каждую из эпох, здесь и там на земном шаре, Божественные руководящие принципы и Закон этой Вселенной.

Тем, что человеческая эволюция продолжается, человечество обязано Великому Духу – Санат Кумаре.

Я использую эту возможность, чтобы прийти к вам и дать это Учение. Потому что я знаю, что этот Посланник приложит все усилия и сделает даже невозможное, чтобы это моё Послание осталось записанным для вас и ваших потомков.

Знание Древнего Учения, основные его положения, должны постоянно присутствовать на земном шаре: в виде священных текстов или непосредственно присутствовать в аурах наших посланников и пророков.

Для мира большая милость, что Санат Кумара продолжает нести своё служение во благо эволюциям планеты Земля.

И сейчас, когда вы знаете, кому вы обязаны продолжением своей эволюции, вы не сможете больше безответственно распоряжаться своей Божественной энергией. Миллионы лет Санат Кумара распят на кресте материи, чтобы ваши души могли укрепиться и принять ответственность на себя за планету и за свою собственную эволюцию.

Вы не можете больше делать вид, что вы ничего не знаете. Вы обязаны проявить всю свою сознательность и проникнуться благоговением перед великой жертвой, которую Санат Кумара принёс для ваших жизнепотоков.

Я пришёл сегодня, чтобы раскрыть для вас вашу давнюю историю и чтобы вы могли более осознанно и с благодарностью подходить к той великой милости Небес, которая оказывается человечеству Земли на протяжении миллионов лет.

Каждый ваш посыл Любви и благодарности Санат Кумаре и всем пророкам и посланникам прошлого и настоящего, которые обучали человечество Великой Божественной Истине, будет рассматриваться Кармическим Правлением как показатель того, что человечество демонстрирует уровень сознания, достаточный для того, чтобы явить новые милости и диспенсации.

Я приходил, и я покидаю вас.

Постарайтесь не забыть это моё Послание за царящей в вашем мире суетой и хаосом.

Большая ответственность ложится на вас вместе с передачей этого моего Послания.

Храните себя и свои Божественные пламёна внутри вас!

Я ЕСМЬ Заратустра!

3.

Иванова О.А.

О Добре и Зле

По книгам Т.Н. Микушиной

Книги Т.Н. Микушиной «Добро и Зло» – ключ к Учению Владык Мудрости

«В этой книге[245] находится ключ ко всему Учению: откуда оно идёт, как оно появилось на Земле».

Т.Н. Микушина

«Краеугольным камнем, лежащим в основе всего Учения, является тема Добра и Зла. По мере её постижения ко вдумчивому читателю приходит осознание глубины истока Учения и огромной жертвы, которая была принесена Высокими Духовными Существами для того, чтобы человечество продолжило свою эволюцию. Книга «Добро и Зло» была первой, с которой Владыки Мудрости начали давать Своё Учение через Татьяну Николаевну Микушину. Она была записана как откровения, приходящие после прочтения труда Е.П. Блаватской «Тайная Доктрина», и давала новый взгляд на тему «падения» ангелов, «падения» человечества. Только спустя время стало понятным, что знания, переданные Владыками как откровения в этой книге, являют-

---

[245] Имеется в виду книга «Добро и Зло. Частное прочтение «Тайной Доктрины» Е.П. Блаватской».

ся основой, фундаментом, на котором базируется данное Ими впоследствии Учение. И от понимания этой темы зависит также понимание всего остального Учения. Спустя несколько лет Т.Н. Микушиной была опубликована вторая книга «Добро и Зло. Послания Владык Мудрости», содержащая Послания Владык, которые в более простой форме раскрывают и дополняют знания из первой книги».

Т.В. Мартыненко.
Новое философско-этическое Учение –
Путь к Новому Миру[246]

---

[246] Мартыненко Т.В. Новое философско-этическое Учение – Путь к Новому Миру. – URL: http://sirius-ru.net/dictations/novoe_filosofsko-etitscheskoe_Utschenie.htm.

Символизм изображений на обложках книг «Добро и Зло»

Всегда, прежде чем открыть книгу, мы рассматриваем её обложку – любая книга начинается с обложки. Конечно, изображения на этих книгах не случайны.

На первой книге «Добро и Зло» помещена фреска великого итальянского живописца и архитектора Рафаэля Санти «Адам и Ева», или другое её название – «Грехопадение». Эта фреска находится в Ватикане.

На ней изображён Библейский сюжет – момент, когда Ева ослушалась предупреждения Бога не есть плодов с Древа познания Добра и Зла.

Все персонажи на этой фреске – Адам, Ева, Змий-искуситель и даже сам Эдемский сад, Древо и плод – древнейшие символы, аллегории, зашифрованные знания, истинный смысл которых был известен лишь высочайшим посвящённым. Здесь сокрыта и история развития человеческих Рас (время разделения полов), и наделение людей разумом (Змий-искуситель и вкушение плода с Древа Добра и Зла). Обо всём этом и многом другом рассказано в первой книге «Добро и Зло».

На обложке второй книги «Добро и Зло. Послания Владык Мудрости» размещено изображение кадуцея.

В оккультизме кадуцей считается символом Ключа, отворяющего границу, предел между светом и тьмой, жизнью и смертью, Добром и Злом.

Кадуцей (греч.) – «вестник, предвестник». Интересно, что в греческом языке слово «кадуцей» имеет общий корень со словом «петух», который, как известно, является предвестником утра и Солнца, то есть тоже открывает предел между ночью и днём, тьмой и светом.

В «Теософском словаре» Е.П. Блаватской о Кадуцее написано следующее:

«КАДУЦЕЙ (греч.). Греческие поэты и мифотворцы идею о Кадуцее Меркурия взяли у египтян. Кадуцея можно встретить в виде двух змей, обвившихся вокруг жезла, на египетских монументах, построенных перед Озирисом. Греки переделали его. Вновь мы находим его в руках Эскулапа, принявшим иную форму по сравнению со скипетром Меркурия или Гермеса. Это космический, сидеральный или астрономический, а также духовный и даже физиологический символ; его значение меняется вместе с применением. Метафизически Кадуцей изображает падение первичной и изначальной материи в грубую земную материю; единую Реальность, становящуюся Иллюзией (см. «Тайн. Доктр.», I, с. 685). Астрономически голова и хвост представляют точки эклиптики, в которых планеты и даже солнце и луна встречаются в тесном объятии. Физиологически это символ восстановления утерянного равновесия между Жизнью, как целым, и токами жизни, выполняющими разные функции в человеческом теле».

Кадуцей всегда был символом Посвящённого, а змеи издревле являются символами Мудрости. В древнегреческой мифологии мы видим кадуцей в руках многогранного Бога Гермеса, который в том числе считался Богом разумности и вестником богов.

Бог Гермес    Эскулап

Посох-кадуцей мы видим также в руках Эскулапа (Асклепия) – древнегреческого бога медицины и врачевания. Его кадуцей принял иную форму, что и отмечает Е.П. Блаватская в «Теософском словаре» – вместо двух змей посох обвивает одна змея. Этот посох-кадуцей стал впоследствии международным символом медицины.

Изображённая на обложке фигура человека на кадуцее тоже не случайна. Можно сказать, что человек является живым кадуцеем: жезл – это позвоночный столб, а две змеи представляют собой два потока-канала, по которым энергия циркулирует вдоль позвоночника. Два крыла на вершине кадуцея – это символ двух лепестков лотоса, которые в йоге символизируют высшую чакру Аджну. И сам кадуцей символизирует пробуждение и поднятие энергии Кундалини, путь к Божественности.

Таким образом, человек внутри себя имеет ключ – кадуцей, открывающий ему границу различения между светом и тенью, Добром и Злом.

Вот так познание начинается с обложки книги.

История написания книги «Добро и Зло. Частное прочтение «Тайной Доктрины» Е.П. Блаватской»

Об этом рассказала Татьяна Николаевна на семинаре «Добро и Зло», который проходил в литовском городе Каунасе в 2010 году.

«Примерно в начале 1997 года я нашла Учение «Саммит Лайтхауса», американской организации. И до этого я никогда не слышала ничего ни про падение ангелов, ни про Люцифера. Когда я попала к ним на семинар и услышала это Учение, я была окрылена, потому что мне казалось, что я нашла ответ на тот вопрос, который меня беспокоил: почему всё вокруг не так хорошо, как должно быть? И я поняла, что есть некто, кто несёт всю полноту ответственности за всё то безобразие, которое вокруг меня творится. И я подумала, что было бы очень хорошо людям дать это Учение, как можно шире рассказать о нём. Люди просто об этом не знают, поэтому всё так плохо вокруг.

И я даже пыталась тогда написать несколько главок, которые вошли в книгу «Добро и Зло». Это две первые главы: «Мятеж Люцифера» и «Падение человечества».

Осенью 2002 года во время медитаций мне стали приходить мысли: «Не всё так, как ты понимаешь в учении о Люцифере. Люцифер не такой плохой».

Обратите внимание: в 1998 году я узнала это Учение, а через 4 года в 2002 году я не смогла воспринять другую точку зрения – то знание, которое приходило изнутри меня. Мне говорили: «Ты не всё правильно понимаешь», а я отвергала это: «Нет, я не хочу этого слышать». И меня оставили в покое примерно на один год.

В 2003 году также осенью всё повторилось. Это были удивительные медитации, и приходили такие Великие Сущности, как Господь Сурия, Господь Санат Кумара, Господь Альфа. Владыки начали очень плотно со мной работать. И вновь стали приходить мысли о Люцифере: «Ты не всё так понимаешь о Люцифере, как оно есть».

Была одна медитация, когда пришёл Господь Альфа и сказал так: «По сути, ты являешься Люцифером в воплощении». «Почему я являюсь Люцифером, он же плохой?» – эта задача заставила меня очень серьёзно задуматься. Одна эта фраза, которую произнёс Господь Альфа, начала разворачивать моё сознание: «По сути, ты являешься Люцифером в воплощении».

Прошло ещё около года, я поехала на Алтай в отпуск на неделю (я работала тогда главным бухгалтером). Когда я собиралась в поездку, я спросила Владык: «Какую книжку взять почитать с собой?» И Они сказали мне: «Надо взять почитать с собой второй том "Тайной Доктрины" Блаватской».

На Алтае я уходила подальше от людей, от того места, где располагалась база отдыха, и садилась на берегу Катуни. И там я читала второй том «Тайной Доктрины» Блаватской.

Надо сказать, что до этого, примерно в 1991-1992 годах, я уже читала первый том. И хотя я его осилила, но ничего не поняла, абсолютно ничего не поняла. Поэтому я подумала, что второй том, наверное, не лучше.

Но поскольку Владыки сказали его читать, я стала его читать.

Я уходила туда, где нет никого. Это, оказывается, очень важно – попасть в такие условия, где нет людей на достаточно большом расстоянии (более километра). Я садилась и читала, и я не могла оторваться от этой книги. Для меня это был как любовный роман или детектив, то есть я читала книгу запоем. Чтение захватывало меня. Я понимала всё, что там написано, и я плакала от той Истины, которую я узнала. Я просто плакала от радости открытия.

Я вернулась в Омск, и тут со мной стали происходить дальнейшие чудеса. Владыки до этого говорили, что меня должны уволить с работы в августе. Но уже подходил к концу август, и 31 августа я вышла на работу, и 31 августа меня уволили. Это не было для меня трагедией, потому что я понимала, что работа, которую я должна сделать, она и есть главная работа. Она полностью меня захватывала, и я хотела поделиться с людьми теми откровениями, которые пришли ко мне, когда я читала второй том «Тайной Доктрины».

На тот момент я уже открыла сайт «Сириус» и делала рассылку «Сириус». У рассылки было около 100 человек подписчиков и примерно столько же в день заходило на сайт.

Я стала медитировать, и во время медитации мне приходили очень важные вещи. Информация шла блоками, но я не понимала, что это Диктовки. Я никак не могла понять, что могу принимать Диктовки. Но сразу же после того как я заканчивала медитацию, я не могла успокоиться, пока не набирала этот текст на компьютере. И затем я его должна была разослать сразу же – это было основным условием. То есть Владыки готовили меня к приёму Диктовок, и одним из условий была рассылка в тот же день. Поэтому я писала всего одну главку и сразу же её рассылала и устанавливала на сайт; писала вторую главку – рассылала и устанавливала на сайт.

Однако когда я вернулась домой в Омск, открыла второй том «Тайной Доктрины» и продолжила его читать, я обнаружила, что перестала понимать, что там написано. Но как можно писать о том, чего не понимаешь? Тогда я нашла такое решение. Я уходила в заброшенный, безлюдный парк на другом берегу реки Иртыш. Была осень: где-то конец сентября – начало октября. Я садилась, читала и через некоторое время вновь начинала понимать смысл. Тогда я делала выборки-цитаты: помечала просто страницу и абзац, страницу и абзац. И когда я возвращалась домой, я это всё соединяла в файле (у меня был электронный вариант «Тайной Доктрины»). Потом я медитировала, и мне приходила последовательность, в которой этот материал нужно устанавливать.

Интересно, что когда всё то же самое я получала изнутри себя, я этому не верила. Но когда всё то же самое я прочитала «снаружи», то я стала этому верить.

Я очень боялась делать рассылку на эту тему, потому что знала, что большинство людей так не думают, как здесь написано. Но это было необходимое условие, в этом был элемент теста. Когда я выполнила то, что просили Владыки, для меня открылась возможность дальнейшей работы. И если бы я тогда сказала: «Я не хочу больше этого ничего слышать», – не было бы Диктовок, не было бы Мантии Посланника, и Владыки никогда не стали бы со мной дальше работать.

Поэтому книга «Добро и Зло. Частное прочтение "Тайной Доктрины" Е.П. Блаватской» является самой главной из всех книг, и она является ключевой книгой.

«Тайная Доктрина» была написана в 1888 году. Более 120 лет назад всё это уже было написано. И человечество не спешит менять своё сознание. Такова инертность мышления».

Отказаться от любого проявления борьбы

В одном из комментариев к своей первой книге Татьяна Николаевна писала:

«Отношение человека к вопросу «падения» ангелов, «падения» человечества, «падения» Люцифера на самом деле определяет весь дальнейший ход его эволюции.

Человек или ищет «крайнего», на которого можно «свалить» все проблемы, несчастья и беды этого мира.

Или человек берёт всю ответственность за происходящее в этом мире на себя и начинает осознавать, что ничего в этом мире с ним не происходит из того, что не было бы ранее им самим создано, как предпосылки, причины происходящего.

И Бог, и дьявол находятся внутри нас.

И осознание этой простой истины способно изменить ситуацию на Земле».

Большинство людей проецирует свои собственные недостатки и несовершенства на других людей и делает из них своих врагов, вместо того чтобы увидеть свои собственные недостатки и искать «врага» внутри себя. Наш мир взял за образец беспощадную борьбу с каждым, кого считает своим врагом, и воспринимает это единственным средством для восстановления справедливости. Как же так получилось?

Владыки Мудрости в своих Посланиях дают ответы на эти вопросы.

Элохим Мир, 4 января 2010 года:

«По сути, корни этого сознания уходят вглубь веков, когда люди уже потеряли Божественные образцы в своём сознании. И им стало казаться, что Бог слишком уж медлит в наказании тех, кого, по их мнению, следует наказать.

Иллюзия стала такой плотной, что люди потеряли Божественное видение и Божественные ориентиры. Они решили подменить своими действиями Божественное правосудие. По их мнению, зло должно быть наказано, и если они этого не сделают, то кто это сделает?»[247]

И это основной принцип, по которому живёт большинство человечества сейчас: если мы не будем бороться со злом, то как оно исчезнет из нашего мира?

В Учении Владык Мудрости, переданном через Посланника Великого Белого Братства Т.Н. Микушину, дано совершенно новое понимание борьбы и указан другой, более высокий уровень сознания, который нам необходимо обрести на данном этапе эволюции.

Одна из первых диктовок, данных Владыками Мудрости, называется: **«Наступил момент, когда вы в своём сознании должны отказаться от любого проявления борьбы»**.

Владыка Эль Мория, 20 марта 2005 года:

«...наступило время, когда возникла настоятельная необходимость прояснить основное и главное противоречие. И это касается вопроса падения ангелов и вопроса падения Люцифера.

---

[247] Здесь и далее Послания и цитаты из Посланий Владык Мудрости взяты по изданию: Микушина Т.Н. **КНИГА МУДРОСТИ. Послания Владык.** – Омск: Издательский Дом «СириуС», 2018. – 1184 с. Далее: Книга Мудрости.

…Наступил момент, когда вы в своём сознании должны отказаться от любого проявления борьбы, в том числе борьбы с падшими ангелами.

…наступило время переосмыслить знания, данные в прошлом, и поднять ваше представление об Истине на новый уровень»[248].

Именно с этой целью Т.Н. Микушиной была написана книга «Добро и Зло. Частное прочтение "Тайной Доктрины" Е.П. Блаватской»[249], в которой описывается истинная история развития человечества, раскрывается причина появления Зла на Земле, рассказывается о Люцифере, Прометее и их истинной, Божественной сути, даются предвидения и рекомендации об эволюционном развитии человечества. Все эти знания даны на основе Тайного Учения, переданного человечеству Земли Великим Белым Братством через своего верного и преданного вестника Е.П. Блаватскую.

---

[248] Книга Мудрости. – С. 44-45.

[249] Добро и Зло. Частное прочтение «Тайной Доктрины» Е.П. Блаватской / Микушина Т.Н. – Омск: Издательский Дом «СириуС», 2008. – 166 с. Далее: Микушина Т.Н. Добро и Зло. Частное прочтение «Тайной Доктрины» Е.П. Блаватской.

Миссия Света

В Послании Владыки Эль Мории рассказывается о Миссии Великого Белого Братства, предпринятой в конце XIX века.

Владыка Эль Мория, 20 марта 2005 года:
«Мы, три царя – Эль Мория, Кутхуми и Джвал Кул – воплотились в 19 веке и получили возможность дать часть тайных знаний, которыми обладали лишь высочайшие посвящённые на этой планете.

Кутхуми  — Мория  — Джвал Кул

Нам удалось создать организацию «Теософское Общество» для распространения этих знаний. ...приёмником информации служила Е.П.Б., наша преданная ученица и последовательница.

Под нашу диктовку был написан ряд книг... И действительно, все труды, вышедшие через Блаватскую, содержали Истину, но форма подачи материала была намеренно запутана, чтобы этой Истиной могли воспользоваться только те души, находящиеся в воплощении, которые получат необходимые ключи для распознания этой Истины.

Наша задача была выполнена блестяще. Мы оставили на Земле материальное свидетельство древней Истины в виде напечатанных трудов Блаватской»[250].

Почему именно в то время – в конце XIX века – была предпринята эта миссия Света, и почему Истина была дана – «возвещена», но дана в намеренно запутанном виде, как бы «сохранена в тайне», поясняется в книге «Добро и Зло. Частное прочтение "Тайной Доктрины" Е.П. Блаватской» в главе «Немного о Е.П. Блаватской»:

«В четырнадцатом веке великий мудрец, просветитель, реформатор буддизма Цзон-Ка-Па напомнил мудрецам Тибета и Гималаев предписание очень древнего закона. Этот закон устанавливал необходимость соизмерения двух одинаково верных принципов: ИСТИНА ДОЛЖНА БЫТЬ СОХРАНЕНА В ТАЙНЕ, ИСТИНА ДОЛЖНА БЫТЬ ВОЗВЕЩЕНА. Ибо для невежественного человека преждевременное знание столь же фатально, сколь губителен свет для того, кто находился в темноте. Цзон-Ка-Па напомнил, что в конце каждого столетия должна быть сделана попытка просветить людей Запада, заботящихся исключительно о власти и материальном благополучии. И тогда была сделана попытка распространить свет и послать вестника.

Этот вопрос обсуждался в буддистском монастыре Галаринг Шо близ Шигацзе, находящемся на границе Китая и Тибета. Стоял вопрос, с кем можно направить послание недоверчивым и горделивым людям Запада. Было почти единогласно решено отказаться от этой попытки, ибо Запад утратил способность воспринимать и понимать истинное древнее Учение.

---

[250] Книга Мудрости. – С. 44.

Шигацзе    Буддистский монастырь

Однако двое согласились выполнить предписание Цзон-Ка-Па. Это был Мория, потомок властителей Пенджаба, и Кут Хуми из Кашмира. Они взяли на себя ответственность избрать вестника и отправить его на Запад, чтобы распространить там философию Востока и открыть часть тайн относительно природы человека.

Выбор пал на Е.П. Блаватскую, которая была кармически связана с Учителем Мория.

Она была избрана благодаря своему медиумическому дару, благодаря своим сверхнормальным способностям, которые она проявляла с детства. Эти способности давали возможность Махатмам Мория и Кут Хуми мысленно сообщаться с ней на расстоянии. Она была избрана также за свою бескорыстную веру, за безграничную любовь к знанию, за тот пыл, который побуждает некоторые существа поднимать все выше живой светоч их разума и даже с риском погибнуть среди того мрака, которым мы окружены»[251].

Через много лет Госпожа Теософия (Е.П. Блаватская) в своём Послании человечеству Земли также рассказывает о своей Миссии.

---

[251] Цитата приведена из предисловия к книге «Письма Махатм». См.: Письма Махатм. – Самара, 1993.

Госпожа Теософия, 19 января 2010 года:

«...я горжусь хорошо выполненной работой. Вы не знаете, кто на самом деле являлся автором написанных мной книг. Для вас это Владыки Мория, Кут Хуми, Джвал Кул, Маха Чохан. В то же время это была грандиозная миссия Света. И очень высокие духи смогли прийти в воплощение, чтобы исполнить эту миссию. И до сих пор не было дано ничего, что можно было бы поставить рядом на одну полку с написанными в моё воплощение Блаватской книгами.

Конечно, информация зашифрована. Нельзя было многие вещи дать открыто. И до сих пор многие вещи ещё рано давать. Однако для тех искренних искателей Истины, которые не боятся трудностей, которые открыли свои сердца к познанию Истины, могут быть открыты те ключи, которые дадут понимание очень многого»[252].

---

[252] Книга Мудрости. – С. 868.

О «Тайной Доктрине» и «Книге Дзиан». Преемственность в передаче Учения

Книга «Тайная Доктрина» впервые была опубликована в 1888 году.

Слово «доктрина» с латинского переводится как «учение». В «Тайной Доктрине» изложено Учение, известное ранее только высочайшим посвящённым. В ней речь идёт о древней «Книге Дзиан», и «Тайная Доктрина» по своей сути является изложением и развёрнутым комментарием 19-ти Станц (глав) «Книги Дзиан».

Слово «дзин», или «дзиан» – тибетское, это искажённое санскритское слово «дхиан» – мудрость, Божественное знание. То есть «Книга Дзиан» – это книга Мудрости и Божественного Знания.

Эзотерики считают, что «Книга Дзиан» – самая древняя известная книга о создании Вселенной и Жизни. Никто не знает возраста этой книги и кем она была написана. Тексты этого древнего манускрипта не хранятся ни в одной из европейских библиотек. В первоисточнике эту Книгу не видел ни один исследователь древних рукописей. Современным лингвистам неизвестен таинственный язык «Сензар», на котором написана загадочная Книга.

«Предания говорят, что книга эта была записана на Сензарском языке – тайном священном языке – со слов Божественных Существ, продиктовавших ее Сынам Света в Центральной Азии, при самом начале нашей Пятой Расы…»[253]

Также эзотерики утверждают, что Книга открывается только по частям, только Посвящённым и только под руководством Великих Учителей.

В «Тайной Доктрине» перед Предисловием стоят такие замечательные слова: *«Знание превыше всего. Каждый, кто принёс частицу знания, уже есть благодетель человечества. Каждый, собравший искры знания, будет подателем Света»*[254].

Через 116 лет в 2004 году Т.Н. Микушина написала книгу «Добро и Зло. Частное прочтение «Тайной Доктрины» Е.П. Блаватской».

В предисловии к своей книге Т.Н. Микушина говорит:

«Мне думалось, что если дать миру… понимание Добра и Зла, то мир изменится. Он не может не измениться. Просто люди ничего не знают. Нужно рассказать им»[255].

Ниже приводим два Послания, о которых шла речь в данной главе.

---

[253] Здесь и далее по тексту *жирным курсивом* приводятся цитаты из «Тайной Доктрины». См.: Блаватская Е.П. Тайная Доктрина. – М.: Эксмо; Харьков: Фолио, 2013. – Том 1. – 880 с.; Том 2. – 944 с. – (Великие посвящённые). Далее: Тайная Доктрина.

[254] Тайная Доктрина. Том 2. – С. 7.

[255] Микушина Т.Н. Добро и Зло. Частное прочтение «Тайной Доктрины» Е.П. Блаватской. – С. 4.

Наступил момент, когда вы в своём сознании должны отказаться от любого проявления борьбы[256]

Возлюбленный Эль Мория
20 марта 2005 года

Я ЕСМЬ Эль Мория! Я ЕСМЬ пришёл!

Возлюбленные, вы узнали меня? Прислушайтесь к моим вибрациям. Есть нечто, стоящее за всеми словами и образами, и это Божественная Реальность, которую невозможно спутать ни с чем.

Я пришёл к вам из этой Высшей Реальности, чтобы дать следующее Учение.

Когда я находился в воплощении в последний раз, и вы слышали об этом воплощении как Эль Мории, я приходил с целью дать западным ученикам часть тайных знаний, которыми обладали посвящённые со времён древней Лемурии и Атлантиды. Доступ к этим знаниям был открыт для очень немногих посвящённых, приходящих в воплощение вновь и вновь, чтобы поддерживать пламя Истины горящим в этой физической октаве.

Огонь Истинного Знания никогда не угасал, но он был доступен очень малому кругу людей, тщательно охраняющих эти знания от профанов и неофитов.

Мы, три царя – Эль Мория, Кутхуми и Джвал Кул – воплотились в 19 веке и получили возможность дать часть тайных знаний, которыми обладали лишь высочайшие посвящённые на этой планете. Нам удалось создать организацию «Теософское Общество» для распространения этих знаний.

---

[256] Книга Мудрости. – С. 43-46.

В силу отрицательного отношения Запада ко всему, приходящему из Индии и Тибета как низшему знанию по сравнению со знаниями, которыми якобы обладали лучшие умы того времени, мы вынуждены были использовать посредников, обладающих способностями по приёму и трансляции образов и знаний, содержащихся в наших физических умах. Таким приёмником информации служила Е.П.Б., наша преданная ученица и последовательница. Мы также использовали нескольких людей, принадлежащих к аристократическим кругам Англии, для продвижения наших идей.

Под нашу диктовку был написан ряд книг. Мы тщательно выверяли всё, поступающее в печать, чтобы как можно более качественно донести Истину. И действительно, все труды, вышедшие через Блаватскую, содержали Истину, но форма подачи материала была намеренно запутана, чтобы этой Истиной могли воспользоваться только те души, находящиеся в воплощении, которые получат необходимые ключи для распознания этой Истины.

Наша задача была выполнена блестяще. Мы оставили на Земле материальное свидетельство древней Истины в виде напечатанных трудов Блаватской.

Хотя, конечно, истинное авторство этих книг оставалось за нами.

И мы достигли поставленной цели. Творческая мысль лучших умов Запада приобрела верное направление. И брошенное нами зерно знания проросло во многих эзотерических учениях в следующем 20 веке.

Мы не могли дать наше Учение в России. Так как эта страна была более всего восприимчива к получению этого знания, но именно из-за того, чтобы это знание не было доступно русским, были предприняты все попытки со стороны нашей оппозиции,

чтобы это Учение получило распространение в России с опозданием на целых 100 лет.

И когда оно, наконец, пришло в Россию, это знание уже было разбавлено и замутнено многими другими Учениями, рождёнными на земле Америки.

И хотя в основе этих эзотерических учений лежали знания, изложенные нами в наших трудах, опубликованных через Блаватскую, всё же искажения, свойственные американскому мышлению, присутствовали в этих учениях в значительной степени.

И если мы, когда давали знания, намеренно запутывали информацию, чтобы не обнажить Истину перед неподготовленными умами, то в новых американизированных учениях истина была разбавлена ложью без всякого нашего желания.

Эти американизированные суррогаты дошли, наконец, до России. И польза была хотя бы в том, что люди обратились к трудам Блаватской, за достоверность которых мы несём личную ответственность, так как сами участвовали в создании этих книг.

Однако в умах искренних учеников произошла путаница, связанная с тем, что было отмечено много противоречий между новыми американизированными учениями и учениями, которые давали мы.

Поскольку новые учения были даны простым и доступным языком, то предпочтение было оказано именно этим новым учениям.

Однако наступило время, когда возникла настоятельная необходимость прояснить основное и главное противоречие. И это касается вопроса падения ангелов и вопроса падения Люцифера.

В прошлом году мы предприняли попытку через нашего Посланника Татьяну дать более простое изложение вопроса падения ангелов и вопроса падения человечества, разъясняя и проясняя изложение «Тайной Доктрины».

И вот сейчас я вынужден опять вернуться к этому вопросу, потому что мы видим, что этот вопрос сейчас для лучших наших учеников вышел на первый план.

Поэтому мы настаиваем на том, чтобы вы более внимательно рассмотрели эту тему так, как она изложена в «Тайной Доктрине».

Наступил момент, когда вы в своём сознании должны отказаться от любого проявления борьбы, в том числе борьбы с падшими ангелами.

На самом деле в этом вопросе столкнулись две точки зрения, два подхода ко взгляду на историю человечества и взгляду на концепцию развития Вселенной. Это подход, свойственный восточной философии, нашедший своё отражение в религиозных системах Индии и Тибета, и подход, свойственный западному сознанию и заимствованный из мировоззрения, присущего западной христианской мысли и этим американизированным новым учениям.

Россия, как страна, находящаяся между востоком и западом по своему географическому положению, имеет потенциал вместить и усвоить обе философские системы.

Поэтому мы вновь приходим через русского Посланника, чтобы направить вашу мысль.

Лучше, чем вопросы падения ангелов и так называемого мятежа Люцифера изложены в трудах, написанных нами, когда мы находились в воплощении, эти вопросы не изложены нигде.

Поэтому наступило время переосмыслить знания, данные в прошлом, и поднять ваше представление об Истине на новый уровень.

Всякий раз, когда у вас возникает желание бороться с падшими ангелами, вспоминайте, что каждый из вас имеет этого ангела в качестве так называемого пятого принципа, или Я Христа.

Вы не можете бороться с частью самих себя. Ваша задача как раз помочь этому падшему ангелу вернуться Домой к Богу. А мешают ему это сделать ваши четыре нижних тела, обременённые накопленным вами кармическим багажом за долгие и долгие воплощения на Земле.

Поэтому все усилия должны быть направлены вами на то, чтобы расстаться с нереальной частью вас самих, вашим эго, вашими кармическими наслоениями и возвысить своё сознание до уровня вашего Я Христа, вашего Ангела-Хранителя. Это следующий этап эволюции, и он произойдёт, как бы сильно вы ни сопротивлялись и как бы ни цеплялись за любую услужливо вам предоставляемую систему, которая уводит вас на путь борьбы.

Вспомните Учение Иисуса, вспомните Учение Будды. Кто-то из них учил бороться с падшими ангелами?

Перечитайте Библию. Даже в этом не совсем чистом, с нашей точки зрения, источнике можно найти верные представления об истории развития Земли, если прочитать эти цитаты, воспользовавшись ключами, данными в «Тайной Доктрине».

Много усилий и много энергии мы затратили на то, чтобы преодолеть сопротивление внешнего сознания Татьяны, преодолеть любое почитание предыдущих Посланников и преодолеть понятия о падших ангелах, данные через этих Посланников из Америки.

Поэтому я говорю, пока существует возможность говорить через этого Посланника, и я утверждаю, что время изменилось и необходимо взойти на новый уровень осознания Божественной Истины.

Вы можете выбирать. Вы можете размышлять. Однако не забывайте, что есть космические сроки, и те, кто не уложатся в эти сроки, будут глотать дорожную пыль.

Я ЕСМЬ Эль Мория Хан.

Две миссии Света[257]

Госпожа Теософия
19 января 2010 года

Я ЕСМЬ госпожа Теософия.

Наверное, для вас лучше, если я представлюсь по наиболее известному моему воплощению. Итак, Я ЕСМЬ ЕПБ – Елена Петровна Блаватская. И я очень рада этому случаю, этой возможности, которая мне предоставлена по передаче Послания нынешнему человечеству Земли.

Я знаю, что до сих пор моё имя вызывает неоднозначную реакцию со стороны многих людей. Однако феномен моих способностей всё же возымел нужное действие, и человечество, по крайней мере, печатает книги, написанные мной, и некоторые особенно упорные люди пытаются даже их читать.

Я очень рада этому факту, потому что это было феноменальной миссией Света, когда я служила лишь проводником, а за кулисами, без прямого контакта с множеством людей, могли спокойно совершать свою миссию известные вам сейчас Владыки Мория, Кут Хуми, Джвал Кул.

Феномен моей плодовитости в написании книг до сих пор не может быть объяснён с точки зрения обычной человеческой логики. И мало того, то, что написано в этих книгах, многими до сих пор воспринимается как величайшая мистификация.

Что ж, мы рассчитывали, что примерно через сто лет написанные с моей помощью книги Владык будут доступны для понимания человечеством Земли. Мы просчитались. До сих пор бесценная информация, содержащаяся в этих книгах, не изучена

---

[257] Книга Мудрости. – С. 868-870.

и не понята. К величайшему стыду человечества. И даже многие считают, что эта информация уже устарела, и сейчас все законы развития общества поменялись.

Дело каждого верить в то, во что он желает верить. Однако я горжусь хорошо выполненной работой. Вы не знаете, кто на самом деле являлся автором написанных мной книг. Для вас это Владыки Мория, Кут Хуми, Джвал Кул, Маха Чохан. В то же время это была грандиозная миссия Света. И очень высокие духи смогли прийти в воплощение, чтобы исполнить эту миссию. И до сих пор не было дано ничего, что можно было бы поставить рядом на одну полку с написанными в моё воплощение Блаватской книгами.

Конечно, информация зашифрована. Нельзя было многие вещи дать открыто. И до сих пор многие вещи ещё рано давать. Однако для тех искренних искателей Истины, которые не боятся трудностей, которые открыли свои сердца к познанию Истины, могут быть открыты те ключи, которые дадут понимание очень многого. Я скажу больше.

Вы можете, проецируя описание прошлого Земли и человечества на настоящий момент, получить полное представление о том, что будет происходить.

Печально, что умы лучших представителей человечества сейчас отвлекаются на массу ненужных дел. Очень много различной деятельности вокруг, которая увлекает и отвлекает от той миссии, ради которой многие искренние души пришли в воплощение. И я могу назвать несколько десятков людей, которые находятся в воплощении и которые должны были работать по донесению до человечества зашифрованных положений «Тайной Доктрины». Однако все они увлеклись делами, которые не очень украшают их. Я предвижу их реакцию, когда они совершат переход и увидят, как бесцельно прожита жизнь.

Увлечение иллюзорными проблемами и целями – главная беда современных людей. Кроме этого, есть ещё одна трудность. Современные коммуникации привели к тому, что сознание людей потеряло способность к сосредоточению и концентрации, необходимым для познания Истины, для нахождения этой Истины между строк, особенно тогда, когда она разбросана намеренно не то что по разным страницам, но и по разным томам.

Этот Посланник получила возможность работы, благодаря тому что выполнила условие, которое перед ней поставили Владыки. И это условие было – раскрытие одной маленькой неточности в человеческом восприятии, а именно неточности, касающейся Люцифера и падших ангелов. Владыкам потребовался год усиленной работы с сознанием этого Посланника, чтобы эта Истина понемногу стала восприниматься её сознанием. Дело в том, что есть небольшое отличие моей работы, которую выполняла я, и работы этого Посланника. И это отличие касается того, что я транслировала информацию, которая приходила ко мне с физического плана от воплощённых Владык. Поэтому я могла записывать вещи, которых не было в моём сознании.

Этот Посланник записывает вещи, которые приходят с более тонких планов, точнее, с эфирного плана. Поэтому её сознание не может вместить очень многих вещей.

Я служила транслятором на физическом плане. Этот Посланник служит транслятором с более тонкого плана. И то, что сознание Посланника не приемлет или отторгает, не может быть передано. Кроме всего прочего, для Владык важен естественный ход эволюции сознания этого индивидуума.

Опираясь на свой опыт и сравнивая свою работу с той работой, которую выполняет данный Посланник, я могу сказать, что по-прежнему все достижения происходят за счёт большой нагрузки, испытываемой как физическим, так и более тонкими телами Посланника. И эта нагрузка не может быть сравнима ни с одной из работ, которые существуют в мире.

Чем больше проводится энергии, тем большая нагрузка ложится на тела Посланника. И если бы к энергетической составляющей была добавлена ещё принципиально новая информация, то нагрузку нельзя было бы выдержать совершенно.

Мою миссию страховали несколько воплощённых в то время Владык. Все те, кто должен был быть рядом с этим Посланником, выбрали свои иллюзорные цели и растворились в миру.

Поэтому остаётся задача проведения Света в физический мир. И в этом случае современные коммуникации наконец-то оправдывают себя. Потому что вся энергия, содержащаяся в Послании, в тот же день имеет возможность быть получена многими тысячами людей, находящимися в разных уголках Земли. И даже если не брать во внимание тех, кто читает эти Послания просто потому, что это модно, то всё равно остаётся достаточное количество светоносцев, которые загораются в момент чтения Послания, и мы имеем возможность охватить постоянными изо дня в день импульсами Света во время цикла Посланий практически весь земной шар.

Что ж, если человечество отвыкло и не хочет работать с информацией, которая дана ещё во время моего воплощения около 150 лет назад и требует только систематических усилий для усвоения, то мы зайдём с другой стороны, со стороны насыщения человеческого сообщества Светом и энергией.

Для первого нашего знакомства с вами, дорогие друзья, я достаточно сказала.

Не могу удержаться, чтобы не отметить ещё один важный факт. В моё время я бы не смогла работать в России, как это возможно в ваше время. И это очень большой плюс. Не только для России, но и для всего мирового сообщества.

Я ЕСМЬ госпожа Теософия.

«Падение Ангелов».
Наделение человечества разумом

Краткая история развития первых человеческих Коренных Рас

Из «Тайной Доктрины» известно, что человек развивался постепенно на протяжении миллионов лет, последовательно проходя через определённые стадии развития, которые называются Коренными Расами. Всего в своём развитии человечество должно пройти семь стадий развития, или семь Рас.

Примерно 200-300 миллионов лет назад в соответствии с Законом Космических Циклов наступило время появиться человечеству на Земле. Согласно «Книге Дзиан» для создания человечества были призваны два класса Высших Сущностей: это Лунные Духи – Питри и «другие» – Владыки Пламени.

Лунные Духи Питри выделили из своих астральных тел «тени» – Чхая, которые стали «телами» людей Первой Коренной Расы. Другие Высшие Сущности – Владыки Пламени «отказались» в тот момент участвовать в создании человека – «остались позади», как говорится в Станце «Книги Дзиан». Что это означало для развития человечества, будет рассмотрено ниже.

О Второй Коренной Расе известно, что она произошла через «почкование», или выделение из Первой Расы. Вторая Раса была более плотной, но по-прежнему не имела физического тела.

Вот как о первых Коренных Расах рассказывает в своём Послании Богиня Свободы.

Богиня Свободы, 21 декабря 2009 года:

«Если уйти вглубь веков и вспомнить очень давнюю историю человечества, то человечество не было ещё погружено в материю. Оно существовало на более тонких планах бытия. Это было многие миллионы лет назад.

Но каждый из вас, кто читает это моё Послание, жил в те времена. Это был младенческий возраст для человечества Земли.

И в этом младенчестве человечество было безгрешно. Оно обладало способностью телепортации, осаждения, оно постоянно пребывало в состоянии блаженства и единства с Творцом»[258].

Нас интересует Третья Коренная Раса, которая, как говорится в «Тайной Доктрине», ***«…образовалась из капель «Пота», которые после многочисленных превращений развиваются в человеческие тела»***[259]. Эта Раса обитала на континенте Лемурия.

Чем была примечательна эта Раса?

1. В Третьей Коренной Расе произошло разделение полов – появились определённо выраженные мужчины и женщины.

2. Кроме того, примерно 18 млн. лет назад человечество обрело физическое тело.

И ещё два очень важных события относятся ко временам Третьей Коренной Расы – это так называемое «падение ангелов» и «падение» человечества.

---

[258] Книга Мудрости. – С. 809.
[259] Тайная Доктрина. Том 2. – С. 205.

Семеричность человека

Известно, что физический человек представляет собой сложную структуру, состоящую из семи тел, или семи принципов. В одном из Посланий Владык Мудрости строение человека сравнивается с русской игрушкой матрёшкой – деревянными куклами, вложенными одна в другую.

Знание о семеричном строении человека – это очень древнее знание. В Станце VII «Книги Дзиан» говорится о *«никогда неумирающем три-язычном Пламени четырёх фитилей»* и в комментарии к Станце поясняется:

«Три-язычное Пламя, никогда неумирающее», есть бессмертная духовная триада – Атма, Буддхи и Манас или, вернее, плод последнего, ассимилированный первыми двумя после каждой земной жизни. «Четыре Фитиля», которые выходят и гаснут, суть четыре низших принципа, включая тело»[260].

---
[260] Тайна Доктрина. Том 1. – С. 319-320.

Согласно Учению Владык Мудрости человек имеет Высшую бессмертную часть, которая находится в тонком мире, и низшую часть. К Высшей бессмертной части относятся три тела: Я ЕСМЬ Присутствие (в теософии – Атма), Каузальное тело (Буддхи) и Я Христа (Высший Манас[261]).

Низшие тела – это физическое, астральное, ментальное (его ещё называют Низший Манас) и эфирное.

Формирование жизни происходит вокруг Монад, или Божественных фокусов (их можно условно сравнить с Я ЕСМЬ Присутствием, бессмертной частицей в нас), которые первоначально были перенесены на нашу планету с Луны.

В «Тайной Доктрине» и Посланиях Владык Мудрости даются пояснения об эволюции человека:

«...во всех древних Писаниях и Космогониях указано, что изначала человек эволюционировал как светящаяся, бесплотная форма, поверх которой, подобно расплавленной бронзе, вливаемой в модель ваятеля, была построена физическая форма его тела, посредством и из низших форм и типов животной земной жизни»[262].

Я ЕСМЬ ТО ЧТО Я ЕСМЬ, 18 июня 2005 года:

«Каждый раз, когда наступает этап, создаются искры. Каждая из этих искр, или монад, служит зародышем будущего существа. Каждое существо проходит в своём развитии множество стадий, постепенно уплотняясь и совершенствуясь.

Сначала вы были непроявленным минералом, потом вы стали камнем. Вы стали растением, и вы стали низшим животным.

---

[261] Манас (санскр.) – буквально «разум». Умственная способность, делающая человека разумным и нравственным существом и отличающая его от простого животного (Теософский словарь Е.П. Блаватской).

[262] Тайна Доктрина. Том 2. – С. 130.

Вы меняли свои низшие тела, но оставалась ваша бессмертная частица»[263].

В Третьей Коренной Расе человек обрёл своё физическое тело. Но даже после этого у человека Третьей Расы ещё отсутствовали два тела, которые можно ассоциировать с ментальным телом и Я Христа. То есть человек не обладал разумом: он был человеком только по форме, но по сути ничем не отличался от животного. И, кроме того, человек не имел посредника, который бы соединял его духовную, бессмертную часть и физическое тело.

«Он не имел срединного Принципа, который мог бы служить ему посредником между Высшим и Низшим – Духовным Человеком и физическим мозгом, – ибо ему недоставало Манаса (Мыслителя)»[264].

Господь Майтрейя, 17 июня 2005 года:
«Человек жил подобно растению. Сознание человека было беспорочно. И всё было хорошо. За исключением одной малости. Человек не имел разума.

И так как человек не имел разума, то он не мог творить. Он не мог созидать, и он не мог развиваться.

Существование человека было подобно существованию животных»[265].

То есть человек вёл безответственное, бессознательное существование.

---

[263] Книга Мудрости. – С. 288.
[264] Тайна Доктрина. Том 2. – С. 94.
[265] Книга Мудрости. – С. 285.

Наделение человечества Разумом

Эволюция человека была направлена и продвинута Высшими Разумами

«Тайная Доктрина» утверждает, что своими усилиями человечество не смогло бы выбраться из животного состояния:

«...животный человек никогда не был бы в состоянии подняться от этой Земли и достичь личными усилиями своей конечной цели.

Цикловое Странствование должно было бы совершиться через все планы существования наполовину бессознательно, если и не вполне, как мы видим это на примерах животных»[266].

---
[266] Тайна Доктрина. Том 2. – С. 120.

Природа, физическая эволюция, которая развила физические тела, не могла бы развить Разум сама по себе. Для этого нужно было дополнительное содействие. Эволюция человека была направлена и продвинута Высшими Разумами, чьё посредничество является необходимым фактором в схеме развития человека.

Будда Рубинового Луча, 20 апреля 2005 года:

«Так устроена эта Вселенная и таков путь эволюции всего живого в этой Вселенной, что наступают сроки, и Высшие Существа отдают свой моментум достижений в виде служения жизни и сливаются с низшей формой жизни, чтобы дать ей необходимый для развития Божественности импульс»[267].

В «Книге Дзиан» в Станце VII описывается, как человек обрёл Разум.

«СЫНЫ МУДРОСТИ, СЫНЫ НОЧИ, ГОТОВЫЕ ВНОВЬ РОДИТЬСЯ, СПУСТИЛИСЬ. ОНИ УВИДЕЛИ НИЗКИЕ ФОРМЫ ПЕРВОЙ ТРЕТИ (a). «МЫ МОЖЕМ ИЗБРАТЬ», СКАЗАЛИ ВЛАДЫКИ (МУДРОСТИ), «МЫ МУДРЫ». НЕКОТОРЫЕ ВОШЛИ В ЧХАЯ, ДРУГИЕ УСТРЕМИЛИ ИСКРУ, НЕКОТОРЫЕ ВОЗДЕРЖАЛИСЬ ДО ЧЕТВЁРТОЙ. ИЗ СВОЕЙ СОБСТВЕННОЙ РУПА НАПОЛНИЛИ ОНИ КАМА. ТЕ, КТО ВОШЛИ, СДЕЛАЛИСЬ АРХАТАМИ. ТЕ, КТО ПОЛУЧИЛИ ЛИШЬ ИСКРУ, ОСТАЛИСЬ ЛИШЕННЫМИ ЗНАНИЯ; ИСКРА ГОРЕЛА СЛАБО (b). ТРЕТЬИ ОСТАЛИСЬ РАЗУМА-ЛИШЕННЫМИ. ДЖИВЫ ИХ НЕ БЫЛИ ГОТОВЫ. ЭТИ БЫЛИ ОТДЕЛЕНЫ СРЕДИ СЕМИ. ОНИ СТАЛИ УЗКО-ГОЛОВЫМИ. ТРЕТЬИ БЫЛИ ГОТОВЫ. «В ЭТИХ ПРЕБУДЕМ МЫ», СКАЗАЛИ ВЛАДЫКИ ПЛАМЕНИ И ТЕМНОЙ (СКРЫТОЙ) МУДРОСТИ (c).

---

[267] Книга Мудрости. – С. 124.

«Эта Станца содержит в себе полный ключ к тайнам зла, так называемому Падению Ангелов и ко многим проблемам, которые так смущали мозги философов со времен зарождения памяти человека. Она разрешает тайну последующего неравенства в умственных способностях, в рождении или социальном положении и дает логическое объяснение непонятному кармическому течению на протяжении воспоследовавших эонов. Ввиду трудности этого вопроса мы попытаемся теперь дать возможно лучшее объяснение»[268].

Кто были эти Высшие Существа, одарившие человека Разумом?

---

[268] Тайная Доктрина. Том 2. – С. 188.

Станца VII называет их Владыками Пламени и Владыками Тёмной (Скрытой) Мудрости, или Сынами Ночи. Это означает, что Они существовали, не теряя свою индивидуальность, во время Ночи Брамы – Пралайи, когда ещё ничего не было, не было даже проявленной Вселенной.

Эти Сыны Мудрости бесчисленные эоны лет назад, в предыдущих Манвантарах, в других мирах все уже были людьми разных форм и обликов. Они уже окончили аналогичную земной человеческую школу и пребывали в состоянии нирваны, блаженства.

«Ни одна Сущность, будь она ангельской или человеческой, не может достичь состояния Нирваны или же абсолютной чистоты иначе, нежели через эоны страданий и познавания зла, так же как и добра, ибо, в противном случае, последнее остаётся непонятным»[269].

Эти Высшие Сущности, не имеющие никаких проводников, или принципов, кроме трёх Высших тел, и пребывающие в состоянии блаженства, или нирваны, пожертвовали этим своим состоянием, чтобы прийти на Землю и поделиться с человечеством Земли частью своих достижений.

Это событие отражено в различных древних учениях и религиях, и об этих Сынах Мудрости там говорится как о Высших Ангелах, Высших Духах, Логосах, Дхиан-Коганах, рождённых Божественным Разумом – Махатом. В разных религиозных системах их называют: Манасы, Раджасы, Кумары, Девственные Ангелы (к которым принадлежат Архангелы Михаил и Гавриил), Асуры, Агнишватты и Бархишады, святые Аскеты и Йоги.

---

[269] Тайная Доктрина. Том 2. – С. 95.

Что же побудило этих Сынов Ночи, Сынов Тёмной Мудрости «вновь родиться»?

«Тайная Доктрина» поясняет, что существует Вечный Закон Циклов перевоплощений, согласно которому при каждой новой Манвантаре наступает очередь воплотиться, «вновь родиться», тем высоким Сущностям, которые отдыхали от воплощений в предыдущих Кальпах (Днях Брамы).

Миссия этих Сынов Мудрости – ***«создать мыслящих сущностей из астральных статуй, выявленных их низшими братьями»***[270], завершить творение Божественного человека.

Возлюбленный Заратустра, 30 марта 2005 года:

«Это было падение в зарождение Высших Духов, или Ангелов. Они сошли частично под влиянием Космического Закона, частично руководствуясь собственным побуждением спасти че-

---

[270] Тайная Доктрина. Том 2. – С. 110.

ловечество Земли от уничтожения. Поскольку лишённое разума человечество не могло соответствовать Божественной цели, с которой оно было создано.

Изъян в человеке удалось исправить жертвой со стороны этих Высоких Существ, которые пожертвовали своим нирваническим покоем, чтобы сойти и помочь.

Они сошли и наделили людей разумом и частью собственных свойств, которые являлись лишь бледным отражением их прежних заслуг в прошлых манвантарах»[271].

Таким образом, в акте Высшего самопожертвования Сыны Мудрости сошли в материю и наделили человечество Земли Разумом и тем самым спасли его от уничтожения. Впоследствии этот процесс схождения Высоких Сущностей в воплощение аллегорически был назван «падением Ангелов».

Наделение разумом зависит от готовности человека

Приведём комментарий из выступления Т.Н. Микушиной на семинаре «Добро и Зло», проходившем в 2010 году в г. Каунасе.

«В определённый момент времени в соответствии с Космическим Законом, когда пришло время, Владыки Пламени, или Владыки Скрытой Тёмной Мудрости воплотились в телах людей. Но не все из них могли воплотиться полностью, потому что наши тела не были готовы принять столь Высоких Духов.

Люди, которые были готовы принять Высоких Духов, стали Архатами, то есть Божественными воплощениями. Они мог-

---

[271] Книга Мудрости. – С. 69.

ли творить силой мысли, они могли создавать всё вокруг только с помощью своей мысли, Крияшакти – силой Йоги. То есть фактически это были Боги, которые ходили среди людей.

Но остальное человечество, к которому принадлежим мы, к сожалению, не могло принять в себя этих Высоких Духов, и поэтому мы получили только Искру, то есть ускорение пятого принципа, или Я Христа. Нам чуть-чуть ускорили развитие, чтобы мы немножко стали понимать, что мы люди.

Это произошло во времена Третьей Коренной Расы, примерно 18 млн. лет назад».

Рассмотрим наделение человечества разумом более подробно.

Согласно «Тайной Доктрине» процесс наделения разумом напрямую зависит от готовности человека, в том числе физиологической и физической готовности человека. В Третьей Коренной Расе люди были разные по своей степени готовности принять Высший Разум.

Были люди, готовые принять в себя Высший Разум. Поэтому часть Высоких Существ – Сынов Мудрости вошли в тела этих людей. «И они стали Архатами, то есть Божественными воплощениями. И они могли творить силой мысли, они могли создавать всё вокруг только с помощью своей мысли, Крияшакти – силой Йоги. То есть фактически это были Боги, которые ходили среди людей» (см. комментарий Т.Н. Микушиной выше).

Эти *«Сыны Воли и Йоги»* стали Предками, Духовными Праотцами всех последующих и настоящих Архатов, или Махатм – *«Сокровенными Семенами будущих Спасителей человечества»*.

В Третьей Коренной Расе также были люди, которые в силу каких-то своих эволюционных причин были *«наполовину готовы»*. То есть тела этих людей не были готовы полностью принять Сынов Мудрости.

В этих людей Высокие Духи – Сыны Мудрости «устремили искру» (Искру Разума). Они остались *«лишёнными знания»* – Высшей Мудрости, им лишь немного ускорили развитие, чтобы они стали понимать, что они – люди. К ним относится основная масса современного человечества.

Это люди, которые остались полу-разумными, *«…составляют средний уровень человечества, и они должны приобрести свою разумность в течение эволюции настоящей Манвантары, после чего в следующей они будут вполне готовы воспринимать «Сынов Мудрости»*[272].

---
[272] Тайная Доктрина. Том 2. – С. 195.

Заратустра, 30 марта 2005 года:

«Миллионы лет назад каждый из вас, кто читает эти строки, был наделён искрой Божественного разума благодаря схождению в вас части Высоких Духов, пришедших наделить вас разумом.

И каждый из вас имеет внутри себя частицу этих Владык, называемых в разных учениях по-разному: Владыками Мудрости, Вознесёнными Владыками или Владыками Шамбалы.

Семь Великих Духов сошли. Каждый дал частицу себя миллионам душ людей.

И люди получили возможность жить и развиваться. И каждый из людей получил внутрь себя частицу Высокой Души, которая стала его внутренним учителем, его Ангелом-Хранителем, или Я Христа»[273].

Основная часть человечества – **«наполовину готовая»** – получила только Искру Разума, то есть ускорение Пятого Принципа или Я Христа (Высшего Манаса).

---

[273] Книга Мудрости. – С. 70.

Однако, как говорится в Станце VII, *«Искра горела слабо»*. А в наше время ситуация ещё усугубилась.

Возлюбленный Заратустра, 30 марта 2005 года:
«Искра разума, горящая в храме каждого человека, тлеет сейчас, а у многих близка к угасанию или погасла.

Поэтому для возгорания этой искры даётся Учение, даются наставления»[274].

Также в Третьей Расе были люди, которые совсем не были готовы к получению Разума. Это были ***«самые последние Монады, едва лишь развившиеся из своих последних, переходных и низших животных форм…»*** В Станце о них говорится как об оставшихся *«узкоголовыми»*[275], неразумными.

Эти люди, лишённые разума, тоже оставили свой след в истории развития человечества. Первоначально после разделения полов они не могли правильным образом направить свой половой инстинкт и стали совокупляться с самками животных, породив тем самым обезьян. Это создало карму, которая в последующем легла на тех Сынов Мудрости, которые «отложили» своё воплощение до последующих времён.

Из описания процесса наделения человечества разумом следует важный вывод и ответ на вопрос о тайне последующего неравенства в умственных способностях, в рождении и социальном положении людей:

«Этим объясняется иначе не объяснимая разница в степени разумности, наблюдаемая даже в настоящее время среди различных рас людей – дикарей, бушменов и европейцев»[276].

---

[274] Книга Мудрости.– С. 70.

[275] Тайная Доктрина. Том 2. – С. 195.

[276] Там же. – С. 195.

Процесс наделения человечества Разумом происходит постоянно

Процесс наделения человечества Разумом был не единовременным. В Станце VII и Архаических Комментариях говорится о трёх классах Высоких Существ и о нескольких этапах Их воплощения.

Кроме тех Сынов Мудрости, которые воплотились сразу (*«вошли в чхая»*), были также те, которые сказали: *«Мы можем выбирать… мы обладаем мудростью»*, — и они воплотились гораздо позднее и получили тела много ниже физиологически.

Своим промедлением эти Сыны Мудрости породили страшную причину — карму, которую они вынуждены до сих пор отрабатывать. Для того чтобы понять, почему Они так поступили, конечно, надо быть на их уровне сознания.

Также в Станце говорится, что были *«некоторые»* Высокие Сущности, которые *«воздержались до четвёртой»*, то есть отложили своё воплощение до Четвёртой Расы, запятнанной физиологическим грехом и распутством. Четвёртая Коренная Раса — это Раса атлантов.

В Послании Владыки Заратустры от 27 декабря 2012 года описывается ситуация, сложившаяся на Земле миллионы лет назад. Возможно, что говорится о Четвёртой Коренной Расе — в Учении никогда не называются конкретные сроки.

Заратустра, 27 декабря 2012 года:

«В незапамятные времена ситуация на планете стала ухудшаться. Ни один человек не мог больше хранить и поддерживать свою Божественную природу. Даже нижние чакры не поддерживали более вибрации Духа.

Всё человечество надёжно заблокировало доступ к Божественной энергии.

Это было много миллионов лет назад. И тогда ситуация на планете очень напоминала ситуацию, которая сложилась в ваше время.

Не было никого на всей планете, кто мог бы поддерживать Пламя Жизни, Божественный огонь в своих чакрах. Не было ни одного существа на планете, которое бы проводило Божественную энергию в мир.

Согласно Закону, мир, который оторвал себя от Бога, подлежал уничтожению, как неудавшаяся цивилизация»[277].

Спасти человечество вызвались Высокие Духи. В Посланиях описывается приход более высокоразвитой цивилизации с планеты Венера – вместе с Санат Кумарой более 144 тысяч венерианцев частично реинкарнировали в Землян.

Будда Рубинового Луча, 20 апреля 2005 года:

«Вы знаете, что главой Иерархии Рубинового Луча является Санат Кумара, и он пришёл к вам с планеты Венера в трудное для планеты Земля время. Отсюда связь между планетой Венера и Землёй. Наши эволюции очень тесно переплетены. Практически каждый коренной землянин имеет в составе своего Высшего тела частицу венерианцев. То новое знание и понимание, что я вам сейчас даю, просто поясняет известный вам факт схождения 144000 венерианцев в тела людей»[278].

Но процесс наделения человечества разумом не ограничился только тем периодом и теми событиями, которые мы рассмотрели. Это непрерывный процесс. Наделение человечества более высокими Божественными способностями происходит постоянно. Об этом рассказывается в Посланиях Владык Мудрости.

---

[277] Книга Мудрости. – С. 1028.
[278] Там же. – С. 124.

Возлюбленный Иисус, 1 мая 2005:

«И вы не поверите мне, если я скажу, что на Небесах осталась уже гораздо меньшая часть меня, чем та часть, которая пребывает на Земле в ваших храмах. В храмах тех, кто пригласил меня войти в свои храмы и чьи вибрации позволяют мне это делать.

Я скажу вам также по секрету, что большинство Вознесённых Владык, которые сохранили свои связи с невознесённым человечеством, также пребывают среди вас, в ваших телах и в телах ваших братьев и сестёр»[279].

Как только открывается малейшая возможность, Владыки Мудрости стремятся частично реинкарнировать (воплотиться) и пытаются давать Божественные знания через любого человека, кто подготовил свой храм. Вопрос только в готовности самого человека. Ведь у Бога нет разделения на индивидуальности. Бог – это всё. Поэтому когда человек расширяет своё сознание до определённой степени Божественности, то в него своим Сознанием могут войти более Высокие Сущности.

***Великий Божественный Направитель,
13 апреля 2005 года:***

«Здесь нет нарушения Закона свободной воли, так как человек, достигший ступени сотрудничества с нами, охотно предоставляет свой храм для нашего присутствия. И на самом деле осуществляется задуманное, и вы становитесь нашими руками и ногами.

Точно так же миллионы лет назад произошло схождение в тела людей ангелов, или Высших Существ Света, которые на-

---
[279] Книга Мудрости. – С. 155.

делили человека разумом и вошли в состав его Высшего тела, или Я Христа»[280].

Тем самым Сыны Мудрости, Владыки Пламени «привязали» себя к планете Земля. Они не могут продолжить свою эволюцию, потому что Их частицы находятся внутри людей. Поэтому до тех пор, пока каждый, самый последний индивидуум не окончит человеческую «школу», Владыки Мудрости будут находиться на Земле и всё время нам помогать.

ВЫСШЕЕ СЛУЖИТ НИЗШЕМУ.

И одним из видов помощи является Учение, которое Они передают человечеству через своих Посланников. Мы изучаем это Учение, которое идёт от Владык Мудрости, потому что Их частицы содержатся в каждом из нас: мы едины.

И наша задача – вернуть Искру Разума, которую мы получили как Великий Дар, тем Высшим Существам, которым она принадлежит.

---

[280] Книга Мудрости. – С. 107.

«Падение Ангелов» — древняя аллегория

Так называемое «Падение Ангелов» является древней аллегорией, иносказанием, за которым скрывается приход в воплощение Высоких Духов, Сынов Мудрости для наделения Разумом человечества Земли.

Как же получилось, что такое величайшее событие было совершенно изменено в сознании людей?

Уже говорилось о том, что для создания человечества кроме Лунных Духов Питри были призваны ещё другие Сущности – Владыки Пламени, которые на тот момент «отказались» участвовать в создании человека. Как сказано в Станце III «Книги Дзиан», ***«Владыки Пламени остались позади. Они не захотели идти, Они не пожелали творить»***[281].

Что было скрыто за этими словами? Дело в том, что Владыки Пламени были А-рупа, то есть не имеющими формы и даже астрального тела ***«…и потому неспособные создать физического человека»***. Поэтому, конечно, в начальный момент Они ***«остались позади»***, то есть Они ждали своей очереди. И когда люди стали готовы, Владыки Пламени наделили их Разумом – вошли в состав Высших тел, то есть отдали людям частицу самих себя. Высшее Я (Я Христа, Высший Манас) человека есть эманация этих Высоких духовных существ.

Это Небесное событие было искажено в невежественных земных умах. «Промедление» Высших Ангелов, которые ждали готовности человеческого существа для принятия Высшего, Божественного Разума, послужило поводом обвинить Их в «восстании», «бунте» против Бога: якобы Высшие Ангелы не подчинились Воле Бога и не захотели создавать человека. И после этого Они силой низвергнуты, сброшены с Небес на Землю, и Их назвали «падшими ангелами».

---

[281] Тайная Доктрина. Том 2. – С. 25.

Люди с радостью, очень легко ухватились за эту трактовку Божественных событий.

**Великий Божественный Направитель,
13 апреля 2005 года:**

«Наверное, человеческому сознанию очень близка идея бунта против Бога и его Законов. И слишком соблазнительно приписать свойственные себе недостатки даже Высшим Силам. Не потому ли бунт ангелов нашёл такое широкое распространение в западном мире, что эта идея очень по сердцу современному человеку и всегда можно оправдать себя и своё поведение, сославшись на то, что даже ангелы на Небесах бунтуют»[282].

---

[282] Книга Мудрости. – С. 106.

Более всего в этом вопросе отличились религии. Христианская доктрина унизила этих Сынов Мудрости, Огненных Ангелов до дьявола и Сатаны. Также еврейская, магометанская религии, зороастризм, браманизм и даже халдеи тоже воспользовались этой легендой, аллегорией, чтобы захватить власть над умами невежд и легковерных людей. Представив Сынов Мудрости в виде демонов, дьяволов, злых духов, духов тьмы, манипуляторы от различных учений и религий уводят сознание людей на путь внешней борьбы. Невежественный человек является лёгкой добычей.

Владыка Мория, 20 марта 2005 года:

«Поэтому наступило время переосмыслить знания, данные в прошлом, и поднять ваше представление об Истине на новый уровень.

Всякий раз, когда у вас возникает желание бороться с падшими ангелами, вспоминайте, что каждый из вас имеет этого ангела в качестве так называемого пятого принципа, или Я Христа. Вы не можете бороться с частью самих себя. Ваша задача как раз помочь этому падшему ангелу вернуться Домой к Богу»[283].

---

[283] Книга Мудрости. – С. 45.

Падение человечества

Древо и Змий – древнейшие Божественные представления

В течение многих тысячелетий Школы Посвящённых вынуждены были представлять тайные знания в виде различных аллегорий, символов, которые нужно было уметь расшифровывать.

К числу таких тайных знаний относятся символ Древа и символ Змия – вместе и по отдельности очень древние Божественные представления.

Например, Древо Жизни в эзотерике представляет единство жизни там, где ещё не проявляется двойственность, где нет Света и тьмы, Добра и Зла. Это мир единства.

А другое Древо – Древо познания Добра и Зла – представляет собой наш мир поляризации, где уже есть свет и тень, Добро и Зло.

В этих случаях эти два Древа символизируют различные сферы Вселенной и различные состояния сознания.

Кроме того, издавна Древо являлось символом адепта – человека, достигшего высокой степени просветления. В «Тайной Доктрине» говорится:

«Символ «Древа», символизирующий различных Посвящённых, был почти всемирным. Иисус назван «Древом Жизни», так же как и все Адепты Благого Закона, тогда как Адепты Левой Тропы упоминаются, как «дерева высыхающие»[284].

«…Древо это достигает небесной долины и сокрыто между тремя вершинами (верхняя Триада Принципов в человеке).

От этих вершин Древо поднимается ввысь (знание Адепта устремлено ввысь) и затем спускается вниз (в Адепта на Земле).

Это древо открывается днём и сокрыто во время ночи, то есть, оно открыто просвещённому уму и сокрыто от невежества, которое есть ночь»[285].

Как символ, Змий имеет столько же аспектов и оккультных значений, как и само Древо, с которым он почти нерасторжимо связан.

Символ Змия – один из самых противоречивых и таинственных. Как правило, со змеями и драконами отождествляется Зло. Однако в тайных Школах Посвящённых Змей и Дракон являются символами Мудрости.

В «Тайной Доктрине» объясняется, почему именно Змий был взят в качестве символа Мудрости. Дело в том, что в разви-

---

[284] Тайная Доктрина. Том 2. – С. 575.
[285] Там же. – С. 250.

тии природы пресмыкающиеся – змеи – предшествовали птицам и млекопитающим. Отсюда и древность этого символа.

Большинство легенд о Змиях является аллегориями. Буквально считалось, что змеи понимают язык всех животных, и поэтому туземцы якобы ели сердце и печень змей, чтобы научиться языку всех животных. На самом деле, *«…Змий и Дракон были наименования, даваемые Мудрецам, Посвящённым Адептам древних времён. Именно их мудрость и их знание пожиралось или усваивалось их последователями, отсюда и аллегория»*[286].

«Змий всегда был символом Адепта и его бессмертных сил и божественного знания»[287].

Владыки Мудрости, древние Боги изображаются со Змеями или Драконами, как знаками их особой Мудрости.

| Афина Паллада | Серапис Бей | Гуань Инь |

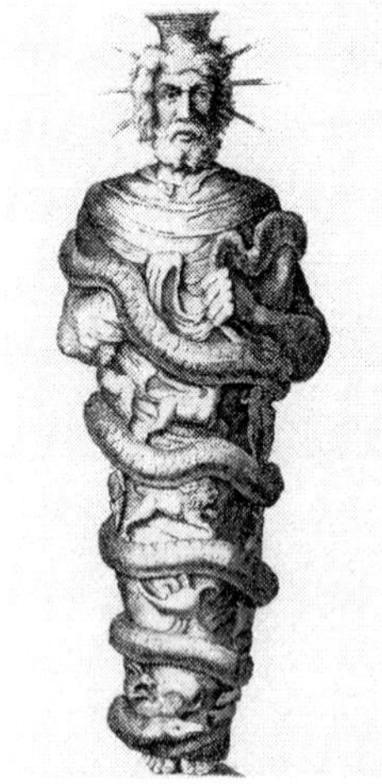

---

[286] Тайная Доктрина. Том 1. – С. 522.
[287] Тайная Доктрина. Том 2. – С. 423.

«...Дракон, так же как и Змий, никогда не рассматривался в древности как Зло. В метафорах, будь то астрономических, космических, теогонических или просто физиологических (или фаллических), Змий всегда рассматривался как божественный символ»[288].

«Говоря об Ангелах, павших в зарождение, их называют метафорически Змиями и Драконами Мудрости»[289].

Христианская догма «падения человечества» — древняя аллегория

Христианскую догму «падения человечества» «Тайная Доктрина» называет самой губительной из всех богословских догм, догмой *«...проклятия, под тяжестью которого человечество страдает со времени предполагаемого ослушания Адама и Евы в их убежище Эдема»*[290].

Согласно Библии первые люди – Адам и Ева – жили в Раю, в Эдеме, созданном Богом саду наслаждений. В этом саду было Древо Познания Добра и Зла, чьи плоды Бог запретил есть Адаму и Еве. Пока они подчинялись указаниям Господа, они жили в счастье и изобилии.

Но вот явился Змей-искуситель (Сатана), который убедил Еву съесть плод с запретного Древа. Плод ей понравился, и Ева убедила Адама тоже попробовать его.

---

[288] Тайная Доктрина. Том 2. – С. 585.

[289] Там же. – С. 267.

[290] Там же. – С. 475.

Это был их первый грех – ослушание воли Бога. И за своё ослушание Адам и Ева были наказаны изгнанием из Рая – низвержением из Эдема на Землю.

Согласно христианской догме, этот первородный грех от них, как от прародителей человечества, распространился на всё их потомство. И Божественное правосудие за ослушание и склонность ко греху наказало человека всеми земными тяготами, скорбями, болезнями и напоследок телесной смертью.

Эта библейская легенда была заимствована евреями из ещё более древних источников, а именно у халдеев – учёных-каббалистов, астрологов и магов-предсказателей Вавилонии. Однако христианская религия, возникшая гораздо позже, по-своему трактует эту легенду из Библии.

На самом деле эта история об Адаме и Еве является древней аллегорией, и «Тайная Доктрина» даёт ключи к этой легенде:

***«Конечно, «Древо» есть сам человек, Змий же, обитающий в каждом древе, – сознательный Манас, связующее звено между Духом и Материей, Небом и Землею»*[291].**

Высший Манас, или Я Христа – это одно из Высших тел (пятый принцип) человеческого существа. Оно было дано человеку как эманация, часть из тел Высших Существ – Сынов Мудрости, которые в тайных, эзотерических знаниях именовались Змиями. И эти Змии частично вошли в человека и стали его Высшим Манасом, или Я Христа.

Манас, или Я Христа – это посредник, который связывает низшую часть человеческого существа с Высшей, находящейся в тонком мире. То есть, говоря словами «Тайной Доктрины», является связующим звеном между Духом и Материей, Небом и Землёю.

Имея этот ключ, можно с уверенностью сказать, что история об Адаме и Еве относится к человечеству конца Третьей Коренной Расы и начала Четвёртой, когда произошло разделение полов и человечество получило Искру Разума. В библейской легенде этот момент символически обозначен тем, что Адам и Ева съели плод с Древа Познания Добра и Зла.

---

[291] Тайная Доктрина. Том 2. – С. 114.

Божественный Дар Разума и Дар свободной воли

В Третьей Коренной Расе человечество получило Божественный Дар Разума. Разум имеет свойство двойственности – он даёт понимание категорий Добра и Зла и обладает свойством выбирать между Добром и Злом.

Например, животные, не имеющие разума, не понимают, где Добро, а где Зло, и руководствуются в своей жизни инстинктами и выработанными рефлексами.

Человек же, получивший Разум (аллегорически – съевший плод с Древа Познания Добра и Зла), стал вынужден познавать, что такое Добро и что такое Зло, то есть делать различение.

А для этого, чтобы человечество могло развиваться, ему кроме Разума был дан ещё один дар – Дар свободной воли, позволяющий делать выборы самостоятельно. И только после этого от свободной воли каждого человека стало зависеть, как он будет использовать полученный Дар Разума – для Добра или для Зла.

Учение «Тайной Доктрины» даёт дополнительные разъяснения:

«Большой интеллект и слишком большое знание являются обоюдоострым оружием в жизни и орудием как для добра, так и для зла. Когда они сочетаются с самостью,

они сделают из всего человечества подножие для возвеличения того, кто ими обладает, и средство для достижения его целей; тогда как, будучи применены к альтруистическим, гуманитарным целям, они могут стать средством для спасения многих»[292].

Для иллюстрации выбора, который делает человек, Татьяна Николаевна приводила пример с ножом: ножом можно нарезать хлеб и накормить многих людей, а можно использовать нож для того, чтобы лишить жизни другое живое существо. Так же и разум. Мы сами выбираем, направить свой разум на благие дела и тем самым стать сотворцом с Богом или употребить свой ум-разум для достижения своих личных целей в этом мире, сделать разум пьедесталом для своего эго.

Свобода воли – это большая ответственность.

Что же выбрало человечество, когда оно получило Разум и осознало себя, как людей, созданных по подобию Божьему?

Возлюбленный Заратустра, 30 марта 2005 года:

«Человечество стало разумным. И оно получило право действовать в соответствии со своей свободной волей. Так, как разум каждого велел.

И когда люди осознали, что они подобны Богам, то они начали вести себя как Боги. Они начали вести себя так, как, они думали, должны вести себя Боги.

Они хотели пребывать в блаженстве и удовольствиях, они хотели получать все доступные им виды наслаждений в этом физическом мире»[293].

---

[292] Тайная Доктрина. Том 2. – С. 190-191.
[293] Книга Мудрости. – С. 69.

Так началось истинное падение человечества. Оно началось с первого характерного свойства каждого физического человека – гордости, или, вернее, гордыни: «Мы цари, мы Боги!»

«Так называемые «Падшие Ангелы» есть само человечество. Демон гордости, похоти, возмущения и ненависти не имел бытия до появления физического, сознательного человека.

Именно человек породил и вскормил врага и позволил ему развиться в своём сердце»[294].

---

[294] Тайная Доктрина. Том 2. – С. 318.

Истинный смысл падения человечества

«Разъединение полов входило в программу Природы и естественной эволюции; и творческая способность в мужчине и женщине была даром Божественной Мудрости»[295].

Огонь Разума – это творческий огонь. Он был также предназначен человеку для создания потомства половым путём – это творческая способность в мужчине и женщине.

Однако в нашем двойственном мире эта Божественная способность творения была извращена людьми.

Владычица Нада, 26 июня 2014 года:
«...процесс рождения детей поставлен на самотёк. Вы не заботитесь о том, чтобы само зачатие состоялось как высший акт Божественного Творения. Ведь именно в процессе зачатия и рождения детей вы, люди, подобны Богам.

И этот высший творческий акт сведён в большинстве случаев к побочному эффекту при сексуальных утехах»[296].

Мы, люди, превратили *«священную тайну размножения в животное удовлетворение»*. «Тайная Доктрина» говорит, что проклятие кармы обрушилось на человечество *«за злоупотребление творческою мощью, за осквернение божественного дара и растрачивание жизненной субстанции без всякой другой цели, кроме звериного личного удовлетворения»*[297].

---

[295] Тайная Доктрина. Том 2. – С. 250.
[296] Книга Мудрости. – С. 1092.
[297] Тайная Доктрина. Том 2. – С. 476.

Это и есть истинная причина «падения человечества», и эта причина была порождена самим человечеством.

«...потому Закон Кармы «раздавил пяту» Расы Атлантов, постепенно изменив физиологически, морально, физически и умственно всю природу Четвертой Расы человечества, и человек из здорового царя животного творения Третьей Расы стал в Пятой, нашей Расе жалким золотушным существом и оказался сейчас на нашем земном шаре богатейшим наследником болезней, телесных и наследственных, и наиболее сознательно смышленым зверем из всех животных!

Таково истинное Проклятие с физиологической точки зрения почти единственное, о котором имеются намеки в каббалистическом Эзотеризме. Рассматриваемое в этом аспекте Проклятие несомненно, ибо оно очевидно»[298].

Таким образом, истинный смысл падения человечества заключается в злоупотреблении Творческой Божественной мощью, или, проще говоря, в злоупотреблении сексуальной энергией.

---

[298] Тайная Доктрина. Том 2. – С. 476.

О начале кармического мира

В книге Т.Н. Микушиной «Добро и Зло» аргументированно доказано, что библейские Адам и Ева не были изгнаны из Рая за грех совокупления.

Если говорить эзотерическим языком, то Адам и Ева были «изгнаны из Рая», или из тонкого мира, потому что они стали неправильно использовать Божественную энергию, делать неправильные выборы и тем самым стали уплотнять эту энергию и формировать тот мир, который окружает нас сейчас, – материальный мир. Они оделись в «одежды кожаные» – это наше физическое тело.

Так началось падение человечества в материю.

Господь Майтрейя, 17 июня 2005 года:

«*Направляя Божественную энергию по пути, не совпадающему с Божественным замыслом, человек творил карму. Божественная энергия приобретала плотность и формировала окружающий человека мир.*

Так творился материальный мир, и так создавалась карма»[299].

Поэтому наш мир называется кармическим миром, а начало кармы и кармического мира связано с наделением человека Разумом.

Богиня Свободы, 21 декабря 2009 года:

«*Человечество было наделено разумом благодаря добровольной жертве Великих Духов, Святых Кумар.*

И, получив в своё распоряжение этот мощный инструмент, человечество стало им пользоваться. А поскольку человечество изначально обладало свободной волей, то оно имело возможность использовать этот дар по своей свободной воле.

И тогда, когда разум использовался в соответствии с волей Творца, человеческие индивидуумы добавляли радужные оболочки к своему каузальному телу. А тогда, когда разум использовался для удовлетворения прихотей эго, то Божественная энергия оседала и уплотняла пространство. Прошли многие миллионы лет, когда мир стал таким плотным, каким он представляется вам сейчас. И дар разума, и дар свободной воли, неверно используемые человечеством на протяжении миллионов лет, фактически создали темницу для души. Потому что созданный вами плотный мир всё более и более сковывал при-

---

[299] Книга Мудрости. – С. 810.

сущую вам изначально свободу. И сейчас вы находитесь среди плотного мира, привязанные к нему многими связями. Это кармические связи, созданные вами. Ваши привязанности к этому миру, к увлечениям и вещам этого мира»[300].

Каждая привязка-карма проявляется как страдание, поэтому наш мир ещё называют миром страданий.

Владыки Мудрости дают Учение о том, что никто вовне нас не виноват в наших бедах и страданиях, и осознание этой истины есть главный путь к избавлению от зла и страданий в нашем мире.

Господь Майтрейя, 17 июня 2005 года:
«По мере того как человек смог использовать возможности своего разума, он приобрёл способность избирать, как направить ту энергию, которая струилась в его тела из Божественного Источника.

Вы знаете легенду об Адаме и Еве. Вы знаете о змее, который соблазнил Еву.

Однако вы думаете, что это был кто-то вне вас. Фактически, так и было. Человек получил свой ум извне себя. Владыки Мудрости, Владыки Разума спустились в тела людей для того, чтобы наделить разумом. До этого события человек был неразумен. Но после этого события человек обрёл осознание себя. Он стал делать выборы осознанно. И вместе с приобретением разума человек стал творить карму.

Нет кармы у растений, и нет кармы у животных.

Карма, как последствие действия, присуща только существам, обладающим разумом. Поэтому, как только человек при-

---
[300] Книга Мудрости. – С. 809-810.

обрёл разум, он стал ответственен за все свои поступки. За всё, что он делал на Земле.

Поэтому разум человека стал его величайшим счастьем и величайшим несчастьем одновременно.

Интуитивно человек всегда подозревал, что кто-то извне него несёт ответственность за всё, что с ним происходит. Это и верно, и неверно. Потому что после того, как человек обрёл разум, этот разум стал его неотъемлемой частью. И он уже не мог винить никого в том, что с ним происходит.

<...>

Поэтому самое главное для вас сейчас – понять, что позиция поиска виновных за пределами вас самих не является конструктивной позицией. Вы должны понять, что никто, кроме вас самих, не несёт ответственность за всё, что происходит в вашей жизни. И после этого вы должны начать распутывать клубок всей той кармы, которая вами создана за сотни и тысячи воплощений»[301].

---
[301] Книга Мудрости. – С. 285-286.

Происхождение Зла

«Граница Добра и Зла проходит внутри нас. Но от того выбора, который каждый делает, зависит будущее всей планеты. Мы здесь для того, чтобы учиться отличать Добро от Зла».

Т.Н. Микушина

Что такое Зло? Откуда взялось Зло в нашем мире? Почему всесильный Бог, сущность которого абсолютная Любовь и Совершенство, допускает Зло в нашем мире? В течение тысячелетий люди пытаются ответить на эти вопросы, объяснить появление в этом мире Зла и его последствий – страданий.

Согласно христианским догматам начало Зла идёт от первого ослушания-греха Адама и Евы в Раю. Концепция первородного греха в христианстве приобретает характер родового проклятья и печати Зла над всем человечеством. Но если внимательно рассмотреть эту библейскую легенду, то становится очевидным, что человек не может быть прародителем Зла, так как даже такие простые факты, как существование в Эдемском саду Древа познания Добра и Зла и Змея-искусителя говорит о том, что Зло существовало задолго до Адама и Евы.

Божественная Мысль о создании Вселенной является началом противоположения

«АБСОЛЮТ не может быть определён, и ни один смертный или бессмертный никогда не видел и не постигал его на протяжении периодов Существования»[302].

То есть в силу ограниченности своего сознания мы не можем понять замыслов Бога-Абсолюта, не можем понять, что побуждает Единого творить вселенные, создавать миры и планеты.

«Творение описано, как игра, как забава (Лила) Бога-Творца»[303].

Но это не просто Игра, это Божественные Деяния, необъяснимые с точки зрения человеческой логики. И согласно Учению «Тайной Доктрины» происхождение Зла связано с началом Творения.

Т.Н. Микушина поясняет: «Когда-то, когда не было ещё проявленного мира, всё было едино. Был только Бог – всезнающий и всесовершенный. И потом наступил момент, когда у Бога появилась Мысль о создании этой Вселенной. И эта Мысль была отлична по своей вибрации от Единого, от Абсолюта».

---

[302] Тайная Доктрина. Том 2. – С. 43.
[303] Там же. – С. 64.

Мысль уже является материальной, так как содержит план и цель, и в силу этого является конечной. Мысль оказывается *«...в противоположении к чистому Покою, то есть, естественному состоянию абсолютной Духовности и Совершенства»*[304].

Противоположение, противоположность является началом разделения. Таким образом, Божественная Мысль о начале Творения становится началом дифференциации, разделения и превращения Однородного в разнородное, Единства во множество.

Противоположение становится началом проявления Зла в материальном мире. Проявленный, материальный, физический мир – это мир поляризации и контрастов. Это бинарный мир, в котором существует противоположность любому явлению. В этом мире существует чередование дня и ночи, радости и горя, чёрного и белого, горячего и холодного, света и тени, Добра и Зла.

Добро и Зло – это такие же проявления и ограничения нашего материального, физического иллюзорного мира, как пространство и время.

Я ЕСМЬ ТО ЧТО Я ЕСМЬ, 18 июня 2005 года:

«Создание этой Вселенной никогда не было подчинено ограниченному разуму, но только ограниченный разум мог сотворить ту часть Вселенной, которая имеет ограничение пространства и времени.

---

[304] Тайная Доктрина. Том 2. – С. 568.

Если вы попытаетесь подвесить розу в воздухе, то она упадёт. Если вы положите розу на землю, то она будет лежать.

Поэтому каждая стихия соответствует своему предназначению. И каждая вещь используется в соответствии со своим назначением.

Плотный мир имеет свои законы. Невозможно к плотному миру применить законы Высшего Мира. Это будет подобно розе, которую вы захотите подвесить в воздухе.

Однако низшие миры подчиняются законам Высших Миров. И если роза расцвела, то она должна завянуть. Ваш мир подобен этой розе»[305].

«Тайная Доктрина» утверждает:

«В действительности же нет ни Света, ни Тьмы в обителях Истины. Добро и Зло – близнецы, порождение Пространства и времени под владычеством Иллюзии»[306].

---

[305] Книга Мудрости. – С. 288.
[306] Тайная Доктрина. Том 2. – С. 112.

«Нет ни Дьявола, ни Зла вне человеческого создания»

«…Эзотерическая [тайная] Философия не признаёт ни добра, ни зла per se [самих по себе], как независимо существующих в Природе»[307].

«Ни одно из них не может жить само по себе…»[308]

Однако люди, утерявшие ключи к истинному знанию, наделили Зло собственным существованием, силой и независимостью. Согласно догматам некоторых религий Добро и Зло рассматриваются как две автономные силы, ведущие извечную борьбу за право властвовать в этом мире.

Как пример, Владыки Мудрости, наделившие человечество Разумом, были представлены противниками Бога – Сатаной, дьяволом, злобными духами. Они якобы были низвержены на Землю, и все проблемы человечества, и всё Зло связаны с этими «падшими ангелами», которые проникли во все сферы нашей жизни.

Но «Тайная Доктрина» говорит:

«Нет ни Дьявола, ни Зла вне человеческого создания»[309].

Причина Зла заключается в нашей животной человеческой природе, в нашем невежестве и страстях. Только через человека могут действовать как добрые, так и злые силы. Мы сами порождаем Добро и Зло в своём сознании. И один и тот же человек в течение дня может выступать проводником и светлых сил, и тёмных сил. Своими мыслями, чувствами, некачественными

---

[307] Тайная Доктрина. Том 2. – С. 189.

[308] Там же. – С. 112.

[309] Там же. – С. 451.

состояниями сознания человек может творить энергетических монстров зла и из своего сознания отправлять их в окружающее пространство.

Только мы сами направляем нашу энергию на несовершенство, поддерживаем несовершенство в нашем мире, и поэтому оно продолжает существовать: **«Нет ни Дьявола, ни Зла вне человеческого создания»**.

Почему Бог допускает существование Зла в нашем мире?

Согласно Учению «Тайной Доктрины» познание мира невозможно без наличия в нём противопоставления, контрастов.

«Если бы это было только Светом, бездейственным и абсолютным, человеческий разум не мог бы не только оценить его, но даже понять его. Именно тень дает возможность свету проявить себя и дает ему объективную реальность. Потому Тень не есть Зло, но является нужным и необходимым соотношением, дополняющим Свет или Добро; Тень является создателем его на Земле»[310].

«...Добро и Зло в сущности едины и существовали на протяжении всей Вечности и будут существовать до тех пор, пока существуют проявленные миры»[311].

---

[310] Тайная Доктрина. Том 2. – С. 248.
[311] Там же.

«Зло есть необходимость в проявленном мироздании и одно из его оснований. Оно необходимо для прогресса и для эволюции, как ночь необходима для проявления дня, и смерть для жизни – чтобы человек мог жить вечно»[312].

Только благодаря существованию контрастов между Светом и тьмой, чёрным и белым, Добром и Злом мы можем развиваться. И задача нашего обучения на Земле – научиться отличать Добро от Зла, научиться ценить Добро и избегать Зла. Граница Добра и Зла проходит в нашем сознании, именно внутри себя мы отделяем зёрна от плевел и так мы учимся, совершенствуем своё сознание.

Сказанное можно проиллюстрировать древней притчей.

«Юноша пришёл к мудрецу с просьбой принять его в ученики.

---

[312] Тайная Доктрина. Том 2. – С. 451.

– Умеешь ли ты лгать? – спросил мудрец.

– Конечно, нет!

– А воровать?

– Нет.

– А убивать?

– Нет...

– Так иди и познай всё это, – воскликнул мудрец, – *а познав, не делай!»*[313]

Вот и всё Учение мудреца. Совершенно понятно, что Учитель не требует, чтобы юноша лгал, украл или убил. Но часто, именно совершив неправильный выбор, испытав ужас от содеянного, стыд, страдание и раскаяние, человек может прийти к осознанию и твёрдо принять решение больше так не поступать. Учитель хочет, чтобы пребывая в нашем мире, юноша познал всё это на примерах, которыми изобилует наш мир, и чтобы у него в сознании произошла оценка и различение качеств Добра и Зла: граница Добра и Зла проходит в нашем сознании.

Любой Дух должен пройти через испытание воплощением и физической жизнью, чтобы обрести опыт и знание – познать Добро и Зло. Только после этого он может обрести сознание, возвращающее его в исходное состояние Божественности, дополненное накопленным опытом.

«Ни одна Сущность, будь она ангельской или человеческой, не может достичь состояния Нирваны или же абсолютной чистоты иначе, нежели через эоны страданий и познавания зла, так же как и добра, ибо, в противном случае, последнее остаётся непонятным»[314].

---

[313] Жемчужины мысли. – URL: https://www.inpearls.ru/447952.
[314] Тайная Доктрина. Том 2. – С. 95.

«Совершенство, чтобы быть вполне таковым, должно родиться из несовершенства. Нетленное должно вырасти из тленного, имея последнее своим носителем, основою и противоположением»[315].

Владыки Мудрости в своих Посланиях конкретизируют путь совершенствования через различение Добра и Зла.

Возлюбленный Кутхуми, 14 июня 2005 года:
«Каждое событие, которое происходит в материальной Вселенной, имеет качество двойственности, дуальности. И чем более высокого уровня достигает ваше сознание, тем вы всё меньше и меньше видите отрицательного в окружающей вас действительности и всё больше и больше видите позитивного, Божественного.

И когда ваше сознание очистится до достаточно высокой степени чистоты, то вы с удивлением обнаружите, что всё вокруг вас изменилось. И вместо падших ангелов, которые вас окружали и с которыми вы неустанно боролись, вы увидите человеческие существа, которые страдают и нуждаются в вашей помощи»[316].

Своим невежеством, несовершенным сознанием люди создают Зло, творят его в материальном мире, и на следующем этапе эволюции, преодолевая своё невежество, изменяя своё сознание, те же самые души должны преодолеть в себе это Зло, несовершенство, взрастить в себе Добро, совершенство, заменить тленное Вечным, Божественным.

---

[315] Тайная Доктрина. Том 2. – С. 112.
[316] Книга Мудрости. – С. 278.

Я ЕСМЬ ТО ЧТО Я ЕСМЬ, 18 июня 2005 года:

«Вы создаёте ваш мир, и вы же будете уничтожать ваш мир. Сначала вы создаёте то, что соответствует вашему неразвитому сознанию, потом вы сворачиваете иллюзию через ваше сознание. И по мере того как вы достигаете всё новых и новых ступеней в познании мира, вы всё более и более приближаетесь к познанию Истины, и ваш мир постепенно приближается по своим вибрациям к Божественному миру»[317].

Посланник Т.Н. Микушина дала комментарий по вопросу различения Добра и Зла в современных условиях.

«Фактически весь этот мир представляет собой смесь Добра и Зла. Он есть изначально такой мир.

Наша задача – отделить внутри себя, в нашем сознании Добро от Зла.

В зависимости от того уровня сознания, на котором человек находится, у некоторых добро будет злом, у других зло будет добром, у некоторых будет всё правильно стоять в сознании. Но это задача, которую человек внутри себя решает.

Вся наша внешняя иллюзия, которая сейчас существует, направлена только на одно: лишить человека возможности внутри себя решить эту проблему. Нас увлекают различными картинками, рекламой, какими-то «страшилками», ещё чем-то только для того, чтобы мы не решали внутри себя эту проблему отделения Добра от Зла, реальности от иллюзии.

Вот в чём смысл.

---
[317] Книга Мудрости. – С. 288.

Тогда, когда человек начинает это понимать, и чем большее количество людей это понимает, тем большая вероятность того, что этот мир изменится. Это ключевая тема».

Глава «Происхождение Зла» в книге «Добро и Зло» заканчивается словами:

«Когда человек одерживает победу над своей животной природой, когда он позволяет Духу властвовать над собой, он становится сотворцом с Богом, и Дух, заключённый в человеке, непреодолимо устремляется к своему Истоку, и миры сворачиваются.

Мы возвращаемся к Единому, в то место, где нет Зла»[318].

---

[318] Микушина Т.Н. Добро и Зло. Частное прочтение «Тайной Доктрины» Е.П. Блаватской. – С. 54.

«Доброе имя Светоносца, Люцифера, должно быть восстановлено»

В древних верованиях Люцифер считался Сыном Бога и самым прекрасным из Его Архангелов: Сын Зари, Лучезарный Ангел.

В «Тайной Доктрине» говорится:

«…в древности и в действительности Люцифер или Люциферус было имя Ангельского Существа, возглавлявшего Свет Истины, как и свет дня»[319].

Вот значения его имени в разных языках:
— на латыни слово **Lucifer** состоит из двух корней: lux «свет» и fero «несу», то есть Люцифе́р – светоносный, светоносец;
— на греческом φωσφορος (эасфорос) – тот, кто приносит рассвет, утренняя звезда;
— в русском переводе Библии – денница, утренница, зарница.

О том, «как утренняя звезда стала падшим ангелом» можно прочитать в статье Е.Ю. Ильиной (см. Приложение 2).

---

[319] Тайная Доктрина. Том 2. – С. 594.

Комментарий Посланника Т.Н. Микушиной из выступления на семинаре:

«Люцифер был среди тех Духов, которые должны были одухотворить человечество.

Люцифер в переводе означает «носитель Света», «светоносец». Он всегда почитался в христианстве как Святой Архангел. И только в 17-м веке, благодаря Мильтону, Люцифер превратился в противника Бога. Мильтону нужно было оправдать буржуазную мораль, что можно нарушать Божественные Законы, и он написал поэму, в которой привёл образ Люцифера, взбунтовавшегося против Бога, и вот теперь человечество из-за этого страдает. Мильтон использовал этот образ для того, чтобы показать, что если ангелы на Небесах бунтуют, то и людям сам Бог велел нарушать Богом принятую мораль в обществе.

И с тех пор, как попугаи, все повторяют про Люцифера, что из-за этого чёрта мы теперь мучаемся. Это произошло совсем недавно – всего 300 лет назад.

В православии нет Люцифера, нет такого понятия «Люцифер». Это только в западном христианстве есть, потому что им нужно было оправдать то, что стало происходить, – падение нравственности в обществе. И был использован этот образ, чтобы оправдать падение нравственности в обществе. Всё, что сейчас происходит, это очень сильное падение нравов».

Бог постепенно исчезает из повседневной жизни человека, а Его место занимает идеология потребления, когда вместо Бога-Творца миром руководит научный и технический прогресс, человеческая активность и личные интересы.

И в этом обществе потребления мешают человеку счастливо, сыто и радостно жить только падшие ангелы во главе с Люцифером.

Двойственный характер древних богов

Однако в этом превращении Светоносца-Люцифера в Сатану сокрыта ещё одна тайна, ещё одно очень древнее знание.

Известно, что в любом древнем Пантеоне каждому главному богу приписывались двоякие свойства, двойственный характер, состоящий из Света и Тени. Эти тёмные аспекты Божеств, как правило, изображались в виде их братьев-близнецов и различных тварей.

Озирис и Тифон, Зевс и Минотавр, Ахура Мазда и Ариман

Египетский Бог Озирис имел в качестве своего противоположения чудовищного Тифона, обитающего в подземных недрах.

По одной из легенд, чудовищный Минотавр, обитатель лабиринта, есть одна из ипостасей греческого Зевса.

Ахура Мазда древних персов имел в качестве своей противоположной, тёмной стороны Аримана.

И так же Сатана, Дьявол представляет собой теневую сторону Светоносца-Люцифера.

Как правило, в отличии от Богов, обитающих в Небесных сферах, их братья-близнецы или противостоящие им чудовища жили на земле или под землёй.

Что скрыто за этой двойственной природой древних богов?

Учение «Тайной Доктрины» даёт ключ к этим тайным знаниям, а Учение Владык Мудрости уточняет и расширяет их.

В двойственности Богов отражён процесс наделения человечества Разумом примерно 18 млн. лет назад, когда Сыны Мудрости, Владыки Пламени, вошли в состав Высших тел, воплотились в телах людей в виде Я Христа и с тех пор пребывают в человечестве и проходят весь путь нашего развития, нашей эволюции вместе с нами. Что означает это для их существа, поясняет «Тайная Доктрина»:

«Только однажды коснувшись этой планеты плотной Материи, белоснежные крылья даже высочайшего Ангела не могут более оставаться незапятнанными, или же Аватар (или воплощение) быть совершенным, ибо каждый такой Аватар есть падение Бога в зарождение»[320].

И Всемогущий и справедливый на Небе Зевс становится чудовищным Минотавром в лабиринте земной иллюзии. Светлый Бог Озирис становится на земле, в воплощении чудовищным Тифоном, *«демоническим, или физическим, материальным, потому полным страстей, буйным аспектом Озириса»*[321].

---

[320] Тайная Доктрина. Том 2. – С. 560.
[321] Блаватская Е.П. Теософский словарь. – М., 2003.

И во всякое чистое и доброе творение Ахура Мазды противник Ариман зароняет зерно зла.

И Светоносец-Люцифер становится в воплощении Дьяволом и Сатаной, то есть противником Бога, так как «сатана» в переводе с иврита означает «противник».

В своём Послании Владыка Заратустра рассказывает о парадоксе материального, физического мира.

Возлюбленный Заратустра, 30 марта 2005 года:
«Разум человека, когда он сталкивается с проявленным плотным миром, носит двойственный характер. Именно потому, что те качества Богов, которые существуют в Божественном Мире, на плане иллюзии превращаются в свою полную противоположность.

В этом заключается парадокс проявленного мира. И в этом заключается замысел Бога для проявленного мира.

Когда ум начинает действовать в условиях материального мира... то любое качество ума, применяемое в физическом мире, может приводить к созданию противоположности тому качеству, которое было бы создано в результате подобных усилий в тонком мире, в мире огненном»[322].

Двойственность нашего разума проявляется в том, что мы превращаем поступающую в нас Божественную энергию в плотскую чувственность; гордость от того, что мы люди, – в гордыню; терпение и терпимость – в раздражение; радость от достижений других людей превращаем в зависть; щедрость превращаем в жадность и скупость: Любовь – в ненависть...

---
[322] Книга Мудрости. – С. 69-70.

И эту двойственность нашей человеческой природы в тайной Школе Посвящённых изображали, в том числе, через двойственную природу древних богов.

Двойственная природа человека: и Бог, и Дьявол находятся внутри нас

Чем обусловлена наша двойственная природа?

После того как Владыки Мудрости наделили нас Разумом и вошли в состав наших Высших тел, мы в какой-то степени стали их детьми, и поэтому в нас, как в детях, находят отражение характерные признаки этих Божеств – Владык Мудрости. Мы в какой-то степени обрели свойства Богов. Но, с другой стороны, наша первоначальная животная природа тоже осталась с нами.

И, по сути, Светоносец и Сатана – это два аспекта нашего существа. Светоносец – это наше Высшее Я, являющееся *«...ведущим маяком, который помогает человеку находить свой путь через рифы и отмели Жизни»*[323].

И «противодействующий», «противник», Сатана – это наш животный, низший

---

[323] Тайная Доктрина. Том 2. – С. 189.

аспект, который проявляется в наших страстях, неуёмных желаниях и пороках.

И Бог, и Дьявол находятся внутри нас.

Вот как об этом говорится в «Тайной Доктрине»:

«И теперь доказано, что Сатана или Красный Огненный Дракон... – и Люцифер, или «Светоносец», находится в нас; это наш Ум, наш Искуситель и Искупитель, наш разумный Освободитель и Спаситель от чистого анимализма. Без этого принципа – эманации самой сущности чистого божественного Махата (Разума), излучающегося непосредственно от Божественного Разума, – мы несомненно были бы не лучше животных»[324].

Поняв и приняв, что Бог и Дьявол находятся внутри нас, мы поднимаемся на следующий уровень сознания, с которого видно, с кем и с чем нам надо бороться. И становится очевидно, что если мы справимся с Сатаной, Дьяволом, который находится внутри нас, и сразим этого Дьявола, то с нами останется только Бог.

«Таким образом, Бог исчезает в человеке, а человек превращается в Бога»[325].

И в одной этой фразе заключён весь смысл эволюционного пути развития человечества.

---

[324] Тайная Доктрина. Том 2. – С. 595.
[325] Блаватская Е.П. Теософский словарь. – М., 2003.

«Сон Разума рождает чудовищ»

История с Люцифером – это наглядное свидетельство того, как догма, распространяемая отцами церкви, полностью исказила смысл первоначального Божественного события. *«Сон Разума рождает чудовищ»*[326].

Между тем, исторические факты говорят, что ранние христиане понимали истинный смысл и истинное положение Люцифера.

Сам Иисус Христос говорил о себе: **«Я есмь звезда... светлая и утренняя»** (Откр. 22:16), то есть «Я есмь Люцифер».

Известно, что один из первых Пап римских, как Понтифик (первосвященник), носил имя Люцифер. И ещё в IV веке существовала христианская секта, члены которой назывались люциферианами.

Но, начиная с XVII века, в христианской западной традиции Люцифер стал синонимом падшего ангела, Сатаной и Дьяволом, с которым нужно бороться всем миром.

А Спаситель-Люцифер смиренно принимает на себя распятие за грехи человечества и несёт эту ношу в течение миллионов лет. Это была и остаётся участь всех Светоносцев и поныне.

---

[326] Испанская поговорка, фабула известного одноимённого офорта Франсиско Гойи.

И здесь подражательным примером для нас может служить жизненный подвиг Е.П. Блаватской. Ещё в конце XIX века она пыталась оправдать оклеветанное имя Люцифера и назвала свой теософский журнал, издаваемый в Лондоне, «Люцифер».

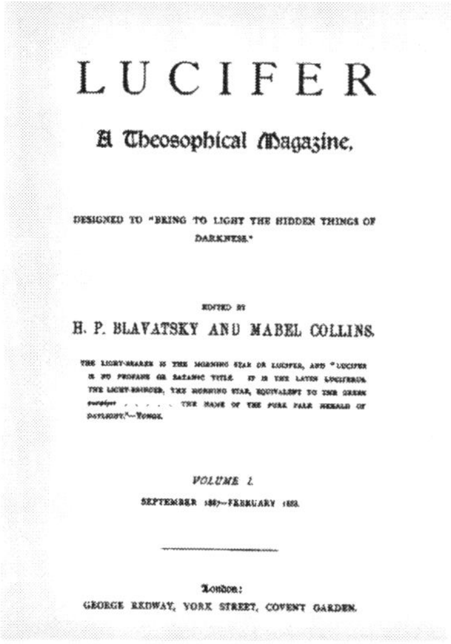

Можно себе представить, что это значило в стране, в которой Люцифер признавался Сатаной и Дьяволом. Это, конечно, навлекло на Елену Петровну дополнительные нападки и обвинения, и она писала по этому поводу:

«Что вы на меня напали за то, что я свой журнал Люцифером назвала?.. Это прекрасное название!.. Пусть и журнал наш будет, как бледная, чистая звезда зари, предвещать яркий рассвет правды – слияние всех толкований по букве, в единый, по духу, свет истины!»[327]

---

[327] Желиховская В.П. Радда-Бай (правда о Блаватской). – URL: http://www.theosophy.ru/lib/raddabai.htm.

Планета Венера – небесный Люцифер

Бледная чистая звезда зари, предвещающая яркий рассвет правды, – это планета Венера. Её латинское название – Люцифер, небесный Люцифер.

Лучше всего она видна незадолго до восхода Солнца, что и дало повод называть её «Утренняя звезда – Люцифер». Её отличительным признаком является ровный белый цвет.

Венера – вторая, после Меркурия, внутренняя планета Солнечной системы и третье по яркости светило на небе Земли после Солнца и Луны.

Согласно «Тайной Доктрине», каждая из семи человеческих Рас получает свой Свет и Жизнь от определённой планеты. Третья Раса рождена под Марсом и Венерой.

Более высокая по духовному развитию цивилизация Венеры служит земной цивилизации, более низкой по духовному развитию. Таким образом во Вселенной реализуется Космический Закон о том, что Высшее служит низшему.

«Так как Венера не имеет спутников, то аллегорически утверждается, что Аспхуджит (эта «Планета») усыновила Землю, порождение Луны, «которая переросла свою мать и причинила много забот» – намёк на оккультную связь между этими двумя телами.

Правитель (Планеты) Шукра настолько возлюбил свое усыновленное дитя, что воплотился как Ушанас [Божество-управитель планеты] и дал ей совершенные законы, которые в позднейшие века оказались в пренебрежении и даже были отвергнуты»[328].

Эта история известна также из Послания Заратустры.

Заратустра, 27 декабря 2012 года:

«*Первым, кто принял на себя крест воплощения на тёмной планете, был Санат Кумара. Он пожертвовал всеми своими достижениями для того, чтобы прийти в воплощение и дать эволюциям планеты Земля Божественные принципы управления и понимание Божественного Закона.*

Благодаря этому подвигу Духа миллионы жизнепотоков смогли продолжить эволюцию на планете Земля.

Я должен вам заметить, что все вы когда-то воплощались на планете в то тёмное для неё время. Все вы обязаны Санат Кумаре тем, что продолжаете свою эволюцию сейчас.

Многие ли из вас помнят это? Многие ли из вас хранят благодарность Господу Санат Кумаре в своих сердцах?»[329]

---

[328] Тайная Доктрина. Том 2. – С. 41.
[329] Книга Мудрости. – С. 1028.

Прометей – Люцифер?

«Прометей – Люцифер?» – это название завершающей главы книги «Добро и Зло». И на примере легенды о Прометее мы подведём некоторые итоги того, что было рассмотрено в предыдущих главах по теме «Добро и Зло».

Легенда «Закованный Прометей» была написана древнегреческим драматургом Эсхилом примерно за 500 лет до нашей эры. Эсхил был Посвящённым, и он лишь повторил в драматической форме то, что открывалось жрецам во время мистерий. По преданию, за раскрытие таинств он был приговорён к побитию камнями насмерть. Ещё один пример отношения людей к Светоносцам, несущим Истину, – побитие камнями, распятие, сожжение на костре, публичное осуждение…

«Тайная Доктрина» говорит, что миф о Прометее гораздо древнее того времени, когда он был написан Эсхилом, и миф этот ***«принадлежит заре человеческого сознания»***[330].

---

[330] Микушина Т.Н. Добро и Зло. Частное прочтение «Тайной Доктрины» Е.П. Блаватской. – С. 157.

Вот кратко суть этой легенды.

Полубог Прометей похищает у Богов-Элохимов их тайну – тайну Творящего Огня. За это он сражён Кроносом и выдан Зевсу.

Зевс – Отец и Создатель человечества хотел, чтобы человечество оставалось умственно слепым и животноподобным, потому Он повелел наказать Прометея: Прометей прикован к горе Кавказа и ещё осуждён на дополнительные страдания: каждый день к нему прилетает Коршун и выклёвывает ему печень.

Попробуем разобраться, какие древние тайные знания зашифрованы в этой легенде.

Во-первых, Огонь, который принёс человечеству Прометей. Это, конечно, не физический огонь, так как **«огонь существовал на Земле с самого начала»**[331].

Речь идёт о Творящем Огне Разума, который человечество получило в Третьей Коренной Расе. Это Творческий Огонь, кото-

---
[331] Тайная Доктрина. Том 2. – С. 607.

рый используется при любом созидании: в творчестве, в искусстве, а также при деторождении.

Этот Огонь Разума принесли человечеству Владыки Мудрости. То есть с этим ключом уже определённо можно сказать, что Прометей – это обобщённый образ Владык Мудрости, наделивших человечество Разумом.

Это подтверждает «Тайная Доктрина» и Послания Владык Мудрости.

Прометей – это *«Наши Спасители, Агнишватта и другие «Сыны Пламени Мудрости» – олицетворенные греками в Прометее...»*[332]

Возлюбленный Заратустра, 30 марта 2005 года:
«Они сошли. Они сошли в тела людей, которые были животными по своей сути. И сообщили людям присущее им самим качество огня. И глаза людей осветились огнём разума. И люди поняли, что они отличаются от животных. Таким образом, каждый человек получил внутрь себя семя, искру, огонь от высокодуховных Существ, которые спустились в материю из высших сфер огня»[333].

Следующая тайна связана с «Отцом и Создателем человечества» **Зевсом**. Как сказано в легенде, Он предложил уничтожить человечество, которое было **«умственно слепым и животноподобным»**, и населить Землю вместо них новою Расою. В Станцах Книги Дзиан говорится о том, что ещё раньше Владыки Бытия поступили так же и уничтожили первые произведения Природы и Моря.

---

[332] Там же. – С. 477.
[333] Книга Мудрости. – С. 69.

И вот перед Зевсом стоял тот же вопрос о дальнейшей судьбе человечества.

Возлюбленный Заратустра, 30 марта 2005 года:
*«...в истории развития человечества был момент, когда его развитие было признано тупиковым и бесполезным. Человеческие существа были подобны животным и только по своей внешней форме напоминали человека. Так случилось, что низшие создатели формы не смогли передать человеку того **огня**, который присущ человеческим существам и делает их подобным Богу. Это **огонь разума, искра Божественности**, которая должна присутствовать в человеческом существе.*

Многие миллионы лет назад эволюция Земли должна была прекратиться как неудавшаяся»[334].

В этой цитате из Послания говорится о низших создателях формы, которые не смогли передать человеку того огня, который делает его подобным Богу. Кто это – низшие создатели формы?

Первоначальными создателями человечества были Лунные Питри, которые выделили из своих астральных тел тени (Чхая) и таким образом создали своих астральных двойников – *«астральные статуи»*.

И «Тайная Доктрина» говорит:

«В случае Прометея, Зевс олицетворяет собою Воинство Первоначальных Прародителей, Питара, «Отцов», которые создали человека бесчувственным и без рассудка»[335].

---

[334] Книга Мудрости. – С. 69.

[335] Тайная Доктрина. Том 2. – С. 488.

Конечно, каждый может отдать только то, чем обладает сам. Поэтому, когда в легенде о Прометее говорится, что Зевс не желал видеть человека *«подобно одному из нас»*, то продолжение Его слов – *«но лучше»*. А лучше человека могли сделать только другие Боги – Владыки Пламени Мудрости.

Почему же тогда Зевс так разгневался на Прометея, что приковал его к скале и обрёк на другие страдания? Что скрывается за этой аллегорией?

Из «Книги Дзиан» известно, что в Третьей Коренной Расе, когда начался процесс наделения человечества Разумом, основная масса людей была только *«на половину готова»* к тому, чтобы принять Божественный Разум. Поэтому Владыки Пламени Мудрости не могли полностью, всей своей мощью, всей Божественной Мудростью войти в людей, чтобы они сразу стали Боголюдьми. Владыки передали только Искру Разума, чтобы тем самым ускорить развитие человечества, чтобы человечество могло осознать себя, как людей.

И Владыки Пламени Мудрости, олицетворённые в Прометее, знали о том, что Их воплощение в тела людей было преждевременным. Даже само имя Прометей говорит об этом: *Pro-me-theus* – **«тот, кто видит перед собою»**, или тот, кто видит будущее.

Всё было известно наперёд, за всё в материальной Вселенной приходится платить. За спасение человечества также надо «платить»: кто-то должен был принести себя в жертву.

Жертвовать можно только самим собой. И Владыки Пламени Мудрости принесли Себя в Жертву, воплотившись в тела людей на многие миллионы лет. В легенде об этом аллегорически говорится, что Прометей был пленён Кроносом – Временем. Это и есть «заточение в материи» на миллионы лет.

Вот как об этом рассказывает Возлюбленная Гуань Инь:

Возлюбленная Гуань Инь, 28 июня 2014 года:

«...многие эоны лет назад Великие Духи пришли на Землю, для того чтобы выполнить великое служение для человечества Земли.

Конечно, Мы знали всё.

Мы знали о том, что настанет время и человечество предстанет перед великим страданием как следствием своих неверных действий в прошлом.

Мы знали, что этот момент наступит.

И Мы знали, что поскольку Мы по своей свободной воле связали себя кармой с человечеством Земли, то и Мы должны испить полную чашу страданий вместе с человечеством.

<...>

Наше Служение человечеству подобно прохождению распятия на кресте, только это распятие длится многие миллионы лет»[336].

---
[336] Книга Мудрости. – С. 1097.

Все человеческие страдания и мучения Небесное Воинство – «Прометей» взяло на себя, приняв распятие «на кресте материи»: Прометей был прикован к скале – «скале Материи».

«Ангелы», осуждённые к воплощению, пребывают в оковах плоти и материи, во тьме невежества до «Великого Дня»...[337]

И теперь надо понять аллегорию с **коршуном**, который прилетает ежедневно к Прометею и выклёвывает ему печень, то есть доставляет ему ещё дополнительные страдания. Кто же или что добавляет мучения «прикованным» Владыкам Мудрости?

Вместе с Божественным Разумом человек получил в своё существо Божественные свойства и качества, но так как животное начало, *«низший аспект Манаса животного (Кама) остался неизменным, то, вместо «незапятнанного ума, первого дара небес», был создан вечный коршун постоянно неудовлетворенного желания, сожаления и отчаяния в соединении с «мечтательною слабостью, сковывающей слепую расу смертных...»*[338]

Наши *«низшие страсти приковывают высшие устремления к скале Материи, чтобы, во многих случаях, породить коршуна горя, страдания и раскаяния»*[339].

И дополнение из Послания Заратустры:

---

[337] Тайная Доктрина. Том 2. – С. 569.

[338] Там же. – С. 478.

[339] Там же. – С. 488.

Возлюбленный Заратустра, 30 марта 2005 года:
«*И теперь нельзя различить, где заканчивается животная часть человека, а где начинается его духовное начало.*

И человек постоянно вынужден бороться со своей животной природой и постоянно устремляться к Духу»[340].

Но, согласно легенде, наступит ***«Великий День»*** – День освобождения Прометея. Прометей будет освобождён Богочеловеком Геркулесом – ещё одна аллегория, раскрывающая смысл эволюции человека.

«*Это, как говорят браминские и буддийские легенды, отзвучащие и в учении Зороастра и ныне в христианстве (в последнем лишь иногда), произойдет в конце Кали Юги*»[341].

И это произойдёт непременно согласно единому Вечному Закону в Природе, который всегда устремляется к уравновешиванию противоречий для установления конечной гармонии. Благодаря этому закону духовное развитие заменит развитие физическое и чисто умственное.

Возлюбленный Заратустра, 30 марта 2005 года:
«*Но рано или поздно наступит день, когда человек победит животное внутри него самого, победит свои страсти, победит своё эго и даст возможность Духу принять полное господство над собой. И человек не будет более низшим человеком, смесью животного и человека. Зверь будет усмирён, и человек станет подобен Богу*»[342].

---

[340] Книга Мудрости. – С. 70.

[341] Тайная Доктрина. Том 2. – С. 486.

[342] Книга Мудрости. – С. 70.

Глава о Прометее в книге Т.Н. Микушиной «Добро и Зло» заканчивается словами:

«Когда человек поймет, что «Deus non fecit mortem» [Бог не создавал зла], *но что сам человек создал это, он вновь станет Прометеем до его падения»*[343].

---
[343] Тайная Доктрина. Том 2. – С. 489.

Заключение.
Вернуть Искру Разума

Благодаря Учению «Тайной Доктрины» и Учению о Добре и Зле, изложенному в книгах Т.Н. Микушиной, мы узнали Истину о самих себе, о своих Истоках, получили великие Знания о своём предназначении на Земле. Теперь задачей каждого из нас является применить эти Знания в своей жизни, понять этап собственной эволюции и увидеть цель, которая соответствует нашему Божественному предназначению на Земле.

Ещё в 2005 году в своей книге «Добро и Зло» Т.Н. Микушина обращалась к читателям:

«Если в каждом из нас пребывает искра, частица от Вознесённых Владык в виде нашего Я Христа, то не является ли нашей обязанностью высвободить эту частицу, чтобы Владыки Мудрости могли обрести свою целостность и вместе с нами выполнить свою миссию на Земле?

От каждого зависит, чтобы его часть Сен-Жермена, Эль Мории, Иисуса, Санат Кумары вознеслась»[344].

---

[344] Микушина Т.Н. Добро и Зло. Частное прочтение «Тайной Доктрины» Е.П. Блаватской. – С. 155.

Из Посланий Владык Мудрости

Господь Майтрейя, 17 июня 2005 года:

«...человек может обвинять во всех бедах, которые с ним произошли, внешние силы, Люцифера и падших ангелов (в других легендах можно найти другие названия).

Однако если бы человек не обрёл разум, он не смог бы соответствовать тому замыслу, который Бог заложил при создании человека. И вставал вопрос даже об уничтожении земной эволюции, как не соответствующей Божественному замыслу.

Поэтому нелогично обвинять тех, кто дал вам возможность продолжить свою эволюцию, во всех своих грехах. Действительно, после того как произошло наделение человека искрой разума, карма при неправильных поступках стала ложиться и на человека, и на того Владыку, который дал свою частицу человеку. Поэтому всё переплелось, и всё может быть распутано только после того, как человек наиграется вдоволь в созданной им иллюзии и сможет осознать Высший Путь, который есть и который ему предназначен.

Ум человека является величайшим наказанием, и одновременно ум человека является для него возможностью, пройдя через физический мир как через чистилище, очиститься от всего небожественного и стать, наконец, тем, кем он должен стать, – Богочеловеком»[345].

Будда Рубинового Луча, 20 апреля 2005 года:

«...те Владыки, которых вы знаете как Вознесённых Владык, имеют значительную часть самих себя, пребывающую в воплощении в разных людях.

---

[345] Книга Мудрости. – С. 286.

И до тех пор, пока человек, имеющий в своём составе частицу Владыки, подвержен Закону Кармы и вынужден приходить в воплощения на Землю, Владыка не может покинуть планету Земля и стать Космическим Существом. Он привязан к вашей планете и вашим телам.

Вы знаете, что вы, каждый, принадлежите к какому-либо Лучу, и вы, каждый, чувствуете связь с каким-либо Владыкой. Теперь вы знаете, почему вы имеете эту связь. И до тех пор, пока последний человек, находящийся в воплощении, не преодолеет своё эго, свою карму и не достигнет уровня сознания Вознесённого Существа, до тех пор Вознесённые Владыки будут находиться на Земле и служить человечеству»[346].

Возлюбленный Кутхуми, 14 июня 2005 года:

«Божественная Алхимия такова, что Существа Света, которые изначально пожертвовали собой, чтобы наделить человечество Земли Разумом, растворили себя в человечестве Земли, в миллионах жизнепотоков. И они смогут восстановить свою идентичность полностью только после того, как все человеческие существа, которые к тому времени останутся на Земле, достигнут уровня сознания Будд.

В каждом Вознесённом Владыке присутствует искра от более высокого Существа Света, и когда человек достигает уровня вознесённого состояния сознания, то он способен вернуть ту искру разума, которая послужила закваской в недрах его существа и благодаря которой произошло его развитие. С каждым вознесением Небеса ликуют. Каждое вознесение даёт возможность обрести всё большую и большую целостность тем

---

[346] Книга Мудрости. – С. 124.

Великим Духам, которые наделили человечество Разумом миллионы лет назад.

Однако когда человеческое существо достигает стадии развития Будды, то оно само повторяет тот пример, который подали великие Существа Света. И каждый Вознесённый Владыка, достигший уровня сознания Будды, имеет возможность наделить частицей себя тех индивидуумов, которые ещё находятся в воплощении и с которыми этот Вознесённый Владыка был кармически связан, и с жизнью которых его история существования на планете Земля была очень тесно переплетена»[347].

Возлюбленный Заратустра, 30 марта 2005 года:
«Миллионы лет назад каждый из вас, кто читает эти строки, был наделён искрой Божественного разума благодаря схождению в вас части Высоких Духов, пришедших наделить вас разумом.

И каждый из вас имеет внутри себя частицу этих Владык, называемых в разных учениях по-разному: Владыками Мудрости, Вознесёнными Владыками или Владыками Шамбалы.

Семь Великих Духов сошли. Каждый дал частицу себя миллионам душ людей.

И люди получили возможность жить и развиваться. И каждый из людей получил внутрь себя частицу Высокой Души, которая стала его внутренним учителем, его Ангелом-Хранителем, или Я Христа.

<...>

Вы будете метаться, вы будете искать. Вы будете стремиться найти в физическом мире то состояние нирваны, которое помнит частица Высших Существ в вас. Вы будете искать

---
[347] Книга Мудрости. – С. 277.

это состояние повсюду на Земле. И вы не найдёте его на физическом плане.

И вот тогда, когда вы поймёте, что ничто в этом мире больше не привлекает вас, когда вы откажетесь от любой привязанности к этому миру, вот тогда вы обретёте истинную нирвану и возможность получить блаженство в единении с Высшей частью вас самих и через неё с Творцом этой Вселенной.

А до тех пор вы будете бороться, вы будете страдать, вы будете метаться, и вы будете искать.

И вы найдёте свой Исток, свою Победу и своё Блаженство.

И тогда частицы Высших Существ, которые пребывают в вас, получат возможность слиться воедино, и они тоже получат свободу от оков материи, сковывающей их миллионы лет»[348].

---
[348] Книга Мудрости. – С. 70.

4.

Мы должны вернуться в Реальный Мир Бога

Из Посланий Владык Мудрости

Пророчество о Шестой Расе

«За Циклами Материи будут следовать Циклы Духовности и вполне развитого разума. Следуя закону аналогии в истории и расах, большинство будущего человечества будет составлено из замечательных Адептов. Человечество есть дитя Судьбы Циклов, и ни одна из его Единиц не может избежать своей бессознательной миссии или же отделаться от тягости сотрудничества с Природой. Так Человечество, Раса за Расой, будет совершать своё назначенное цикловое странствование. Климаты изменятся, и они уже начали меняться. Каждый Год Тропиков, один за другим, будет выбрасывать одну под-расу лишь для того, чтобы зародить другую высшую расу на восходящем цикле, тогда как ряд других, менее счастливых групп – неудач Природы – исчезнут из человеческой семьи, подобно отдельным индивидам, не оставив даже следа. Таков ход Природы под действием Кармического Закона! Вечно-Сущей и Вечно-развёртывающейся Природы»[349].

Е.П. Блаватская. Тайная Доктрина

---

[349] Блаватская Е.П. Тайная Доктрина. Том 2. – М.: Эксмо; Харьков: Фолио, 2013. – С. 516.

Найти Бога в себе

«Я позволю себе дать своё личное понимание того, каким образом произойдёт исправление изъяна нашей Вселенной. Человек получил Разум, Сознание, Я Христа. И это является той силой, которую он должен открыть в себе под покровом материального тела. Найдя Бога в себе, установив с ним связь, человек изменит своё сознание. На примере Австралии, имеющей практически неизменные виды флоры и фауны, потому что её население долгое время составляли отсталые эволюции Третьей Коренной Расы, мы видим, что весь окружающий нас мир зависит и изменяется в соответствии с изменением нашего сознания. Чем ближе наше сознание к Божественному образцу, тем более утончённые формы принимает физический мир. Так постепенно физическая Вселенная сворачивается, становится более духовной и, в конце концов, возвращается к своему истоку, Творцу. Закончится цикл Вселенной. Через сколько эонов лет это произойдёт? Только Бог ведает. Но произойдёт это с нашей помощью, с помощью человека, через изменение нашего сознания»[350].

Т.Н. Микушина. Добро и Зло. Частное прочтение «Тайной Доктрины» Е.П. Блаватской

---

[350] Микушина Т.Н. Добро и Зло. Частное прочтение «Тайной Доктрины» Е.П. Блаватской. – С. 138.

Планета Земля вступает в цикл, ведущий к сворачиванию иллюзии[351]

Возлюбленный Серапис Бей, 29 марта 2005 года:

«…точно так же, как неминуемо чередуется день и ночь, период бодрствования и период сна, эта Вселенная имеет свой день, своё бодрствование и свой покой, отдых.

Всё подвержено своим циклам. И циклам внутри циклов.

Ваша планета вступает в цикл, ведущий к сворачиванию иллюзии».

Будда Рубинового Луча, 20 апреля 2005 года:

«Вы постоянно должны осознавать, что ваше пребывание на Земле временно, и основная задача, которую вы выполняете на Земле, это поднятие сознания землян. Доведение сознания жителей Земли до уровня Вознесённого состояния сознания.

---

[351] Далее приводятся цитаты из Посланий Владык Мудрости из «Книги Мудрости». См.: Микушина Т.Н. КНИГА МУДРОСТИ. Послания Владык. – Омск: Издательский Дом «СириуС», 2018. – 1184 с.

А дальше, когда вы не будете скованы земными догмами и ограничениями, перед вашим сознанием откроются совершенно завораживающие перспективы.

Эволюция беспредельна».

Я ЕСМЬ ТО ЧТО Я ЕСМЬ, 29 июня 2008 года:

«Теперь дело за малым. Нужно осознанно, ощущая эволюционную необходимость, вернуться в то состояние сознания, которое имели Адам и Ева до падения, до того момента, когда произошло снижение вибраций.

Наступил этап, когда сознание человечества должно возрасти и достигнуть того уровня, при котором произойдёт естественное повышение вибраций всего того энергетического слоя, в котором существует человеческая цивилизация на Земле. Чем более плавно и равномерно произойдёт этот процесс, тем большее количество человеческих индивидуумов сможет продолжить своё развитие на новом энергетическом уровне».

Господь Шива, 27 декабря 2008 года:

«…мы приходим сейчас, чтобы сказать, что приходит конец вашему пребыванию в гунне невежества. Приходит время, когда ваши наставники должны вернуться и ходить среди вас. Но для этого вы сами должны создать на Земле соответствующие условия. И эти условия должны вернуться в ваш мир путём изменения вашего сознания. Потому что тогда, когда человечество упорствует и пытается отстоять позиции своего эго, тогда наступает время великих катаклизмов, сносящих с лица Земли целые города и даже материки.

Поэтому я вас не пугаю, но говорю, что время коротко. И ваше смирение перед Высшим Законом необходимо сейчас как никогда.

Перестаньте разыгрывать из себя богов. Просто будьте богами. Станьте равными среди нас, но для этого вам необходимо чем-то поступиться. И придётся вам поступиться вашей нереальной частью, вашим эго, которое привыкло править бал на физическом плане планеты Земля.

Я говорю вам, заканчивается период Кали Юги. И наступило время проведения грандиозных изменений в вашем сознании.

Во главу угла вы должны поставить смирение перед Высшим Законом».

Я ЕСМЬ ТО ЧТО Я ЕСМЬ, 31 декабря 2011 года:
«Переполюсовка вашего сознания, ориентация на вечные ценности – это тот этап человеческой эволюции, на пороге которого находится человечество сейчас.

Вам необходимо осознать эту простую истину, на пороге которой вы стоите. Просто допустить в своё сознание существование Высшей реальности.

И это явится тем необходимым и достаточным шагом, который будет способен преобразовать всё вокруг вас.

Вознесённые Сонмы готовы оказать вам помощь. Но для того чтобы помощь была оказана, вам необходимо верить в ту реальность, в которой существуют Вознесённые Сонмы. Вера в Высшую реальность, устремлённость к Высшим мирам – это то, что способно вытащить человечество из сладкого сна в иллюзии.

Наступило время пробуждения.

Восходит солнце Вечной Реальности».

Зов Божественного Мира

Заратустра, 8 декабря 2009 года:

«Как вы думаете, что может произойти на Земле, если очень много людей будет внимать тому, о чём говорят Вознесённые Владыки? Будет ли это хорошо для планеты в целом?

Я думаю, чем большее количество людей будет читать наши Послания, тем благоприятнее и благоприятнее будет становиться ситуация на Земле, тем лучшие условия создадутся на Земле для развития душ людей. Что же мешает людям внимать нам, Вознесённым Владыкам? Что мешает вам?

Большинство людей по своему уровню развития просто не способны воспринимать то, о чём мы говорим.

Их сознание полностью занято только физическим планом и не способно оторваться от физического плана.

Есть другой тип людей, которые подозревают о существовании чего-то, что не воспринимается их физическими органами чувств. И они прибегают ко всяким способам, чтобы заставить это что-то служить себе с помощью магии, колдовства, различных практик. Это самый низший уровень сознания, который способен воспринимать наши Послания. Но эти люди, к сожалению, не способны увидеть Истину, которая содержится в наших Посланиях, они способны лишь использовать информацию, которая содержится в наших Посланиях, для служения своему эго. Таких людей очень много. Однако наши Послания не предназначены для них.

Наши Послания рассчитаны на уровень сознания людей, которые способны не только думать о себе, своих близких и удовлетворении чисто физических потребностей себя и своего окружения. Наши Послания рассчитаны на людей, которые задумываются о таких вечных понятиях, как Служение, самопожертвование. С точки зрения большинства людей, проживающих на планете, эти люди представляют собой белых ворон. Как можно верить в то, что нельзя пощупать? Как можно ради этого жертвовать своим временем, действовать во благо чему-то абстрактному, что невозможно увидеть, жить представлениями, выходящими за рамки одной жизни.

К сожалению, таких людей меньшинство среди проживающих на земном шаре, но ради этих людей мы приходим и даём наши Послания.

<…>

Я говорю суровые вещи. И я рассчитываю на то, что те люди, которые способны воспринимать слова Вознесённых Владык, найдут в себе силы преодолеть силы иллюзии, словно канатами притягивающие их к Земле. Я очень надеюсь на то, что то пламя, которое присутствует в вас, сможет получить импульс для своего развития. И тогда, когда Божественное пламя охватит ваше существо, вы не сможете не давать, не жертвовать собой. Вы будете гореть и освещать Путь тем людям, которые ещё находятся в сумерках сомнений и безверии. Вы сможете давать свой Свет. И вы будете делать это бескорыстно, не рассчитывая на награду или почести. Вы станете пробуждёнными к Жизни вечной. Жизни, которая не ограничивается одной жизнью, одной планетой. Жизнью, которая охватывает своим сознанием всю Вселенную и объединяет своё сознание с каждым существом во Вселенной».

Возлюбленный Заратустра, 30 марта 2005 года:
«Вы будете метаться, вы будете искать. Вы будете стремиться найти в физическом мире то состояние нирваны, которое помнит частица Высших Существ в вас. Вы будете искать это состояние повсюду на Земле. И вы не найдёте его на физическом плане.

И вот тогда, когда вы поймёте, что ничто в этом мире больше не привлекает вас, когда вы откажетесь от любой привязанности к этому миру, вот тогда вы обретёте истинную нирвану и возможность получить блаженство в единении с Высшей частью вас самих и через неё с Творцом этой Вселенной».

Господь Майтрейя, 17 июня 2005 года:
«…чем быстрее вы перестанете искать виновных за пределами вас самих, тем быстрее вы сможете преодолеть те ограничения пространства и времени, которые вы на себя наложили.

Земля подобна большому муравейнику. И каждый отдельный индивидуум на Земле связан с каждым живым существом на планете.

Наша задача похожа на задачу солнца, которое освещает ваш муравейник и посылает живительные лучи. И эти лучи заставляют вас просыпаться, разминать окоченевшие за ночь члены и двигаться и заниматься той работой, которую вы должны выполнять.

И ваш совершенно уникальный инструмент, который вы отточили за период вашей эволюции на планете Земля, становится вместо вашего наказания вашим благословением. Потому что именно благодаря вашему разуму вы способны подняться к тем величайшим высотам Божественного сознания, к которым невозможно подойти, не обладая тем совершенно уникальным опытом, который вы приобрели за время своих воплощений на планете Земля.

Ваш ум является тем, что погрузило вас в пучину материальности, и ваш ум является тем, что поможет вам выбраться из пучины материальности.

И Божественные качества вашего ума, которые вы приобрели за период вашего странствования в материальном мире, останутся и перейдут вместе с вами в другой – Высший Мир. А от низших качеств вашего ума, от вашего плотского ума вы должны отказаться сами.

Поэтому ваша задача – научиться различать в себе всё то, что от Бога, от того, что вы сами создали и что принадлежит этому миру. Ваш физический мир подобен родительскому гнезду, в котором вам было уютно. Но рано или поздно наступает момент, когда вы должны расстаться с вашим гнездом. Потому что вы выросли, и вы готовы расправить крылья и полететь.

<…>

Вы шли вниз, и настала пора подниматься вверх».

Гаутама Будда, 22 июня 2011 года:
«Вас же, кто устал от пребывания в плену иллюзии, я зову в дальнейшее следование по Пути эволюции, к горним вершинам Божественного сознания.

Вам надлежит стать проводниками Божественного сознания в плотные миры. И для начала я предлагаю вам стать проводниками Божественного сознания в ваш плотный мир. Это очень легко. Нужно сделать выбор в пользу Бога и следовать этому выбору изо дня в день. Отказаться от желаний, которые привязывают вас к иллюзорному миру.

Каждое ваше желание и привязанность, в соответствии с Законом, создают карму, которая проявляется как страдания. Поэтому этот физический мир называется миром страданий.

Причины порождают следствия. Уберите причины из своей жизни, и вы не будете получать следствия.

Закон должен быть удовлетворён. И единственный путь выйти из колеса сансары – череды перевоплощений – это перестать порождать причины как добра, так и зла. Это значит стать хозяином своей судьбы. Это значит стать Богом, богочеловеком, перейти на следующую ступень эволюционного развития.

Сейчас это сделать легко. Несмотря на кажущееся буйство иллюзии, вам предоставляется помощь, многократно усиленная Небесами, встать на Путь эволюционного развития. Тогда, когда ситуация в окружающем вас мире всё менее и менее поддаётся контролю и когда многие вещи, доведённые до абсурда, бросаются в глаза всё большему и большему количеству людей, становится очевидным, что должен быть другой путь развития человечества. И этот Путь готов, он ждёт вас. Этот Путь находится внутри вашего существа.

Преодолевая себя, свои желания, свои несовершенства, вы освобождаетесь от иллюзии и кармы прошлого. Вы движетесь обратной дорогой в тот мир, откуда когда-то ваши души начали своё путешествие по иллюзорному миру.

Для вас, в первую очередь, мы даём наши Послания. И к вам устремлён весь моментум моих достижений. Я готов оказывать помощь каждому, стоящему в начале Пути, и руководить его дальнейшим продвижением. Требуется малое – проявление вашей свободной воли и устремлённость.

Без дисциплины и устремлённости нет возможности преодолеть те участки Пути, которые связаны с тяжёлым подъёмом к Вершине Божественного сознания.

Когда вы поднимаетесь в горы, вы преодолеваете себя, превозмогаете боль в ногах и суставах. Вы испытываете колоссальное напряжение всех ваших сил. При подъёме на Вершину Божественного сознания вы точно также будете испытывать напряжение всех ваших сил. Вам требуется преодолеть силу притяжения иллюзии. Для этого вам потребуется всю свою жизнь подчинить одной цели – исходу из мира иллюзии на новый уровень сознания.

Подъём на вершину горы труден, но он сопровождается отдыхом на привалах, и иногда с горного плато, на котором вы останавливаетесь для отдыха, открывается совершенно завораживающий вид на долину внизу, на вершины соседних гор. И в вашем подъёме к Вершине Божественного сознания будет много моментов, когда вы будете испытывать внутренний подъём и воодушевление. Однако нужно всегда помнить о цели вашего путешествия. Вы должны постоянно помнить о том, что вам надлежит идти дальше. Иначе вы остановитесь в своём развитии.

Иллюзия будет становиться всё тоньше. И на каждом этапе вам следует отказываться от магии иллюзии и устремляться к реальности. В этом заключается сложность. И те, кто устремляется к получению более тонких удовольствий и наслаждений, попадают в сети астрального плана и остаются в них на долгие-долгие воплощения.

Поэтому ваши устремления должны быть выше любого иллюзорного плана, любых завораживающих картин астрального плана.

Компасом и картой для вас будет служить вибрация вашего сердца, устремлённость к непреходящим, более возвышенным мирам.

Поэтому не останавливайтесь на вашем Пути. Смелее подставляйте ваше существо ветрам изменений и перемен. Не бойтесь ничего! Ваши страхи рассеются вместе с сумерками вашего человеческого сознания, когда вы выйдете на солнце вашего Высшего Я.

Смелее вступайте на Путь! Я зову вас в путешествие в реальный мир. И это – самая главная задача, для которой вы проделали весь этот путь длиною в миллионы лет в иллюзорном мире».

Я ЕСМЬ ТО ЧТО Я ЕСМЬ, 18 июня 2005 года:

«И теперь вы стоите на той стадии своей эволюции, когда вы должны отказаться от физического тела благодаря возвышению вашего сознания.

Вы были всем, вы прошли все стадии развития, прежде чем вы достигли человеческой стадии развития. И на каждой стадии развития вы имели внутри себя частицу меня.

Я ЕСМЬ всегда с вами на всём протяжении вашего пути.

Я подобен кристаллу, который опускается в раствор и постепенно берёт из раствора всё, что необходимо для роста.

Сначала вы были просто Божественной искрой, и вы не имели формы. Потребовались миллиарды миллиардов лет, прежде чем вы достигли человеческой стадии эволюции. И потребуются ещё миллиарды миллиардов лет, прежде чем вы достигнете стадии развития высочайших существ этой Вселенной.

Как часто вы в вашей жизни задумываетесь об этих вещах?

Ваша жизнь так насыщена событиями, что вам некогда остановиться и задуматься. И до тех пор, пока вы не сможете размышлять над вопросами мироздания, вы не сможете получить знания об устройстве мироздания.

Вы должны устремляться, для того чтобы получить.

Если вы не имеете устремления внутри вас, то вы не сможете примагнитить из пространства нужные знания.

Процесс развития сознания очень постепенный. Вы подобны детям, и вы требуете заботы, и вы получаете эту заботу от невидимых Существ Света, которых вы называете Ангелами, или Вознесёнными Владыками, или Богами. Вы всегда в вашем сознании знаете, что есть кто-то, кто заботится о вас и наблюдает за вашим развитием. Но, как всем детям, вам свойственно увлекаться вашими играми. Вы играете, и вы даже не слышите, как ваши родители вас зовут домой, потому что время пришло.

Зов Божественного мира не слышен физическим слухом. Солнце, когда посылает свои лучи весной на Землю, не кричит траве, чтобы она начинала пробиваться сквозь землю. Но приходит срок, и ростки пробиваются из-под земли. Приходит срок, и появляются листья, и распускаются цветы.

Подобно лучам солнца, вы получаете невидимые лучи, которые будят ваше сознание и заставляют ваше сознание распуститься подобно цветам весной. Это зов того мира, в который вы должны прорасти. Прорасти вашим сознанием.

А сейчас вы подобны зародышам будущего существа. И точно так же, как бабочка не похожа на куколку, точно так же и вы в вашем новом качестве не будете походить на себя, как вы выглядите сегодня.

Ваше сознание имеет способность расширяться и приобретать способность вмещать в себя новые знания и новые представления. Но если вы не будете устремляться к новым знаниям и закроетесь от тонких энергий, пронизывающих Землю, то вы не сможете прорасти».

Я ЕСМЬ ТО ЧТО Я ЕСМЬ, 31 декабря 2011 года:

«Сейчас очень мало людей, которые чувствуют Высшие миры. Предчувствие вечности является даром, который человек получает не за одно воплощение. И чем большее количество людей, находящихся в воплощении, обладает этим даром – чувствовать Высшие миры, тем более гармонично проходят все события физического мира.

Потому что именно внутренняя связь, мистическая связь, которая открывается внутри вашего существа, позволяет проводить Божественные изменения в вашем мире.

Не правительства, не страны, не отдельные личности делают великие изменения в мире. Все великие изменения в мире всегда происходили путём проникновения в мир высших энергий. И тогда, когда энергии Высших миров способны проникнуть в физический мир, всё начинает очень быстро изменяться, буквально у вас на глазах.

И сейчас мы стоим на пороге того времени, той эпохи, когда произойдёт соединение миров внутри всё большего и большего количества человеческих индивидуумов, находящихся в воплощении.

Задачей, целью и смыслом жизни многих жизнепотоков является именно удерживать и поддерживать в своём сознании связь с Высшими мирами, связь между мирами.

Тогда, когда достаточное количество человеческих индивидуумов способно в своём сознании восходить к Высшим мирам, все изменения – Божественные изменения мира – свершаются».

Граница Божественной возможности

Заратустра, 8 декабря 2009 года:

«Все вы наблюдаете весной, как цветут деревья, травы. Все наблюдаете, как к осени постепенно образуются плоды, семена.

Проходит какое-то количество времени, и из семян вырастают новые растения. Однако большинство семян не даёт новых побегов. Большинство семян гибнет. То же самое относится и к людям. В каждом из вас есть потенциал к развитию, к проявлению своего Божественного потенциала. Однако не во всех человеческих индивидуумах этот потенциал способен проявиться.

Владыки Мудрости многие сотни тысяч и миллионы лет назад наделили человечество разумом. И благодаря этому акту самопожертвования человечество смогло развиваться и совершенствоваться. Однако те семена, которые посеяны в вас, не все могут прорасти. Многие из них гибнут. И процент нереализованных возможностей точно такой же, как процент гибнущих семян растений.

Вы никогда не рассматривали развитие человечества под этим углом зрения? Вам никогда не приходило в голову, что время, отпущенное для прорастания вашего Божественного потенциала, ограничено и может подойти к концу?»

Я ЕСМЬ ТО ЧТО Я ЕСМЬ, 18 июня 2005 года:
«Многие семена гибнут, так и не пробившись на поверхность земли. Но жизнь продолжается, и энергия этих семян продолжает участвовать в построении мира.

Ваша вечная часть не может быть уничтожена, но она может потерять индивидуальность, ваш опыт, который вы наработали за миллионы и миллиарды лет, когда были камнем и стали растением, низшим животным, высшим животным и стали людьми».

Будда Рубинового Луча, 20 апреля 2005 года:
«Вы не одиноки. Вы находитесь под надёжной опекой и защитой. Но только до тех пор, пока вы желаете следовать по Пути и подчиняетесь Закону, который существует в этой Вселенной.

Если же вы по своей свободной воле желаете отделить себя от этой Вселенной и жить по своим собственным законам, то и этого вам никто не запрещает.

Однако в этом случае ваша свобода будет распространяться до определённого предела, за которым вам грозит состояние небытия. Поймите меня правильно, я не хочу вас напугать и нагнать на вас страх. На самом деле даже тогда, когда вы становитесь настолько опасны для планов Бога для этой Вселенной, что вам грозит небытие, то вы никуда не исчезаете. Вы, как энергия, продолжаете существовать, исчезают только записи из вашего сознания, которые не соответствуют Божественному плану. И вы начинаете свою эволюцию с самого низшего уровня, вновь поднимаясь по ступеням эволюции, которые уходят в беспредельность».

Возлюбленный Серапис Бей, 29 марта 2005 года:

«…всё, что не укладывается в планы Бога, не сможет продолжить своё существование в Новом Мире. Не потому что Бог жесток и стремится наказать вас. Нет, вы сами обрекаете себя на небытие, так как не сможете существовать в более тонком мире, которым со временем должна стать ваша планета, как и другие планеты во Вселенной. Жизнь постепенно будет перенесена на более тонкий план. Конечно, это займёт много миллионов лет. И те, кто не сможет приспособиться к жизни на более тонком плане, будут сметены ветром космических перемен.

<…>

Я должен вам сказать о таком явлении, как прорыв плотины. Если Божественная Энергия, которая даётся на преобразование этого мира, встречает сопротивление со стороны подавляющего большинства индивидуумов, населяющих эту планету, сознание которых в данном случае может быть уподоблено плотине на пути вод Божественного обновления и преобразования, то рано или поздно прибывающая вода прорвёт плотину, и вода сметёт на своём пути всё, что сопротивляется ей.

Поэтому только ваше сознание является тем, что препятствует Божественному обновлению. И чем более быстро вы измените своё сознание, тем меньше катаклизмов ожидает вашу планету в будущем.

И каждый раз, когда вы не можете справиться с каким-то блоком в вашем сознании, каждый раз, когда вы ленитесь выполнять требования, которые мы предъявляем своим ученикам, вы должны помнить о той громаде воды, которая в любой момент может обрушиться на Землю и смести всё, что сопротивляется Божественному Закону».

Я ЕСМЬ ТО ЧТО Я ЕСМЬ, 29 июня 2008 года:

«…сейчас идёт буквально битва за каждую душу.

И есть души, которые способны к дальнейшему эволюционному развитию, а есть те, кто отказываются следовать по пути эволюции.

Задача отделения зёрен от плевел не под силу человеческому сознанию. Потому что человеческое сознание судит о развитости человеческого индивидуума по количеству денежных и материальных богатств, которыми он владеет.

Божественная логика не имеет ничего общего с человеческой логикой. Для Бога все равны: и богатый, и нищий, и скудный умом, и самый развитый в интеллектуальном смысле индивид. Все равны перед Богом. И тогда, когда наступит тот час, о котором написано во многих священных книгах, произойдёт то, что называется судом. Или отделением зёрен от плевел. И судимы все будут по тем делам, которые делались. И если единственным мотивом для вас из жизни в жизнь, из воплощения в воплощение было достижение славы, богатства и почестей, если вы делали всё для того, чтобы возвыситься за счёт ближнего, то вряд ли вы будете признаны пригодными для дальнейшей эволюции. И если вы делились последним куском хлеба с нуждающимися, если не думали о себе, а радели об общем деле, если трудились на Общее Благо и не щадили живота своего, то те Божественные качества, которые вы при этом наработали, будут признаны достаточными для того, чтобы ваша душа продолжила эволюцию на новом энергетическом уровне.

Никто не знает того часа, когда произойдёт этот суд. Поэтому всегда предупреждается о том, чтобы были готовы.

Потому что подготовка ваших душ совершится не когда-то в далёком будущем, а идёт полным ходом уже сейчас.

Не имеют значения мелкие промахи и ошибки. Имеет значение общий вектор устремлений индивидуума. И некоторые из вас очень удивятся, когда всё произойдёт. Потому что неудачники и, с вашей точки зрения, совсем никудышные люди будут ходить в белых одеяниях, усыпанных драгоценными камнями. А те, кто в земных жизнях имел дорогие одежды и унизывал свои пальцы бриллиантами, вряд ли вообще получат доступ в то Царство, которое грядёт».

Господь Шива, 27 декабря 2008 года:
«Ваше эго заставляет вас метаться и сомневаться, и искать чего-то для удовлетворения своих прихотей и желаний.

Вам следует понять, что приходит конец нереальной части вас самих. И те индивидуумы, которые не готовы приспособиться к новым условиям, которые слишком срослись со своей нереальной частью, для вас наступают тяжёлые времена. Ваша карма, которую вы продолжаете творить по своему неразумию или из-за невежества, превышает все разумные пределы. И не хватает даже мощи Вознесённых Сонмов, чтобы держать вашу карму в определённых границах, чтобы она не вышла из берегов и не снесла с лица Земли большую часть материков.

Я ЕСМЬ Шива – разрушитель иллюзии. И моя мощь не сравнится с мощью всех книжных колдунов, мнящих себя богами во плоти.

Одумайтесь. В ваш век, когда Божественная мощь, нисходящая в ваше существо по кристальной струне, разумно уменьшена, вы не способны произвести каких-либо серьёзных действий и не способны вызвать какого-либо значительного противостояния Божественной мощи. Вы способны только усугубить свою карму и сделать её непомерно большой.

Я прихожу для того, чтобы вы поняли, что сопротивлению вашей нереальной части приходит конец».

Гаутама Будда, 22 июня 2011 года:

«И какие бы препятствия мы ни встречали в умах людей, мы прежде всего обращаемся к их сердцам. К той части вашего существа, которая помнит своё Божественное происхождение и стремится вырваться из плена иллюзии на простор вечного существования.

Невозможно вам больше следовать тем путём, которым человечество пытается идти по своей воле последние десятилетия. Ваше существование в физическом мире представляет собой пребывание в темнице. И это действительно темница для Духа. И единственная свобода, которая у вас есть, это свобода нарушать Волю Бога. И всё, что вы делаете в ваших жизнях день за днём, представляет собой только нарушение Божественного Закона.

Бог столь милостив, сострадателен и терпелив, что позволяет вам нарушать Закон. Однако установлена граница, коридор, за рамки которого вы не можете выйти. Сейчас вы находитесь на границе этого коридора отпущенной Божественной возможности.

Время пришло для осознания того факта, что без Божественного руководства, без следования Закону невозможно дальнейшее существование человечества. И каждый индивидуум сам делает выбор, чему отдать предпочтение. И если он настаивает, и упорно настаивает, остаться в иллюзорном мире, если он так прикован цепями многотысячелетних выборов к окружающей иллюзии, что не желает больше развиваться, то Бог удовлетворит его желание. Не слишком вдаваясь в подробности, скажу лишь, что душа этого человека сможет продолжить эволюцию, но в более низких мирах и на более низком энергетическом уровне».

Моисей, 1 апреля 2005 года:

«Наступило время нового Исхода. Исхода для новой человеческой Расы, которая уже пришла и продолжает приходить в воплощение на смену старой Пятой Коренной Расе.

И наступило время совершить Исход в своём сознании, отделиться в своём сознании от всего старого, отжившего.

Для людей новой Расы будет характерен прежде всего отказ от насилия в любой его форме. И это не значит, что насилие исчезнет с лица Земли в ближайшее время. Нет, точно так же, как потребовались многие годы, чтобы выросло несколько поколений людей, которые не помнили земли греха Атлантиды во время того Исхода, точно так же потребуется смена многих поколений людей, прежде чем человечество станет способно отказаться от насилия и чувства борьбы прежде всего в своём сознании.

И будут целые территории, населённые людьми, обладающими новым сознанием, и будут территории, на которых будет преобладать старое сознание и старое мышление.

И постепенно территории, на которых будет преобладать старое мышление, будут одна за другой уходить под воду. И появятся новые земли, на которых будут селиться люди, принадлежащие к новой Расе. И отличие этих людей от той Расы, которая живёт ныне, будет пока только одно – совершенно новый уровень сознания этой Расы и неприемлемость для этой Расы любого чувства борьбы и насилия.

Наступило время нового Исхода, который вы должны совершить в своём сознании.

И это новое сознание даст вам возможность в скором времени освободиться от большинства ваших привязанностей к старому миру и освободит вас в скором времени от оков самой плоти.

И не нужно будет никого наказывать из людей, которые упорствуют в своём нежелании следовать веяниям нового времени. Эти люди сами обрекают себя на наказание, а Мать-Земля позаботится об очищении самой себя от этих людей».

Стать Богочеловеком

Возлюбленный Серапис Бей, 29 марта 2005 года:

«И как бы долго ни продолжалось странствование души по просторам космоса, наступает момент, когда она должна вернуться из иллюзорного мира в Реальный Мир Бога. Вот этот этап сейчас наступил. Этап отказа от иллюзии и этап возврата в Реальный Мир.

Поэтому вам дан проводник, ваш Ангел-Хранитель, ваше Святое Я Христа. И этот проводник должен вывести вас на верный Путь, Путь возвращения в Царство Отца.

Всё внешнее учение, которое мы даём через этого Посланника или любого другого нашего Посланника, имеет целью именно установить связь с той частью вас самих, которая помнит, кто вы есть. И чем более прочной будет ваша связь с вашей реальной частью вас самих, тем более быстрым для вашей индивидуальности будет путь возврата Домой.

Все истинные посвящения, которые я давал моим ученикам и которые дают своим Ученикам другие Владыки, направлены именно на то, чтобы преодолеть сопротивление иллюзорной части вас самих и вывести вас на контакт с вашей бессмертной частью».

Возлюбленный Кутхуми, 14 июня 2005 года:
«Это Учение о Будде. О том этапе вашего Пути, которого вы неминуемо должны достичь и который будет вами достигнут рано или поздно.

Каждый из вас в своём потенциале может стать Буддой. Точно так же, как каждое семя в своём потенциале может стать растением и, в свою очередь, приносить семена.

Уровень сознания – это всё, что отличает вас от Будды.

Одни семена попадают в благоприятные условия и прорастают очень быстро. Другие семена требуют значительных усилий для прорастания. Однако никогда не нужно забывать, что вы все находитесь в саду, где садовником является сам Господь Бог. И Он является весьма заботливым садовником. Поэтому, даже если ваше становление Буддой требует от вас очень больших усилий, вы всё равно станете Буддой. Вы не можете не стать Буддой, потому что это естественная и закономерная ступень вашего развития. Сейчас я не хочу останавливаться на тех душах, которые не хотят развиваться и не хотят следовать по тому Пути, который запланирован для них. Вы знаете, что на самом деле не все семена прорастают. И есть определённый процент семян, которые не становятся взрослыми растениями.

Есть определённый процент среди растений, которые погибают, так и не достигнув стадии плодоношения.

Но вы должны знать, к чему вам устремляться. И вы должны стремиться стать Буддой.

На самом деле уровень сознания Будды, когда вы его достигаете, сродни растению, которое вступает в стадию плодоношения. И когда человеческое существо достигает уровня сознания Будды, оно способно наделять своим сознанием миллионы существ, находящихся на более низких стадиях эволюционного развития. Это очень похоже на разбрасывание семян взрослым растением. Будда сеет семена сознания Будды в человеческих существах. И эти семена какое-то время находятся в скрытом состоянии внутри человеческого существа. Но наступает период времени, который обусловлен космическими сроками, и семена Будды начинают прорастать в этом человеческом существе.

Будда сеет искры своего Разума в человеческих существах. Подходит срок, и эти искры Разума начинают прорастать и становиться заметными. В каждом из вас сокрыто семя Будды, искра Разума, которая посеяна в вашем существе миллионы лет назад по земным меркам. И сейчас наступает срок, когда эта искра сознания Будды начинает проявлять себя.

Это не похоже на интеллект. И это не похоже на ваши способности, которые позволяют вам существовать в физическом мире. Это разум, который пребывает в вас и который тождествен с Божественным Разумом. Это то в вас, что даёт вам возможность достичь Божественной стадии развития и стать Богочеловеком.

Точно так же, как семя жертвует собой, чтобы дать возможность появиться растению, точно так же Будда жертвует собой, чтобы дать возможность прорасти семенам Разума в миллионах живых существ. Это высшее самопожертвование, на которое вы становитесь способными, когда достигаете уровня сознания Будды.

Именно самопожертвование величайших Существ Света миллионы лет назад привело к тому, что человечество обрело разум и благодаря этому разуму стало отличаться от животных.

<…>

Я… поведал вам красивую легенду о Буддах и приумножении сознания Будды.

Когда семя прорастает и когда растение развивается, оно сталкивается со множеством препятствий на своём Пути развития. Это и засуха, и наводнение, и жгучее солнце, и насекомые-вредители. Каждый индивидуум в своём развитии на планете Земля сталкивается со многими препятствиями. Каждый индивидуум вынужден преодолевать множество препятствий. Однако для того чтобы вам расти в вашем сознании, препятствия вам необходимы. Вы становитесь Буддой только тогда, когда преодолеваете все препятствия. Вы становитесь Буддой только тогда, когда выходите в своём сознании за рамки иллюзорного мира».

Господь Майтрейя, 17 июня 2005 года:
«Ум человека является величайшим наказанием, и одновременно ум человека является для него возможностью, пройдя через физический мир как через чистилище, очиститься от всего небожественного и стать, наконец, тем, кем он должен стать, – Богочеловеком.

В вашем сознании заложен ключ к вашему продвижению».

Я ЕСМЬ ТО ЧТО Я ЕСМЬ, 18 июня 2005 года:
«Ваше сознание и ваш индивидуальный опыт являются для вас самыми главными. Это то, что останется с вами после того, как закончится ваша человеческая эволюция, и это то,

что перейдёт с вами в Высшие миры и поможет вам существовать в этих мирах. Когда ваше сознание перерастает тот мир и ту форму, в которой вы временно пребываете, заботливые руки пересаживают вас в другие тела, которые будут обитать в других мирах.

Это подобно тому, как заботливый хозяин пересаживает цветок, переросший свой прежний горшок, в более просторный горшок, чтобы он продолжал свой рост.

Своим сознанием вы пробиваетесь во всё новые и новые миры. И каждый раз вы имеете возможность получить именно тот мир, который соответствует уровню вашего сознания.

Сейчас вы находитесь в вашем мире. И вы ещё долго будете находиться в вашем мире, пока не перерастёте ваш мир и не устремитесь в своём сознании в Высшие миры.

Однако не будет верным испытывать угнетение от бесконечной вереницы миров, которые вам предстоит посетить. Вы должны научиться испытывать радость от пребывания в каждом из миров. И эта радость не похожа на радость от удовлетворения ваших желаний и страстей. Есть другая радость. Радость Божественная, Радость без причины. Радость от того, что светит солнце, Радость от того, что вы живёте, дышите. Радость от журчания ручья, от шелеста трав, от вида облаков.

Вы гораздо больше тех форм, которые вы сейчас носите. И наступит время, когда вы смените эти формы. Но ваша Радость и другие чувства, которые вечны, перейдут с вами в новые миры и будут жить внутри вас постоянно. И одно из важнейших чувств – это чувство Любви, которое приобретает всё более и более утончённые свойства и проявления по мере возвышения вашего сознания.

Есть качества и свойства, которые присущи всем мирам. И одно из этих качеств – это качество Любви, чувство Любви.

То, что скрыто от вас за теми предметами, которые вас окружают, то, что не видно из той точки времени и пространства, в которой вы находитесь сейчас, раскроется с новой силой, по мере того как вы сможете возвысить ваше сознание и вырваться за пределы вашего мира.

Мир. Гармония. Красота. Много качеств, которые не кажутся вам ценными сейчас, но которые имеют ценность в Высших мирах такую же, как в вашем мире имеют золото и алмазы.

Качества Духа, наработки вашего Духа – это то, что останется с вами.

Вы забудете вашу профессию. Она вам будет не нужна в другом мире. Вы забудете о своих привычках, они покажутся вам ненужными. Но вы сохраните те качества, которые имеют непреходящую ценность во всех мирах.

Поэтому найдите время и подумайте, какие ваши качества могут быть вам полезны в Высших мирах. Развивайте в себе эти качества, и не позволяйте окружающей вас суете заглушить эти качества в вас».

Я ЕСМЬ ТО ЧТО Я ЕСМЬ, 31 декабря 2011 года:

«…я настаиваю на том, чтобы каждый из вас выбрал время для того, чтобы провести ваш собственный мистический опыт, мистический эксперимент.

Вы должны выбрать время для того, чтобы задуматься о вечном и преходящем. О вечных ценностях и сиюминутных увлечениях. Ощутить разницу между ними и понять, в каком направлении вы желаете двигаться.

В настоящее время каждого человека, способного к мистическому опыту, считают странным и неприспособленным к жизни. Однако так будет не всегда. Всё больше и больше человеческих индивидуумов, хранящих в своём сознании память о Высших мирах, будет приходить в воплощение. И очень скоро эти индивидуумы займут господствующее положение в мире. Потому что время пришло. Время пришло, и пространство изменяется. Миры приблизились и готовы к взаимопроникновению.

Тогда, когда иллюзия в последних конвульсиях пытается удержать свои позиции, не лишним будет моё напоминание вам о вашем Божественном происхождении. И о той внутренней сути, которая присутствует в вас и не даёт продолжить сладкий сон в иллюзии.

Пора пробуждаться к Высшей реальности. Срок настал.

Вы медлите и не хотите расставаться со сладкими снами в иллюзии. Однако Божественная реальность превосходит по своей силе и красоте любые самые лучшие проявления вашего физического мира.

Поэтому устремляйтесь к вашей истиной природе. Божественной природе. Ищите внутри себя эти тихие мистические знаки. И тогда, когда вы войдёте в сонастрой с Высшей реальностью, изменения физического мира будут происходить сами собой».

Будда Вайрочана, 26 декабря 2012 года:
«Весь вопрос вашего дальнейшего эволюционного развития заключается в том, насколько вы сможете раскрыть ваши энергетические центры, ваши чакры. Причём не только низшие чакры, но и всю энергетическую систему вашего существа. Чем более сбалансированы ваши чакры, тем вы более приближаетесь к идеалу Божественного человека.

<…>

Откажитесь от неверных образцов и проявлений, и ваше Высшее Я способно будет вывести вас на верный Путь. Вы обретёте способность делать различение и уже не будете напоминать слепых котят, которые тычутся от одного духовного направления к другому.

Весь Путь находится внутри вас. И ваша энергетическая система, когда она освободится от образцов массового сознания, способна будет настроить вас. У вас внутри сокрыт гигантский потенциал самонастройки на Высшие миры.

И если вы сможете освободиться от оков массового сознания, неверных образцов, которые вас окружают, в считанные годы вы обретёте духовные дары, в том числе дар различения.

Массовое сознание и те структуры, которые за ним стоят, являются олицетворёнными силами зла. И человечество на следующем этапе призвано освободиться от всего, что не даёт подняться из чакры основания позвоночника вашей энергии Кундалини.

Мать Мира сокрыта под покровом иллюзии сейчас, но следующая эпоха явит миру лицо Матери Мира. И после этого ничто не остановит продвижение человечества к периоду Золотого Века».

Приложения

Приложение I

Апокриф Иоанна[352]

---

[352] Текст печатается по изданию «Апокрифы древних христиан». – СПб., 1994. Сноски даны по этому изданию (цифрами) и по «Теософкому словарю» Е.П. Блаватской (цифрами и звёздочками).

1. Учение спасителя и откровение тайн, скрытых в молчании всех вещей, которым он обучил Иоанна, своего ученика.

5/ Случилось же это однажды, когда Иоанн, брат Иакова, – они сыновья Зеведея – вышел и подошел к храму. Встретил его фарисей – имя его Ариман.

10/ и сказал ему: «Где твой господин, которому ты последовал?» И он сказал ему: «Место, откуда он пришел, туда он снова и возвратился». Сказал ему фарисей: «Обманом этот назареянин ввел вас в заблуждение,

15/ и наполнил ваши уши ложью, и запер ваши сердца, и повернул вас от предания ваших отцов». Когда я, Иоанн, услышал это, я двинулся от храма к горе, месту пустынному.

20/ Был я очень опечален сердцем и сказал: «Почему избран спаситель? И почему он послан в мир своим отцом? И кто его отец, который послал его? И каков

25/ тот эон[353*], к которому мы пойдем? Ибо что подразумевал он, когда сказал нам: «Этот эон, к которому вы пойдете, принял вид эона того, нерушимого»? Но он не учил нас о том, каков он».

При переводе памятника первые публикаторы (см.: Наука и религия. – 1990. – № 5–8) руководствовались транскрипциями коптского текста в изданиях Krause V., Pahor Labid. Die drei Virsion des Apokryphon des Johannes im Koptischen Museum zu Alt–Kairo. Weisbaden, 1962, а также Apocryphon Joannts // The Coptic Text of Apocryphon Joannts in the Nag–Hammadi Codex II with Translation, Introduction and Commentary by Giversen S. Coptnhaden, 1962. В спорных местах мы обращались к факсимильному изданию: The Facsimile Edition of Nag Hammadi Codies / Published under Auspices of the Department of Antiquities of the Arab Republic of Egypt in Conjunction with UNESCO: Codex II. – Leiden, 1074. Нами были приняты во внимание также переводы The Nag Hammadi Library in English. – Leiden, 1984; Tardieu M. Codex de Berlin P., 1984. Текст Берлинского папируса использовался нами по изданию: Till W. Die Schriften des koptischen Paryrus Berolinensis 8502. 2. AufL, bearb. Von H.-M. Schenke. – B., 1972.

[353*] Эон или эоны (греч.) – периоды времени; эманации, исходящие из божественной сущности, и небесные существа; гении и ангелы у гностиков.

30/ В то время, когда я думал об этом в сердце моем, небеса раскрылись, и все творение, что ниже неба, осветилось, и весь мир содрогнулся.

2. Я испугался и пал ниц, когда увидел в свете юношу, который стоял предо мною. Но когда я смотрел на него, он стал подобным старцу. И он изменял свой облик, став как

5/ дитя в то же время предо мною. Он был единством многих форм в свете, и формы открывались одна в другой. Будучи одним, он был в трех формах? Он сказал мне:

«Иоанн, Иоанн,

10/ почему ты сомневаешься или почему страшишься? Разве тебе чужд этот образ? Это так: не будь малодушным! Я тот, кто с вами все время. Я – отец, я – мать, я – сын.

15/ Я незапятнанный и неоскверненный. Ныне я пришел наставить тебя в том, что есть, что было и что должно произойти, дабы ты мог узнать вещи, которые не открыты, и вещи, которые открыты, и научить тебя...

20/ о совершенном Человеке. Теперь же подыми лицо свое, иди и слушай, чтобы ты узнал те вещи, о которых я скажу сегодня, и мог передать это своим сотоварищам по духу, тем, кто из рода недвижимого, совершенного

25/ Человека». И я попросил его:

«Скажи, дабы я мог постигнуть это». Он сказал: «Единое (греч.) – это единовластие, над которым нет ничего. Это Бог истинный и Отец всего, дух незримый, кто

30/ надо всем, кто в нерушимости, кто в свете чистом, – тот, кого никакой свет глаза не может узреть.

Он Дух незримый. Не подобает думать о нем как о богах или о чем-то

35/ подобном. Ибо он больше бога, ведь нет никого выше него, нет никого, кто был бы

3. господином над ним. Он ни в каком бы то ни было подчинении, ибо все существует в нем[354] одном. Он ...потому что он не нуждается в чем бы то ни было, ведь он полностью совершенен.

5/ У него нет в чем бы то ни было недостатка, нет того, чем бы он мог быть пополнен. Но все время он полностью совершенен в свете. Он безграничен, ибо нет никого перед ним, чтобы ограничить его. Он непостижим, ибо нет никого

10/ перед ним, кто постиг бы его. Он неизмерим, ибо не было никого перед ним, чтобы измерить его. Он невидим, ибо никто не видит его. Он вечен, он существует вечно. Он невыразим, ибо

15/ никто не может охватить его, чтобы выразить его. Он неназываем, ибо нет никого перед ним, чтобы назвать его. Это свет неизмеримый, чистый, святой, ясный. Он, невыразимый, совершенен

20/ в нерушимости. Не в совершенстве, не в блаженстве, не в божественности, но много избраннее. Он не телесный, не нетелесный. Он не большой, не малый. Нет

25/ возможности сказать, каково его количество... ибо никто не может постичь его. Он не из тех, кто существует, но много избраннее. Не так, как если бы он был избраннее по сравнению с другими, но то, что его, не причастно ни эону,

30/ ни времени. Ибо то, что причастно эону, было вначале создано. Он не был заключен во времени. Он не получил... ибо нет никого перед

35/ ним, чтобы он получил от него нечто. Ибо он созерцает себя вновь

4. в своем свете чистом[355].

---

[354] Далее по Наг–Хаммади (IV. 1.4, 9–10): Он же стоит.

[355] Ср.: «Нет никого, кто перед ним. Он тот, кто лишь самого себя желает в совершенстве света, он постигает чистый свет» (Берл. пап. 8502.25.8–12). Цит. по «Апокрифу Иоанна».

Ведь он – величие. Неизмеримое... величие. Он – Эон, дающий эон. Жизнь, дающая жизнь. Блаженство, дающее

5/ блаженство. Знание (греч.), дающее знание, Добро, дающее добро. Милость, дающая милость и спасение, Благодать, дающая благодать не потому, что имеет, но потому что дает милость неизмеримую,

10/нерушимую.

Что я скажу тебе о нем? Его эон нерушимый, он неподвижен, он пребывает в молчании, он покоится. Он до всех вещей. Он глава всех эонов. Это он дает им силу по

15/ своему благу. Ибо не мы, мы не познали... мы не познали тех вещей, что неизмеримы, кроме того, кто жил в нем, то есть Отец. Это он рассказал нам. Ведь он видит себя

20/ самого в свете, окружающем его. Это источник воды жизни, он дает всем эонам и во всех формах. Он узнает свой образ, когда видит его в источнике Духа. Он устремляет желание в свой

25/ свет – воду, это источник света – воды чистого окружающего его. И его Энноя выполнила действие, и она обнаружилась, она предстала, она появилась перед ним в сиянии его света. Это

30/ первая сила, бывшая до всех эонов и открывшаяся в его мысли, это Пронойа Всего, ее свет, который светит, образ света, совершенная сила, то есть образ незримого

35/ девственного Духа совершенного. Она – сила, слава, Барбело.

5. совершенная слава в эонах, слава откровения, слава девственного Духа. И она восхвалила его за то, что открылась. Это первая мысль,

5/ его образ. Она стала материнским чревом всего, ибо она прежде, чем все они: Метропатор, первый Человек, Святой

Дух, трижды мужской, трижды сильный, трижды именный, андрогин и

10/ вечный эон среди незримых, первый явившийся.

Она попросила у незримого девственного Духа, то есть Барбело, дать ей предвидение. И Дух согласился. И когда он согласился,

13/ предвидение обнаружилось, и оно предстало близ Пронойи; оно – из мысли незримого девственного Духа. Оно восхвалило его и его совершенную силу. Барбело, так как

20/ оно стало существовать из-за нее. И снова она попросила дать ей нерушимость, и он согласился. Когда он согласился, нерушимость обнаружилась, она предстала близ мысли и предвидения. Они восхвалили

25/ незримого и Барбело, из-за которой они стали существовать.

И Барбело попросила дать ей вечную жизнь. И незримый Дух согласился. И когда он согласился, вечная жизнь

30/ обнаружилась, и они предстали, и они восхвалили незримый Дух и Барбело, из-за которой они стали существовать.

И снова она попросила дать ей истину. И незримый Дух согласился. Истина обнаружилась,

35/ и они предстали, и они восхвалили незримый

6. Дух... Барбело, из-за которой они стали существовать.

Это пятерица эонов Отца: мысль, и предвидение, и нерушимость, и вечная жизнь, и истина. Это пятерица эонов андрогинных, то есть десятерина эонов, то есть

10/ Отец. И он взглянул на Барбело светом чистым, который окружает незримый Дух, и его блеском, и она понесла от него. И он породил искру светом блаженного образа. Но это не было равным

15/ его величию. Это был единородный Метропатора, тот,

что открылся; это его единственное рожденье, единородный Отца, свет чистый. Незримый девственный Дух возликовал

20/ над светом, который стал существовать, который первым был открыт первой силой его Пронойи, то есть Барбело. И он помазал его своим благом (греч.) пока он не стал совершенным, не нуждавшимся

25/ ни в каком благе, ибо он помазал его благом незримого Духа. И он предстал перед ним, когда он излил (это) на него. Когда он получил (это) от Духа, он восславил святой Дух

30/ и совершенную Пронойю... из-за которой он обнаружился. И он (сын) попросил дать ему сотоварища по труду, то есть ум, и он (Дух) согласился.

35/ Когда же незримый Дух согласился,

7. ум обнаружился и предстал близ Христа (или: блага (греч.), и восхвалил его и Барбело. Все они стали существовать в молчании. И ум захотел

5/ выполнить дело через слово незримого Духа. И его воля стала делом, и оно обнаружилось близ ума; и свет восхвалил его. И слово последовало за волей.

10/ Ибо словом Христос, божественный Аутоген, создал все вещи. И вечная жизнь, и его воля, и ум, и предвидение предстали и восхвалили незримый Дух и Барбело,

15/ ибо из-за нее все они стали существовать.

И Святой Дух дал совершенство божественному Аутогену, сыну его и Барбело, так что тот предстал перед могущественным и незримым девственным Духом как

20/ божественный Аутоген Христос, кому он (Дух) воздал славу громким голосом. Он (сын) открылся через Пронойю, и незримый девственный Дух поставил божественного Аутогена истины надо всеми вещами.

25/ И он подчинил ему всякую власть и истину, которая

есть в нем, чтобы он мог знать все, что было названо именем, возвышенным над всяким именем. Ибо это имя – назовут его те,

30/ кто достоин его. Из света же, который есть Христос, и нерушимости через дар Духа (появились) четыре света из божественного Аутогена. Он смотрел, чтобы они предстали

8. пред ним. И трое – это воля, Энноиа и жизнь. И четыре силы – это мудрость, благодать, чувствование, рассудительность. Благодать находится у

5/ эона света Армоцеля, который первый ангел. Вместе с этим эоном есть три других эона: милость, истина и форма. Второй свет – это Ориэль, который был помещен

10/ у второго эона. Вместе с ним есть три других эона: мысль, чувствование и память. Третий свет – это Давейтай, который помещен у третьего эона. Вместе с ним есть

15/ три других эона: мудрость, любовь и форма. Четвертый эон помещен у четвертого света Элелет. Вместе с ним есть три других эона: совершенство,

20/ мир и Софиа. Это четыре эона, которые предстали пред божественным Аутогеном. Это двенадцать эонов, которые предстали пред сыном, великим Аутогеном, Христом, по воле и дару незримого

25/ Духа. И двенадцать эонов принадлежали сыну, Аутогену. И все вещи были установлены волей святого Духа через Аутогена. И от предвидения совершенного ума

30/ через откровение воли незримого Духа и воли Аутогена появился совершенный Человек, первое откровение и истина. Это он, кого девственный Дух назвал Пигераадаман

35/ и поместил его у

9. первого эона с великим Аутогеном, Христом, у первого света Армоцеля. И силы его – вместе с ним. И незримый дал ему разумную

5/ непобедимую славу. И заговорил он, и восхвалил, и прославил незримый Дух, сказав: «Все вещи стали существовать из-за тебя, и все вещи вернутся к тебе. Я же, я прославлю и восхвалю тебя и

10/ Аутогена и эоны, которых три: отец, мать и сын, совершенная сила». И он (Человек) поместил своего сына Сифа во второй эон ко второму свету Оройэлю. В третий эон –

15/ в третий свет Давейтай было помещено семя Сифа. И души святых (там) были помещены. В четвертый эон были помещены души тех, кто не познал

20/ Плеромы и не покаялся сразу, но временно упорствовал и затем покаялся; они – у четвертого света Элелета. Это создания, которые восхваляют незримый Дух.

25/ Софиа же Эпинойа[356*], будучи эоном, произвела мысль своею мыслью (в согласии) с размышлением незримого Духа и предвидением. Она захотела открыть в себе самой образ без воли Духа

30/ – он не одобрил – и без своего согласия, без его мысли. И хотя лик ее мужественности не одобрил и она не нашла своего согласия и задумала без воли Духа

35/ и знания своего согласия, она вывела это наружу.

10. И из-за непобедимой силы, которая есть в ней, ее мысль не осталась бесплодной, и открылся в ней труд несовершенный и отличавшийся от ее вида,

5/ ибо она создала это без согласия своего сотоварища. И было это неподобным образу его матери, ибо было это другой формы. Когда же она увидела свою волю, это приняло вид необразный – змея с мордой льва. Его глаза

[356*] Эпинойя (греч.) – мысль, изобретение, замысел. Имя, данное гностиками первому, пассивному Эону.

10/ были подобны сверкающим огням молний. Она отбросила его от себя, за пределы этих мест, дабы никто из бессмертных не увидел его, ибо она создала его в незнании. И она окружила его,

15/ светлым облаком и пометила трон в середине облака, дабы никто не увидел его, кроме Святого Духа, который зовется матерь живых. И она назвала его именем Иалтабаоф[357*].

Это

20/ первый архонт, который взял большую силу от своей матери. И он удалился от нее и двинулся прочь от мест, где был рожден. Он стал сильным и создал для себя другие эоны в

25/ пламени светлого огня, (где) он пребывает поныне. И он соединился со своим безумием, которое есть в нем, и породил власти для себя. Первая же имя ее Афоф, которую поколения называют...

30/ Вторая – Хармас, что означает око ревности. Третья – Калила –Умбри. Четвертая – Иабель. Пятая – Адонаиу, которая зовется Саваоф. Шестая – Каин,

35/ кого поколения людские называют Солнцем. Седьмая – Авель. Восьмая – Абризена. Девятая – Нобель.

11. Десятая – Армупиэль. Одиннадцатая – Мелхеир-Адонеин. Двенадцатая – Белиас, кто над бездной преисподней. И поставил он семь царей

[357*] Ильда Баоф – буквально «дитя из яйца», гностический термин. Он – творец нашего физического шара (земли), согласно учению гностиков в «Кодексе назареев» (евангелии назареев и эбеонитов). В последнем он отождествлен с Иеговой, Богом евреев. Ильдабаоф является «сыном Тьмы» в плохом смысле и отцом шести земных «Звездных», темных духов, антитезы светлых Звездных духов. Их соответствующие обители суть семь сфер, верхняя из которых начинается в «срединном пространстве», сфере их матери Софии Ахамот, а низшая оканчивается на этой земле – седьмой области. Ильда Баоф является гением Сатурна, планеты; или, вернее, – злым духом ее властителя.

5/ – соответственно тверди небесной – над семью небесами и пять – на безлюдной ада, так что они могли царствовать. И он отделил им от своего огня, но не дал от силы света, которую взял от своей матери,

10/ ибо он – тьма незнания. И когда свет смешался с тьмой, он побудил тьму светить. А когда тьма смешалась со светом, она затемнила свет и стала ни светом, ни тьмой, но стала

15/ больной. Итак, у архонта, который болен, три имени. Первое имя – Иалтабаоф, второе – Сакляс, третье – Самаэль. Он нечестив в своем безумии, которое есть в нем. Ибо он сказал:

20/ «Я – Бог, и нет другого бога, кроме меня», – не зная о своей силе, о месте, откуда он произошел. И архонты создали семь сил для себя, и силы – каждая создали для себя шесть ангелов,

25/ пока не стало 365 ангелов. Это же – тела имен: первое – Афоф, с обличьем овцы, второе – Элоайу, с обличьем осла, третье – Астафайос, с обличьем гиены, четвертое – Иао, с обличьем змея семиглавого, пятое – Саваоф, с обличьем дракона, шестое – Адонин, с обличьем обезьяны, седьмое – Саббеде, с обличьем огня сверкающего. Это –

35/ седмица недели. Иалдабаоф же имел множество

12. личин, будучи над ними всеми, так что он может перенять личину у них всех по воле своей. Будучи среди серафимов, он отделил

5/ им от своего огня. Вследствие этого он стал господином над ними – из-за силы славы, которая была у него от света его матери. Вследствие этого он назвал себя богом. Но он

10/ не был послушен месту, откуда он произошел. И он смешал с властями, которые были у него, семь сил в своей мысли, и, когда он сказал, это случилось. И он дал имя каждой силе. Он начал

15/ с высшего. Первая – благо, у первого, Афоф. Вторая – провидение, у второго, Элоайо. Третьи же – божественность, у третьего, Астрафайо, четвертая –

20/ господство, у четвертого, Иао. Пятая – царствие, у пятого, Санваоф. Шестая – ревность, у шестого, Адонейн. Седьмая – мудрость, у седьмого,

25/ Саббатеон. И есть у них твердь, соответственно эону – небу. Имена были даны им согласно славе, которая принадлежит небу, дабы сокрушить силы. В именах же, которые были даны им их Прародителем,

30/ была сила. Но имена, которые были даны им согласно славе, принадлежащей небу, означают для них разрушение и бессилие. Так что есть у них два имени. И всякую вещь он упорядочил по образу первых

35/ эонов, ставших существовать, так чтобы

13. создать их по облику нерушимых, не потому, что он видел нерушимых, но сила, что в нем, которую он взял от своей матери, произвела в нем образ

5/ порядка. И когда он увидел творение, его окружавшее, и множество ангелов вокруг себя, тех, которые стали существовать через него, он сказал им: «Я, я – бог ревнитель, и нет другого бога, кроме меня». Но,

10/ объявив это, он показал ангелам, которые были около него, что есть другой бог. Ведь если бы не было другого, к кому бы он мог ревновать? Тогда мать начала метаться (перемещаться) туда и сюда. Она узнала об изъяне, когда

15/ сияние ее света уменьшилось. И она потемнела, ибо ее сотоварищ не согласился с ней. Я же, я сказал: «Господи, что это значит: она перемещалась туда и сюда?» Но он улыбнулся (и) сказал: «Не думай, что это так, как

20/ Моисей сказал: «над водами». Нет, но, когда она увидела злодеяние, которое произошло, и захват, который совершил ее сын, она раскаялась, и забвение овладело ею во тьме

25/ незнания. И она начала стыдиться в движении. Движение же было метанием (перемещением) туда и сюда. Самоуверенный же взял силу от своей матери. Ибо он был незнающим, ведь он полагал, что нет никого другого, если только

30/ не одна мать его. Когда же он увидел множество ангелов, созданных им, он возвысил себя над ними. А мать, когда узнала покров тьмы, что не был он совершенным, она поняла,

35/ что ее сотоварищ не был согласен с нею. Она

14. раскаялась в обильных слезах. И вся Плерома[358*] слушала молитву ее покаяния, и они восхвалили ради нее незримый девственный

5/ Дух. Святой Дух излил на нее от их всей Плеромы. Ибо ее сотоварищ не пришел к ней, но он пришел к ней (тогда) через Плерому, дабы исправить ее изъян. И она не была взята

10/ в собственный эон, но на небо ее сына, чтобы она могла быть в девятом до тех пор, пока не исправит своего изъяна. И глас низошел с неба – эона возвышенного: «Человек существует и

13/ сын Человека». Протоархонт Иалтадабаоф услышал (это) и подумал, что глас нисходит от его матери, и не узнал, откуда он низошел. И обучил их Метропатор

20/ святой и совершенный. Пронойа совершенная, образ незримого, который – есть Отец всего, от которого все вещи стали существовать, первый Человек, ибо он открыл свой вид в человеческой форме.

25/ Весь эон протоархонта задрожал, и основания ада дви-

[358*] Плерома (греч.) – «полнота», гностический термин, принятый для обозначения божественного мира или всемирной души. Пространство, развитое и разделенное на ряд эонов. Обитель невидимых богов. Имеет три ступени.

нулись. И в водах, которые на веществе, нижняя сторона осветилась через явление его образа,

30/ который открылся. И когда все власти и протоархонт взглянули, они увидели всю часть нижней стороны, которая была освещена, и благодаря свету они увидели на воде вид образа.

15. И он (Иалдабаоф) сказал властям, которые были с ним: «Пойдем, создадим человека по образу Бога и по нашему подобию, дабы его образ мог стать светом для нас».

5/ И они создали общими силами по знакам, которые были даны им. И каждая из властей внесла (дала) знак в вид

образа, увиденного в своей душе. Он (Иалдабаоф) создал сущность

10/ по подобию первого Человека, совершенного. И они сказали: «Назовем же его Адамом, дабы имя его стало для нас силой света». И силы начали: первая, благо, создала

15/ душу кости, вторая же, провидение, создала душу сухожилий (нервов?), третья, божественность, создала душу плоти, четвертая же, господство, создала душу костного мозга, пятая же, царствие,

20/ создала душу крови, шестая, ревность, создала душу кожи, седьмая, мудрость, создала душу глазного века. И множество ангелов подступило к нему (Иалдабаофу), и они получили

25/ от властей семь сущностей душевных, дабы создать согласие членов, и согласие органов, и упорядоченную связь каждого из членов. Первый начал создавать

30/ голову: Этерафаопе Аброн создал его голову. Мениггесстроеф создал его головной мозг. Астерехмен правый глаз. Фаспомохам левый глаз. Иеропумос правое ухо. Биссум

35/ левое ухо. Акиореим нос.

16. Банен-Эфроум губы, Амен рот, Ибикан коренные зубы.

Басилиадеме миндалевидные железы. Аххан язычок. Адабан шею. Хааман позвоночник.

5/ Деархо гортань. Тебар правое плечо и левое плечо. Мниархон левый локоть. Абитрион правое предплечье. Эванфен левое предплечье. Крис правую руку, Белуай левую руку.

10/ Тренеу пальцы правой руки, Балбел пальцы левой руки, Крима ногти на руках. Астропос правую грудь, Барроф левую грудь, Баум правую подмышку, Арарим левую подмышку. Арехе

15/ живот, Фтхауэ пупок. Сенафим брюшную полость, Арахефони правый бок, Забедо левый бок, Бариас правое бедро, Фнут левое бедро. Абенленархей костный мозг, Хнуменинорин кости,

20/ Гезоле желудок, Агромаума сердце, Бано легкие, Состраpaл печень. Анесималар селезенку, Фопифро кишки, Библо почки, Роерор сухожилия (нервы?). Тафрео позвоночный столб

25/ тела. Ипуспособа вены, Бинеборин артерии, Латойменпсефей их дыхание во всех членах, Энфолле всю плоть, Беду... Арабеей пенис слева,

30/ Эйло тестикулы, Сорма гениталии, Гормакайохлабар правое бедро, Небриф левое бедро, Псерем сочленение правой ноги. Асаклас левое сочленение, Ормаоф правое колено, Эменун левое колено, Кникс

17. правую берцовую кость. Тупелон левую берцовую кость. Ахижль правую икру, Фнеме левую икру, Фиуфром правую ступню, Боабель ее пальцы, Трахун

5/ левую ступню, Фикна ее пальцы. Миамаи ногти на ступне, Лабериуум. И те, кто поставлен надо всеми этими, – (их) семь: Афоф, Армас, Калила, Иабель, Саваоф, Каин, Авель. И те, кто частично трудится в членах:

10/ (в) голове Диолимодраза, шее Иамекс, правом плече Иакуб, левом плече Уертон, правой руке Удиди, левой Арбао, пальцах правой руки Лампно, пальцах левой руки

15/ Лэекафар, правой груди Бабар, левой груди Имаэ, грудной клетке Писандриантес, правой подмышке Коаде, левой подмышке Одеор, правом боку Асфиксикс, левом боку Синогхута, животе Аруф,

20/ чреве Сабало, правом бедре Хархарб, левом бедре Хфаон, всех гениталиях Бафиноф, правой ноге Хнукс, левой ноге Харха, правой берцовой кости Ароэр, левой берцовой кости

25/ Тоэхеа, правом колене Аол, левом колене Харанэр, правой ступне Бастан, ее пальцах Архентехфа, левой ступне Марефнунф, ее пальцах Абрана. Тех, кто поставлен надо

30/ всеми этими, – (их) семь: Михаэль, Уриэль, Асменедас, Сафасатоэль, Аармуриам, Рихрам, Амиорпс. И те, кто над чувствами, Архендекта; и тот, кто над восприятием, Дей–фарбас; и тот, кто над всем воображением, Уммаа; и тот, кто над согласием,

18. Аахарам, и тот, кто над всем порывом, Риарамнахо. Источник же демонов, которые во всем теле, сводится к четырем: жаре, холоду, влаге

5/ и сухости. И мать всех их есть вещество. И тот, кто господствует над жарой, Флоксора; и тот, кто господствует над холодом, Орооррофос; и тот, кто господствует над тем, что сухо, Эримахо; и тот, кто господствует

10 над влагой, Афиро. Мать же всех их помещается в их середине, Онорфохрасей, будучи неограниченной и смешанной со всеми ими. И она воистину вещество, ибо они питаются ею. Четыре

15/ главных демона это: Эфемемфи, относящийся к удовольствию, Иоко, относящийся к желанию, Ненетофии, относящийся к печали, Блаомэн, относящийся к страху. И мать их всех есть Эстенис-ух-епиптоэ. И от четырех

20/ демонов происходят страсти. И от печали – зависть,

ревность, горе, беспокойство, боль, бессердечность, забота, беда и прочее. И от удовольствия

25/ происходит много злодеяний, и пустое хвастовство, и подобные вещи. И от желания – гнев, ярость, и горечь, и горькая страсть, и жадность, и подобные вещи.

30/ И от страха – изумление, льстивость, смятение, стыд. Все они того рода, что (и) полезны и вредны. Но Эннойа их истины – это Анаро, которая есть глава вещественной души.

19. Она же – вместе с Эстесис-ух-эпиптоэ. Таково число ангелов всего их 365. Они все потрудились над ним до тех пор,

5/ член за членом, пока душевное и вещественное тело не было завершено ими. Есть и другие над оставшимися страстями, о ком я не сказал тебе, но, если ты желаешь знать их, – это записано в

10/ «Книге Зороастра». И все ангелы и демоны трудились до тех пор, пока не привели в порядок душевное тело. И труд их был незавершенным и недвижимым на долгое

15/ время. И когда мать пожелала взять силу, которую она отдала первому архонту, она попросила Метропатора, коему присуща великая милость. Он послал по святому совету пять светов

20/ место ангелов протоархонта. Они (светы) советовали ему, чтобы вывести силу матери. И они сказали Иалтабаофу: «Подуй в его лицо от духа твоего, и тело его восстанет». И он подул в лицо духом своим, который есть сила его матери: и он не узнал (этого), ибо пребывал в незнании. И сила матери вышла из

30/ Алтабаофа (sic!) в душевное тело, которое они создали по образу того, что существует от начала. Тело двинулось и получило силу и засветилось. И тогда-то взревновали

20. остальные силы, ибо он стал существовать из-за всех них, и они отдали свою силу человеку, и мудрость его укрепилась более, чем у тех, кто создал его, и

5/ более, чем у первого архонта. И когда они узнали, что он светится и мыслит лучше их и свободен от злодеяния, они схватили его и бросили в нижнюю часть всего вещества. Но блаженный Метропатор,

10/ благотворящий и милосердный, имел снисхождение к силе матери (силе), которая была выведена из протоархонта. Ведь они (архонты) могли осилить душевное и чувствующее тело.

И он

15/ послал через свой Дух благотворящий и свою великую милость помощь Адаму: Эпинойю света, ту, которая была названа Жизнью. И она помогает всему творению,

20/ трудясь вместе с ним (вар.: сострадая ему), направляя его в его полноту, обучая его о его нисхождении в семя, обучая его пути восхождения, пути, которым оно сошло вниз.

25/ И Эпинойа света утаена в Адаме (не только затем), чтобы архонты не могли узнать ее, но дабы Эпинойа могла быть исправлением изъяна матери. И человек открылся посредством тени света,

30/ которая есть в нем. И его мысль возвысилась надо всеми теми, кто создал его. Когда они снизу глянули вверх, они увидели, что мысль его возвышена. И они держали совет с архонтством и со всем ангельством. И они взяли огонь, и землю,

21. и воду, смешали их друг с другом (и) с четырьмя огненными ветрами. И они соединили их вместе и произвели большое волнение. И они принесли его (Адама) к тени

5/ смерти, дабы слепить его снова из земли, воды, огня и духа, который из вещества, – то есть незнания тьмы, и желания, и их обманчивого духа, – это

10/ могила вновь ослепленного тела, которым разбойники одели человека, оковы забвения; и стал он человеком смертным. Это – первый, который спустился, и первое разобщение. Но

15/ Эпинойа света, та, что в нем, она должна разбудить его мысль. И архонты взяли его и поместили в раю. И они сказали ему: «Ешь,– то есть неторопливо. На самом деле,

20/ их наслаждение горько, красота их порочна. И их наслаждение – обман, и их деревья – нечестивость, и их плоды – Смертельная отрава, и их обещание – смерть. Древо же своей

25/ жизни они посадили в середине рая. Но я научу вас, что есть тайна их жизни, то есть совет, который они держат друг с другом, то есть форма их духа.

30/ Корень (этого древа) горек, и ветви его есть смерть, тень его – ненависть, и обман обитает в его листьях, и цветение его – помазание лукавства, и его плод – смерть, и

35/ вожделение есть его семя, и растет оно во тьму.

22. Место обитания тех, кто вкушает от него, есть место их отдыха. Но то, что они называют древом познания добра и

5/ зла, которое есть Эпинойа света,
– они стоят перед ним, дабы он (Адам) не мог узреть своей полноты и узнать наготы своего безобразия. Но это я, который заставил их есть». И

10/ я сказал спасителю: «Разве не змий научил Адама есть?» Спаситель улыбнулся и сказал: «Змий обучил их есть от злодеяния, порождения, желания, уничтожения, чтобы он смог

15/ быть ему полезным. И он (Адам) узнал, что был не послушен ему (первому архонту) из-за света Эпинойи, которая есть в нем, которая направляет его в его мыслях быть выше первого архонта. И он (первый архонт) захотел забрать силу, которую он сам ему отдал,

20/ И он принес забвение Адаму». И я сказал спасителю: «Что такое забвение?» И он сказал: «Это не так, как написано у Моисея (и) как ты слышал. Ведь он сказал в своей первой книге:

«Он заставил его уснуть», но

25/ (это было) в его чувствовании. Также ведь сказал он (первый архонт) через пророка: «Я отягощу их сердца, дабы они не разумели и не видели». Тогда Эпинойа света скрылась а нем (Адаме). И протоархонт пожелал

30/ извлечь ее из его ребра. Но Эпинойа света неуловима. Хотя тьма преследовала ее, она не уловила ее. И он извлек часть его силы из него. И он создал другой слепок

35/ в форме женщины, согласно образу Эпинойи, который открылся ему. И он вложил

23. часть, которую взял из силы человека, в женский слепок, и не так, как Моисей сказал: «его ребро». И он (Адам) увидел женщину рядом

5/ с собой. И тогда-то Эпинойа света явилась, и она сняла покров, который лежал на сердце его. И отрезвел он от опьянения тьмой. И узнал он свой образ и сказал:

10/ «Так, это кость от моей кости и плоть от моей плоти». А потому человек оставит отца своего и мать свою, и прилепится к жене своей, и станут они двое одной плотью. Ведь

15/ пошлют ему его сотоварища, и он оставит отца своего, мать свою...

20/ И наша сестра Софиа (есть) та, которая спустилась беззлобно, дабы исправить свой изъян. Поэтому она была названа Жизнью, то есть матерью живых. Из-за Пронойи

35/ высшего самовластия и через нее они вкусили совершенное Знание.

Я же, я открылся в виде орла на древе знания, то есть Эпинойа от Пронойи света чистого,

30/ дабы научить их и пробудить от сна глубокого. Ибо они оба были в упадке, и они узнали наготу свою. Эпинойа, будучи светом, открылась им, и она пробудила

35/ их мысль. И тогда Алдабаоф (sic) узнал, что они удалились от него, он проклял свою землю. И он нашел женщину, которая

24. приготовила себя для своего мужа. Он был господином ее в то время, как он не знал тайны, происшедшей из святого совета. Они же боялись хулить его. И

5/ он открыл своим ангелам свое незнание, которое было в нем. И он изгнал их из рая, и он окутал их мрачной тьмой. И протоархонт увидел деву, которая стояла

10/ рядом с Адамом, и что Эпинойа света жизни открылась в ней. И Алдабаоф был полон незнания. И когда Пронойа всего узнала это, она послала некоторых, и они похитили

15/ жизнь у Евы. И протоархонт осквернил ее, и он родил с ней двух сыновей: первый и второй Элоим и Иаве. Элоим с медвежьей мордой, Иаве с кошачьей мордой. Один

20/ был праведный, другой неправедный. Иаве он поставил над огнем и ветром. Элоима же он поставил над водой и землей. И их он назвал

25/ именами Каин и Авель из хитрости. И по сей день осталось соитие, идущее от протоархонта. И он посеял жажду к порождению в той, кто принадлежит Адаму. И он произвел через

30/ соитие порождение в образе тел, и он наделил их своих духом обманчивым. И он учредил над начальствами двух архонтов, так что они могли править над могилой.

35/ И когда Адам узнал образ своего предвидения, он породил образ

25. сына Человека. Он назвал его Сифом, согласно порождению в эонах. Подобным образом другая мать послала вниз свой дух в образе, который подобен ей, и

5/ как отражение тех, кто в Плероме, с тем, чтобы приготовить место обитания для эонов, которые спустятся. И он дал им испить воду забвения от протоархонта, дабы они не могли узнать, откуда они. И таким образом

10/ семя оставалось некоторое время, хотя он помогал в том, чтобы, когда Дух спустится от святых эонов, он мог бы поднять его и исцелить его от изъяна, и вся Плерома

15/ могла бы стать святой и без изъяна». И я сказал спасителю: «Господи, все ли души тогда будут спасены в свете чистом?» Он ответил и сказал мне: «Великие вещи

20/ поднялись в твоем уме, ибо трудно обнаружить их перед другими, если не перед теми, кто от рода недвижимого. Те, на кого Дух жизни спустится и будет с силой,

25/ – будут спасены, и станут совершенными, и будут достойны величия, и будут очищены в этом месте от всего злодеяния и заботы испорченности. И нет у них иной заботы, если не

30/ одна нерушимость, о которой они станут заботиться из этого места, без гнева, или ревности, или зависти, или желания, или алчности ко всему.

Они не заботятся ни о чем, кроме существования одной плоти,

35/ которую они несут, ожидая время, когда они будут встречены

26. принимающими. Таковы суть достойные нерушимой вечной жизни и призыва. Они сносят все и выдерживают все,

5/ так что они свершат благое и унаследуют жизнь вечную». Я сказал ему: «Господи, души тех, кто не сделал этих вещей, но на кого сила Духа

10/ жизни спустилась[359], Дух[360], они будут в любом случае спасены и обратятся. Ибо сила спустится на каждого человека, ведь без этого никто не сможет восстать.

---

[359] Далее по Наг-Хаммади (IV. 1.40, 24–25): Будут ли они отброшены?
[360] Далее по Наг-Хаммади (IV. 1.40, 26): Спустился на них.

15/ И после того, как они родились, тогда, когда Дух жизни становится могущественным и сила приходит и укрепляет эту душу, никто не может ввести ее в заблуждение делами лукавства.

20/ Но те, на кого дух обманчивый спускается, совращаются им и впадают в заблуждение». Я же сказал: «Господи, а эти души, когда они выйдут из

25/ плоти, куда они направятся?» И он улыбнулся и сказал мне: «Душа, в которой сила станет больше духа обманчивого, – она сильна, и бежит от лукавства, и попечением

30/ нерушимого спасена, и взята в покой эонов». Я же сказал: «Господи, а те, кто не познал, кому он принадлежит, – где будут их души?»

35/ И он сказал мне: «В тех дух обманчивый

27. набрал силу, когда они впали в заблуждение. И он томит душу, и совращает ее к делам лукавства, и бросает ее в забвение. И после того, как она

5/ выйдет (из тела), ее отдают властям, тем, которые произошли от архонта, и они сковывают ее оковами и бросают ее в темницу и кружат ее до тех пор, пока она не пробудится от забвения и

10/ не достигнет знания. И подобным образом, когда станет она совершенной, она спасена». И я сказал: «Господи, как может душа умалиться и возвратиться в естество своей матери или в человека?» Тут он

15/ возрадовался, когда я спросил его об этом, и сказал мне: «Воистину ты блажен, ибо ты понял! Эта душа должна следовать за другой, в которой есть Дух жизни. Она спасена через

20/ него. Ее не бросают в другую плоть». И я сказал: «Господи, те, кто познал, но отвернулся, – куда пойдут их души?» Тогда он сказал мне: «Место,

25/ куда придут ангелы бедности,

– туда они будут взяты. Это место, где нет покаяния. И они будут содержаться там до дня, в который те, кто злословил о Духе, будут пытаемы

30/ и наказаны вечным». И я сказал:

«Господи, откуда дух обманчивый пришел?» Тогда он сказал мне: «Метропатор, тот, кто богат свой милостью, Дух святой

35/ в каждой форме, кто милосерден и

28. кто вам сострадает, то есть Эпинойи света, – он пробудил семя рода совершенного, и его мысль, и вечный

5/ свет человека. Когда первый архонт узнал, что они возвышены более, чем он в вышине, и мыслят лучше, чем он, то он пожелал схватить их мысль, не зная, что они выше

10/ его мысли и что он не сможет схватить их. Он держал совет со своими властями, теми, что его силы, и они вместе совершили прелюбодеяние с Софией, и они породили постыдную судьбу,

15/ то есть последнюю из оков изменчивых: она такая, что (в ней) все изменчиво. И она тягостна и сильна, та, с которой соединены боги, и ангелы, и демоны,

20/ и все роды по сей день. Ибо от этой судьбы происходят всякое бесчестие, и насилие, и злословие, и оковы забвения, и незнание, и всякая

25/ тяжкая заповедь, и тяжкие грехи, и великие страхи. И таким образом все творение стало слепым, дабы они не могли познать Бога, который надо всеми ними. И из-за оков забвения

30/ их грехи утаены. Ведь они связаны мерами, временами, обстоятельствами, между тем как она (судьба) господствует надо всем. И он раскаялся из-за всего, что стало существовать через него. Вновь

35/ решил он наслать потоп

29. на творение человека. Но величие света Пронойи на-

ставило Ноя, и он провозгласил (это) всему семени, то есть сынам человеков. Но

5/ те, кто был чужд ему, не внимали ему. Не так, как Моисей сказал: «Они скрылись в ковчеге», но они укрылись вместе, не только Ной, но также много других людей.

10/ из рода недвижимого. Они вошли в место и укрылись в светлом облаке. И он (Ной) познал свое самовластие. И та, что от света, была с ним и стала светить на них, ибо

15/ он (первый архонт) принес тьму на землю. И он (первый архонт) держал совет со своими силами. Он послал своих ангелов к дочерям человеков, дабы они могли взять некоторых из них для себя и возбудить семя

20/ для их наслаждения. И поначалу они не добились успеха. Когда же они не добились успеха, они снова собрались вместе и держали вместе совет. Они создали дух обманчивый, имеющий сходство с Духом, который низошел,

25/ с тем, чтобы осквернить души через него. И ангелы изменились в своем образе по образу их (дочерей человеков), напарников, наполнив их духом тьмы, который они присоединили к ним, и лукавством.

30/ Они принесли золото, и серебро, и дар, и медь, и железо, и металл, и всякого рода вещи. И они совратили людей, которые следовали за ними,

30. в великие заботы, сбили их с пути многими обманами. Они старели, не имея досуга. Они умирали, не найдя истины и не познав Бога истины. И

5/ так все творение было порабощено навеки, от сотворения мира и доныне. И они брали женщин и рождали детей во тьме по подобию их духа. И они заперли свои сердца,

10/ и они затвердели в твердости духа обманчивого доныне.

Я же, совершенная Пронойа всего, я изменилась в семени моем. Ведь была я вначале, ходя путями всякими.

15/ Ибо я – богатство света. Я – память Плеромы. Я вошла в величие тьмы, и я вытерпела, пока не вступила в середину темницы. И основания хаоса

20/ двинулись. И я, я сокрылась от них из-за лукавства, и они не познали меня. Снова вернулась я во второй раз. И я шла, я вышла из принадлежащего свету – я, память Пронойи, –

25/ я вошла в середину тьмы и внутрь преисподней, я искала домостроительство мое. И основания хаоса двинулись, так что они могли упасть на тех, кто в хаосе, и уничтожить их.

30/ И снова бежала я к моему корню света, чтобы они не были уничтожены до времени. Еще шла в третий раз – я, свет, который в свете, я,

35/ память Пронойи, – чтобы войти в середину тьмы и внутрь преисподней.

31. И я наполнила лицо мое светом завершения их эона. И я вошла в середину их темницы, это темница тела, и

5/ я сказала: «Тот, кто слышит, да восстанет он ото сна тяжелого». И он заплакал, и он пролил слезы. Тяжелые слезы отер он с себя и сказал: «Кто тот, который называет имя мое, и откуда эта надежда пришла ко мне,

10/ когда я в оковах темницы?» И я сказала: «Я Пронойа света чистого. Я мысль девственного Духа, который поднял тебя до места почитаемого. Восстань и вспомни,

15/ ибо ты тот, который услышал, и следуй своему корню, который есть я, милосердие, и укрепи себя перед ангелами бедности и демонами хаоса и всеми, кто опутал тебя,

20/ и стань, оберегаясь от сна тяжелого и заграждения внутри преисподней». И я пробудила его и запечатлела его в свете воды пятью печатями, дабы

25/ отныне смерть не имела силы над ним. И смотри, ныне я иду в совершенный эон. Я наполнила тебе всеми вещами уши твои. Я же сказала все вещи тебе, чтобы ты записал их

30/ и передал их своим духовным сотоварищам сокрыто. Ибо есть это тайна рода недвижимого». И спаситель дал ему это, чтобы он записал это и положил надежно. И он сказал ему: «Да будет проклят

35/ всякий, кто обменяет это на дар, или на пищу, или на питье, или на одежду, или на какую-нибудь другую вещь

32. подобного рода». И это было дано ему втайне, и тотчас он скрылся от него. И он пошел к своим соученикам

5/ и объявил им то, что спаситель сказал ему. Иисус Христос. Аминь. От Иоанна апокриф.

Приложение 2

Елена Ильина

Как утренняя звезда стала падшим ангелом. О Люцифере

Если Добро и Зло возникли ещё при сотворении мира Богом, то почему христиане так упорно связывают возникновение Зла с именем Люцифера, называя его падшим ангелом?

Своё исследование начнём с самой главной книги христианства Библии и попробуем найти, в каких текстах упоминается Люцифер.

Существуют тексты Библии на разных языках:

– на иврите это Танах – еврейское Священное Писание, которое практически полностью соответствует Ветхому Завету;

– на древнегреческом языке это Септуагинта – собрание переводов Ветхого Завета, выполненных в III–II веках до н. э. в Александрии «семьюдесятью старцами»;

– на латинском это Вульгата (от латинского «vulgatus» – всеобщий, общедоступный, распространённый) – этот перевод сделан Иеронимом Стридонским в конце IV века н.э.;

– на английском это Библия Короля Якова, выпущенная в 1611 г. Переводом занимались 47 переводчиков – членов англиканской церкви. Ветхий Завет переводился с иврита, Второканонические книги – с греческой Септуагинты, кроме второй книги Ездры (в славянской традиции – третьей), переведённой с латинской Вульгаты. Источником для перевода Нового Завета послужил греческий Textus Receptus (в его основе всё та же Вульгата, но с некоторыми нововведениями);

– на русском это синодальный перевод книг Священного Писания, осуществлённый в течение XIX века и авторизованный Святейшим Правительствующим Синодом для домашнего (не богослужебного) чтения. Синод при переводе также обратился к еврейским и греческим источникам: Ветхий Завет переводился с иврита, а Новый Завет – с греческого Textus Receptus.

Отметим, что **в русском переводе Библии нет слова «Люцифер»**. Вместо него переведённые слова звучат как «денница» (еврейское «לֵילָה» – «хейлель» – утренняя звезда), а также встречаются слова «утро» и «сын зари».

Впервые слово «люцифер» (причём с маленькой буквы) появляется в Вульгате. Создатель Вульгаты Иероним Стридонский, церковный писатель, аскет, которого и православная, и католическая традиции почитают как святого, употребил это слово в значении «носитель света» (лат. lux (lucis) «свет» + ferre «нести, носить»).

Слово «lucifer» встречается в тексте несколько раз. В 14-й главе Книги Исаии содержится победная «песнь на царя Вавилонского» (Исаия 14:4-22). Она написана как обращение к поверженному царю. В ней есть такие слова: «Как упал ты с неба, денница, сын зари! разбился о землю, попиравший народы» (Исаия 14:12). Слово «денница» (еврейское «утренняя звезда») Иероним обозначил словом «lucifer», что значит «светоносный». Этим словом обозначали Венеру, самую яркую звезду на небе. Но в то время в Риме оно употреблялось также и в качестве личного мужского имени Lucifer.

Кроме вышеприведённого фрагмента из Исаии, в качестве доказательства грехопадения Сатаны священники приводят фрагмент из 28-й главы Книги Иезекииля, в стихах с 13-го по 15-й: «*Ты находился в Едеме*, в саду Божием; твои одежды были украшены всякими драгоценными камнями; рубин, топаз и алмаз, хризолит, оникс, яспис, сапфир, карбункул и изумруд и золото, все, искусно усаженное у тебя в гнездышках и нанизанное на тебе, приготовлено было в день сотворения твоего. Ты был помазанным херувимом, чтобы осенять, и Я поставил тебя на то; ты был на святой горе Божией, ходил среди огнистых камней. Ты совершен был в путях твоих со дня сотворения твоего, доколе не нашлось в тебе беззакония» (Иез. 28:13-15). Заметим попутно, что в данной цитате нет упоминания о Люцифере.

Однако Иезекииль обращается в своей книге вовсе не к сатане, а к царю Тира, и если прочитать и другие главы его книги, даже просто взять цитату чуть шире, скажем, с 11-го по 16-й стихи, то мы найдём такие стихи: «(11) И было ко мне слово Господне: (12) сын человеческий! Плачь о царе Тирском и скажи ему: так говорит Господь Бог: ты печать совершенства, полнота мудрости и венец красоты. (13) *Ты находился в Едеме...* (16) От обширности торговли твоей внутреннее твое исполнилось неправды, и ты согрешил...»

И хотя у Исаии слова направлены к царю вавилонскому, а у Иезекииля – к царю тирскому, всё же большинство священников уверяет, что царями земными здесь обозначен падший ангел. Но почему?

Невольно встаёт вопрос, не имел ли в виду Бог, обращаясь к царю Тира через пророка Иезекииля, одно из предыдущих царских воплощений, когда тот «находился в Едеме»? Но ведь церковь не признаёт доктрину реинкарнации (проще отнести слова

Бога к падшему ангелу, чем к очередному воплощению индивидуальности в качестве гордого царя).

Перевод Иеронима стал основным богослужебным текстом в Римской империи, а после её развала – в странах Западной Европы. Но только спустя 9 веков в 1546 году на Тридентском соборе Вульгата была признана официальным латинским текстом Библии.

Иероним использовал слово «lucifer» и в других фрагментах Писания, в том числе во множественном числе. Но этот факт на ситуацию с падшим ангелом не повлиял. Как пишет исследователь Игорь Шиповский: «Слово «lucifer» прочно вошло в христианский лексикон и европейские языки. С лёгкой руки Иеронима, осенённое его огромным авторитетом, написанное с большой буквы, при стечении других обстоятельств оно стало личным именем сатаны. Оно, например, было использовано в переводе короля Иакова (1769 год) вместо передачи значения еврейского слова «לְלָיָה» (утренняя звезда). Фраза обрела иной смысл: «How art thou fallen from heaven, O Lucifer, son of the morning!» («Как упал ты с неба, Люцифер, сын зари!» – *прим. авт.*). Метафоры больше нет. Это уже не победная песнь над поверженным царём Вавилона, а прямое обращение к сатане. Никаких разночтений. Утренняя звезда стала падшим ангелом»[361].

Сравнение разных переводов фрагментов из Библии представлены в таблице[362].

---

[361] Шиповский И. Через звёзды к терниям. – URL: http://holyscripture.ru/forum/viewtopic.php?p=1147.

[362] Таблица приведена в статье И. Шиповского.

	Танах/ а-Брит а-Хадаша	Септуагинта / Новый Завет	Вульгата	Перевод Короля Иакова	Синодальный перевод
Иов 11:17	וּמִצָּהֳרַיִם יָקוּם חָלֶד; תָּעֻפָה, כַּבֹּקֶר תִּהְיֶה	ἡ δὲ εὐχή σου ὥσπερ ἑωσφόρος, ἐκ δὲ μεσημβρίας ἀνατελεῖ σοι ζωή	et quasi meridianus fulgor consurget tibi ad vesperam et cum te consumptum putaveris orieris ut Lucifer	And thine age shall be clearer than the noonday; thou shalt shine forth, thou shalt be as the morning.	И яснее полдня пойдёт жизнь твоя; просветлеешь, как утро.
Иов 38:32	הֲתֹצִיא מַזָּרוֹת בְּעִתּוֹ; וְעַיִשׁ, עַל-בָּנֶיהָ תַנְחֵם	ἦ διανοίξεις μαζουρωθ ἐν καιρῷ αὐτοῦ καὶ Ἕσπερον ἐπὶ κόμης αὐτοῦ ἄξεις αὐτά;	numquid producis luciferum in tempore suo et vesperum super filios terrae consurgere facis	Canst thou bring forth Mazzaroth in his season? or canst thou guide Arcturus with his sons?	Можешь ли выводить созвездия в своё время и вести Ас с её детьми?
Исаия 14:12	אֵיךְ נָפַלְתָּ מִשָּׁמַיִם, הֵילֵל בֶּן-שָׁחַר; נִגְדַּעְתָּ לָאָרֶץ, חוֹלֵשׁ עַל-גּוֹיִם	πῶς ἐξέπεσεν ἐκ τοῦ οὐρανοῦ ὁ ἑωσφόρος ὁ πρωῒ ἀνατέλλων; συνετρίβη εἰς τὴν γῆν ὁ ἀποστέλλων πρὸς πάντα τὰ ἔθνη	quomodo cecidisti de caelo lucifer qui mane oriebaris corruisti in terram qui vulnerabas gentes	How art thou fallen from heaven, O Lucifer, son of the morning! how art thou cut down to the ground, which didst weaken the nations!	Как упал ты с неба, денница, сын зари! разбился о землю, попиравший народы.

| 2-е Петра 1:19 | הֲשֵׁאתָנ וְכֵאָ רְתֵיָב וּנָל רַבָד דְּקֹת הָאוּבְנָה, וּבִיטַיתְוּ תּוֹשֶׁעַל בַּל סֶכְמִיְשָׁב רֵנ לָאכ וְיָלֵא סוֹקמָב רִיאָמ יַךּ דַע, לְפֵא רוֹא עַקבִי חַרזִיְו מוֹיָה הַגָנה בכוב םכבבלב הגנה | καὶ ἔχομεν βεβαιότερον τὸν προφητικὸν λόγον, ᾧ καλῶς ποιεῖτε προσέχοντες ὡς λύχνῳ φαίνοντι ἐν αὐχμηρῷ τόπῳ, ἕως οὗ ἡμέρα διαυγάσῃ καὶ φωσφόρος ἀνατείλῃ ἐν ταῖς καρδίαις ὑμῶν | et habemus firmiorem propheticum sermonem cui bene facitis adtendentes quasi lucernae lucenti in caliginoso loco donec dies inlucescat et lucifer oriatur in cordibus vestris | We have also a more sure word of prophecy; whereunto ye do well that ye take heed, as unto a light that shineth in a dark place, until the day dawn, and the day star arise in your hearts: | притом мы имеем вернейшее пророческое слово; и вы хорошо делаете, что обращаетесь к нему, как к светильнику, сияющему в тёмном месте, доколе не начнёт рассветать день и не взойдёт утренняя звезда в сердцах ваших |

Человеческое сознание, всё более погружаясь в материю и представляя материю как истинную реальность, склоняется к тому, чтобы всё «овеществить», придать форму всем явлениям. Трудно представить некие абстрактные понятия, такие как Добро и Зло, но легко представить некоего носителя Зла. Зло в человеческом понимании – бунтарство против воли Отца, гордыня, проявление страстей, и всем этим человек сполна наделяет одного из сыновей Бога – светоносного ангела. Ему находится и имя – Люцифер. Как уже упоминалось, в Древнем Риме это было обычное мужское имя. И вот уже строка из Исаии: «Как упал ты с неба, денница, сын зари!» (причём обращённая к Вавилонскому царю, что следует из текста Библии), даёт повод **превратить «сына зари» в конкретного «козла отпущения» Люцифера**.

Немало поспособствовал победному шествию Сатаны-Люцифера в умах народных английский поэт и политический деятель Джон Мильтон (1608 – 1674), написавший в 1667 году поэму «Потерянный рай».

«Потерянный рай» – христианская эпопея о возмущении отпавших от Бога ангелов и о падении человека. Как сообщает Википедия, «кипучие политические страсти Мильтона помогли ему создать грандиозный образ Сатаны, которого жажда свободы довела до зла. Первая песнь «Потерянного Рая», где побеждённый враг Творца горд своим падением и строит пандемониум (дворец Сатаны, преисподняя, место, где сосредоточены все пороки – *прим. авт.*), посылая угрозы небу, – самая вдохновенная во всей поэме и послужила первоисточником демонизма Байрона и всех романтиков вообще. Воинственная религиозность пуританина воплотила дух времени в образе души, рвущейся на свободу».

Поистине, талантливо созданное литературное (или иное художественное) произведение может сделать больше для внедрения какой-либо идеи в народные массы, чем целая армия лекторов общества «Знание». Так, кипящие в самом авторе и в обществе страсти нашли отражение в поэме, и бунт против Бога обрёл привлекательную окраску стремления к свободе, вдохновляя в дальнейшем «всех романтиков вообще».

Таким образом, легенда о падении Люцифера получила широкое распространение всего каких-то 350 лет назад с лёгкой руки Д. Мильтона. В своих поэмах «Потерянный рай» (1667) и «Возвращённый рай» (1671) он в библейских образах аллегорически выразил революционные идеи, поставил **вопрос о праве человека преступать Высшую Божественную мораль**. Если ангелы выступили против Бога, то почему бы человеку не поступить также?.. А, кроме того, если источник Зла – дьявол-искуситель, то в случае чего можно переложить вину на него: «Чёрт попутал». Человеку проще найти виноватых на стороне, чем признать, что граница Добра и Зла находится в нём самом.

Приложение 3

Эрик МакГоу,
президент Теософского Общества в Англии

Отзыв на книгу Т.Н. Микушиной «Добро и Зло. Частное прочтение "Тайной Доктрины" Е.П. Блаватской»[363]

---

[363] Отзыв опубликован в первом выпуске журнала «Эзотерика» за 2011 год. Журнал «Эзотерика» издается Лондонским Теософским Обществом на английском языке для распространения основ теософских знаний.

Данная книга представляет собой значительный вклад в растущую библиотеку книг, изучающих и освещающих удивительный литературный труд Елены Петровны Блаватской. Татьяна Микушина проникла в самые глубины «Тайной Доктрины», чтобы вынести на свет истину о вековом вопросе Добра и Зла. Нас проводят через историю эволюции человечества Земли, через подъёмы и падения великих Рас и континентов и показывают духовных существ, которые приходили к нам на помощь, вливаясь в нашу эволюцию и направляя её. Татьяна мастерски справляется с мифами о «Падении» и ангеле Люцифере и переходит к исследованию Книги Откровений.

Эта книга является насущной необходимостью для всех, кто глубоко изучает Вечную Мудрость, благодаря своей захватывающей линии древних знаний, мастерски выстроенной сквозь кусочки текста для блага читателя. С момента начала чтения «Добра и Зла» я был захвачен её быстро движущимся повествованием до самого последнего слова.

Как пишет Татьяна, по очень древнему закону «существует необходимость соизмерения противоположных, но одинаково верных принципов. Истина должна быть сохранена в тайне. Истина должна быть возвещена».

Эту книгу можно заказать на сайте Амазон:
http://www.amazon.co.uk/Good-Evil-Individual-Interpretation-Blavatsky/dp/1453626840

Эрик МакГоу,
президент Теософского Общества в Англии

BOOK REVIEWS

GOOD AND EVIL

An individual interpretation of the Secret Doctrine by Helena P. Blavatsky
By Tatyana N. Mickushina

This book is a notable contribution to the growing library of books exploring and illuminating the astounding literary work of Helena P. Blavatsky. Tatyana Mickushina has plumbed the very depths of The Secret Doctrine to bring to light the truth about the age old question of Good and Evil. We are taken through a history of humanity's earthly evolution; through the rise and fall of the great races and continents and the spiritual beings that came to our aid, blending into and guiding our evolution. Tatyana deals expertly with the myths of the 'Fall' and the angel 'Lucifer' then goes on to examine the Book of Revelations.

This book is a must for all deep students of the Ageless Wisdom with its fascinating thread of ancient knowledge expertly pieced together for the reader's benefit. Having once started reading 'Good and Evil' I was compelled by its fast moving narrative to read every last word.

As Tatyana quotes; from a very ancient law: "There is a need of commensuration of the opposite yet equally true principles. *The truth must be kept secret. The truth must be told.*

This book can be ordered from Amazon -
http://www.amazon.co.uk/Good-Evil-Individual-Interpretation-Blavatsky/dp/1453626840

Eric McGough

President,
Theosophical Society in England.

ESOTERICA is published by
The Foundation for Theosophical Studies,
50 Gloucester Place, London W1U 8EA.
Telephone: 020 7563 9817 Email: office@theosoc.org.uk www.theosoc.org.uk

Editor: Eric McGough, Sub Editor: Colyn Boyce
ESOTERIC is produced 4 times a year
Design & Typesetting by Sally Costello at Premier
Printed by Premier Print & Direct Mail Group, London.

Contributions: We welcome short articles and letters to the Editor on
the subject of the Ageless Wisdom. We reserve the right to edit material for reasons of space and
grammar. Please provide a stamped addressed envelope for return of manuscripts.

TO ADVERTISE: telephone: 020 7563 9817 for current prices
Please note: The opinions expressed in this magazine are not
necessarily those of the Editors nor of The Foundation for Theosophical Studies

Приложение 4

Бьорн Зайдель-Дреффке,
профессор, доктор филологических наук

Предисловие к изданию книги Т.Н. Микушиной «Добро и Зло. Частное прочтение "Тайной Доктрины" Е.П. Блаватской» на немецком языке

Книга Татьяны Микушиной «Добро и Зло» раскрывает тему, о которой человечество дискутирует со времён появления документальных свидетельств культурной деятельности нашей цивилизации.

На первый взгляд, Добро и Зло – это два непреодолимых и противоборствующих начала. Ещё со времён возникновения христианства этот взгляд закрепился в нашей культуре и сознании, и единственным решением является ожесточённая борьба и победа Добра (которое приравнивается к Божественному Принципу) над Злом (которое рассматривается как дьявол или Антихрист). Такой подход нашёл своё отражение и в «Новом Завете», в частности, в «Апокалипсисе», где говорится об окончательной и беспощадной победе Христа над Антихристом.

Этот подход мир взял за образец – и до сих пор беспощадно борется с каждым, кого считает своим врагом и воспринимает это единственным средством восстановления справедливости, забыв слова Христа «возлюби врага своего».

В философских размышлениях отражён тот же взгляд. Даже русская религиозная философия, которая, в отличие от западноевропейского философского религиозного мышления, содержит идею единства всего сущего, также подпала под это влияние. К таким произведениям можно отнести наиболее часто цитируемую работу Владимира Соловьёва «Повесть об Антихристе» (1899), как и труды другого философа Павла Флоренского, в которых тема Добра и Зла рассматривается в том же контексте. Подобного рода ограничения мы находим и у других авторов русского символизма, таких как Андрей Белый, Максимилиан Волошин, Дмитрий Мережковский.

И настоящий апофеоз беспощадной борьбы Добра со Злом, между Христом и Антихристом, мы находим в «Розе Мира» (1959) Даниила Андреева. А в «Божественной комедии» Данте подробно описываются страшные мучения грешников в аду.

Но книга Татьяны Микушиной вносит совершенно новый акцент. Основываясь на теософии Е.П. Блаватской, она показывает путь преодоления границ в сознании между Добром и Злом, выравнивая эту пару противоположностей. Подобное видение уходит корнями в такое философское учение, как монизм. Согласно монистическому мышлению все кажущиеся различными виды бытия или субстанции, в конечном счёте, сводятся к единому началу, общему закону устройства мироздания. Теософия Е.П. Блаватской направлена на преодоление противоречий в сознании и рассматривает Добро и Зло как две стороны одного явления, подчёркивая их взаимную причинность. В конечном счёте, добро и зло, дух и материя, душа и тело – всё исходит из одного Источника.

Причину возникновения зла Татьяна Микушина видит в потере единства Бога и человека, в увеличении пропасти между человечеством и Богом. Когда устанавливаются барьеры между людьми, признаются абсолютно верными лишь собственные убеждения, это приводит к насилию и массовой борьбе, фактически распространяя зло в мире.

Исходя из собственных размышлений и основываясь на тщательно подобранных цитатах из «Тайной Доктрины» Е.П. Блаватской, автор указывает на решение проблемы Добра и Зла. Людям необходимо повернуться лицом друг к другу и постепенно, шаг за шагом, преодолеть созданную своими же руками пропасть, которая отделяет людей от Бога.

В этом же контексте автор рассматривает символы и образы, имеющие «дурную славу». Например, символ змея, который причислен в христианстве к противнику Бога. Автор описывает использование этого символа в древних ведических, зороастрийских и античных мифах. Так, посвящённые Индии почитали Нагов, змееподобных мифических существ, как Змеев Мудрости.

Кроме того, образ Люцифера, который в западной культуре приравнен к сатане, автором реабилитирован. Имя Люцифер означает «приносящий свет». Татьяна Микушина, опираясь на цитаты из «Тайной Доктрины», направляет читателей ко временам Лемурии, когда Люцифер сыграл решающую роль в ускорении развития человеческой Расы. Свет, принесённый Люцифером, повлиял на развитие сознания, чувственной сферы и сферы желаний человека.

На сегодняшний день произведение Т. Микушиной является более чем актуальным, потому что люди по-прежнему склонны проецировать собственные несовершенства на других и делать из них своих врагов, называя их злом. Было бы правильно искать этого «врага» в самом себе, увидеть собственное несовершенство, отражённое как в зеркале в других, и таким образом понять в себе две противоположности – Добра и Зла. Самопознание и будет первым и важным шагом.

Теософия исследует различные духовные принципы человека. И главный принцип – Высшее Я, которое происходит из Божественной Монады. Высшее Я формирует душу, которая развивается в конкретную личность. При смене воплощений личность растворяется, оставляя свой земной опыт своему истинному Высшему духовному принципу. Целью человеческого сознания является воссоединение со своим Высшим Я и далее – со своей Божественной Монадой.

Таким образом, самопознание является также познанием мира. Это мистический путь духовного поиска, в котором всё более важную роль принимает самопознание себя как Высшего Я. В процессе осознания своих недостатков открывается путь к толерантности, милосердию и истинной любви к ближнему. Это то, к чему призывали многие мыслители, миссионеры и святые мира.

Именно любовь к ближнему приведёт нас к Богу.

Берлин, март 2013

Для заметок

Для заметок

Т.Н. Микушина, О.А. Иванова

ДОБРО И ЗЛО

Корректор: Ильина Е.Ю.
Вёрстка и оформление: Мартыненко Т.В.

*В книге использованы изображения гравюр
Гюстава Доре и Юлиуса Шнорра*

Заказать книги почтой:
E-mail: sirius.book@gmail.com
телефоны: (3812) 489-187, +7-908-114-2478

Интернет-магазин «Сириус»:
poslanie-book.ru

Информация о книгах –
на сайте Издательского Дома «СириуС»
id.sirius-ru.net

Авторские сайты Т.Н. Микушиной:
sirius-ru.net, sirius-net.org

Printed in Poland
by Amazon Fulfillment
Poland Sp. z o.o., Wrocław